장재집 張載集

Annotations and Translations of Works of Zhang Zai

【二】

張載集, 章錫琛 點校

장재집張載集 【二】
Annotations and Translations of Works of Zhang Zai

—

1판 1쇄 인쇄 2023년 3월 17일
1판 1쇄 발행 2023년 3월 31일

—

저   자 | 장재張載
점교자 | 장석침章錫琛
역   자 | 황종원
발행인 | 이방원
발행처 | 세창출판사
　　　　신고번호 제1990-000013호
　　　　주소 03736 서울시 서대문구 경기대로 58 경기빌딩 602호
　　　　전화 02-723-8660 팩스 02-720-4579
　　　　이메일 edit@sechangpub.co.kr 홈페이지 www.sechangpub.co.kr
　　　　블로그 blog.naver.com/scpc1992 페이스북 fb.me/Sechangofficial 인스타그램 @sechang_official

—

ISBN 979-11-6684-181-1 94910
　　　　979-11-6684-179-8 (세트)

—

이 역주서는 2019년 대한민국 교육부와 한국연구재단의 지원을 받아 수행된 연구임.
(NRF-2019S1A5A7068514)

—

이 책은 한국연구재단의 지원으로 세창출판사가 출판, 유통합니다.
잘못 만들어진 책은 구입하신 서점에서 바꾸어 드립니다.

장재집張載集

Annotations and Translations of Works of Zhang Zai

【二】

장재張載 저

장석침章錫琛 점교

황종원 역주

세창출판사

목차

횡거역설 橫渠易說

상경上經

하경 下經

총 목차

1권

2권

횡거역설 橫渠易說

3권

4권

경학리굴 經學理窟

장자어록 張子語錄

5권

문집일존 文集佚存

습유 拾遺

부록 附錄

횡거역설
橫渠易說

상경上經

1

건乾

乾. 元亨利貞.

건은 시작하고 형통하고 이롭고 바르다.

1.1 乾之四德, 終始萬物, 迎之不見其首, 隨之不見其後, 然推本而言,
    當父母萬物.

|번역| 건의 네 가지 덕은 만물을 끝맺게 하고 시작하게 한다. 앞에서 맞이해도 그 처음이 보이지 않고, 뒤에서 따라가도 그 끝이 보이지 않는다. 그러나 근본을 미루어 말하면 만물의 부모라 해야 할 것이다.

|해설| 『정몽』, 「대역편」 14.16과 중첩되는 문장이다. 그곳의 해설을 참조하라.

1.2 [「象」]¹明萬物資始, 故不得不以元配乾; 坤其偶也, 故不得不以元配坤.

|번역| 「단전」에서는 만물이 의존해 시작되는 것에 대해 밝히고 있으므로 원(元)이라는 글자로 건(乾)과 짝짓지 않을 수 없고 곤(坤)은 건의 짝이므로, 원(元)이라는 글자로 곤(坤)과 짝짓지 않을 수 없다.

|해설| 『정몽』, 「대역편」 14.17과 중첩되는 문장이다. 그곳의 해설을 참조하라.

1.3 天下[之]²理得, 元也; 會而通, 亨也; 說諸心, 利也; 一天下之動, 貞也. 貞者, ⁽¹⁾專靜也.³

|번역| 천하의 이치가 얻어지는 것은 원(元)이다. 모여 통하는 것은 형통함(亨)이다. 마음속에서 기쁜 것은 이로움(利)이다. 천하의 움직임을 통일하는 것은 바름이다. 바름(貞)이란 한결같이 고요함이다.

---

1 〈중화 주석〉 「단象」이라는 글자는 『정몽正蒙』 「대역편大易篇」에 근거해 보완했다.
2 〈중화 주석〉 '지之'라는 글자는 『정몽正蒙』 「대역편大易篇」에 근거해 보완했다.
3 ⑴專靜, 한결같이 고요함. 專, 한결같음.

|해설| 마지막 구절 "貞者, 專靜也"를 빼고는 『정몽』, 「대역편」 14.15와 중첩되는 문장이다. 그곳의 해설을 참조하라.

1.4 不曰天地而曰乾坤, 言天地則有體, 言乾坤則無形, 故性也者, 雖乾坤亦在其中.

|번역| 천지라고 일컫지 않고 건곤이라고 일컬었으니, 천지라고 말하면 형체가 있으나, 건곤이라고 말하면 형체가 없기 때문이다. 그러므로 성(性)이란 비록 건곤일지라도 그 안에 있다.

|해설| 장재의 천도론 혹은 자연론에서 가장 핵심이 되는 개념은 천지 자체의 기, 즉 태허지기이다. 그런데 이 기는 무형의 기이다. 이 점에 착안해 장재는 『주역』에서 천지를 천지라고 칭하지 않고 건곤이라 칭한 이유가 그것이 무형의 기임을 강조하기 위한 것이라고 주장한다. 또 장재가 말하는 성, 즉 천지의 본성, 본질은 하나이지만 그것은 상대되는 두 기를 자기 안에 포함하는 하나이다. 그런 근거에서 그는 성이 건곤을 자기 안에 포함한다고 말한다.

初九, 潛龍勿用. 九二, 見龍在田, 利見大人.

초구는 숨은 용이니 쓰지 말라. 구이는 나타난 용이 밭에 있으니, 대인을 만남에 이롭다.

1.5 大而得易簡之理, 當成位乎天地之中, 時舍而不受命, 乾九二有焉. 及夫化而聖矣, 造而位天德矣, 則富貴不足以言之.

│번역│ 크게 되어 쉽고 간단한 이치를 얻으면 마땅히 천지의 중심에 위치해야 하지만, 시절이 그를 버려 명(命)을 받지 못하는 상황이 건(乾) 구이(九二)에 있다. 화(化)하고 성스러워짐에 이르고, 도달하여 하늘의 덕에 위치하면 부귀함으로는 그것을 표현하기에 부족하다.

│해설│ 『정몽』, 「대역편」 14.27과 중첩되는 문장이다. 그곳의 해설을 참조하라.

九三, 君子終日乾乾, 夕惕若, 厲, 无咎. 九四, 或躍在淵, 无咎.

구삼에서 군자는 종일토록 굳세고 굳세며 저녁에도 경계하니, 위험하지만 허물은 없다. 구사는 혹 튀어 올라도 못에 있으니 허물은 없다.

1.6 四處陰, 故曰在淵.

│번역│ 사(四)는 음에 처해 있으니 못에 있다고 했다.

九五, 飛龍在天, 利見大人. 上九, 亢龍有悔. 用九, 見羣龍无首, 吉.

구오는 나는 용이 하늘에 있으니, 대인을 만남에 이롭다. 상구에서는 너무 높이 올라간 용이 후회함이 있다. 용구는 나타난 뭇 용들이 우두머리가 없으니 길하다.

|번역| 건이 바른 위치에 있지 않은 것은 건의 이치의 자연스러움이되 다만 사람이 그것을 미루어 그렇게 여긴 것이다.

|해설| 건괘 상구에 대한 생각이다. 하늘의 관점에서 보면 물극필반(物極必反)은 하늘에도 적용되는 이치이다. 상승이 극한에 이르면 그 대립면인 하강으로 전환되는 이치 말이다. 따라서 극한에 이른 상승을 '너무 높이 올라간 용'으로 '후회함이 있을 것'이라 말하는 것은 인간의 관점이다.

「象」曰: 大哉乾元, 萬物資始, 乃統天. 雲行雨施, 品物流形. 大明終始, 六位時成, 時乘六龍以御天. 乾道變化, 各正性命, 保合大和, 乃利貞.

「단전」에서 말했다. 위대하다. 건원이여! 만물이 그것에 기대어 시작되니, 하늘을 통솔한다. 구름이 흐르고 비가 내리며 각종 사물이 흘러 형태를 이룬다. 크게 밝은 것이 끝을 맺고 시작하여 여섯 위치가 시간을 따라 형성되는 것이 시간을 따라 여섯 마리의 용을 타고 하늘을 제어하는 것 같다. 건도가 변화하니 각기 성명을 바르게 하고, 커다란 조화를 보전하고 그것과 합치하니, 바름에 이롭다.

1.8 雲行雨施, 散而無不之也, 言乾發揮⁽¹⁾徧被於六十四卦, 各使成象. 變, 言其著; 化, 言其漸. 萬物皆始, 故性命之各正. 惟君子爲能與

---

4 〈중화 주석〉 이 책(『횡거역설』) 뒤에 붙어 있는 흩어진 문장 『장재집』(三) 371쪽을 이곳으로 옮겨 삽입했다.

時消息, 順性命, 躬天德而誠行之也. 精義時措, 故能保合大和, 健
利且貞, 孟子所謂終始條理, 集大成於聖智者歟! 『易』曰"大明終始,
六位時成, 時乘六龍以御天. 乾道變化, 各正性命. 保合大和, 乃利
貞", 其此之謂乎![5]

|번역| 구름이 흐르고 비가 내리니, 흩어져 가지 않는 곳이 없다. 이는 건이
발휘되어 64괘에 두루 미쳐, 각기 상(象)을 이루게 하는 것을 말한
다. 변(變)은 그 현저함을 말하고, 화(化)는 그 점진성을 말한다. 만
물이 모두 시작되므로 성명이 각기 바르게 된다. 오직 군자만이 시
간과 더불어 잦아들고 성장하면서 성명(性命)을 따르고, 하늘의 덕
을 몸소 행하고 정성껏 그것을 행한다. 의를 정밀하게 살펴 시의에
맞게 조치하므로, 커다란 조화를 유지할 수 있으며, 굳세고 이롭고
바르다. 그가 맹자가 말한 시종 규범에 맞아 성덕과 지혜를 집대성
한 자이다. 『주역』에서는 "크게 밝은 것이 끝을 맺고 시작하여 여섯
위치가 시간을 따라 형성되는 것이 시간을 따라 여섯 마리의 용을
타고 하늘을 제어하는 것 같다. 하늘의 도가 변화하니 각기 성명(性
命)을 바르게 하고, 커다란 조화를 유지하고 그것과 합치하니, 바름
에 이롭다"라고 했는데, 이를 말하는 것이다.

|해설| 원문 "惟君子爲能與時消息" 이하의 문장은 『정몽』, 「대역편」 14.25와 중첩되니,
그곳의 해설을 참조하라. 이 조목의 앞부분에서는 하늘의 강건한 기가 64괘로
상징되는 우주-자연의 시공간 전체에 두루 펼쳐져 갖가지 자연의 변화를 만들
어 냄을 말하였다. 그 변화의 형식에는 현저한 돌변과 점진적인 변화가 있으며,
이 기의 펼침에 힘입어 만물은 각기 부여된 보편 특수한 본성과 운명에 따라 운
동을 시작한다.

---

5 (1)徧被, 두루 미침. 被, 미침. 도달함.

1.9 "乾道變化, 各正性命", 此謂[(1)]六爻. 言天道變化趨時者, 六爻各隨時自正其性命, 謂六位隨時正性命各有一道理, 蓋爲時各不同.[6]

|번역| "건도가 변화하니, 각기 성명을 바르게 한다." 이는 육효를 말한다. 천도가 변화할 때 시간을 따른다고 말한 것은 육효가 각기 시간을 따라 자연히 그 성명을 바르게 하는 것으로, 여섯 위치에서 시간을 따라 성명을 바르게 할 때는 각기 하나의 이치가 있음을 말하니, 때가 각기 다르기 때문이다.

|해설| 하늘의 기는 '변'과 '화'의 두 형식으로 우주-자연에 두루 펼쳐져 만물을 생육한다. 이 우주-자연의 공간 전체에 편만한 하늘의 기가 곧 육효이다. 이 육효, 즉 우주-자연의 공간 전체에서 펼쳐지는 하늘의 기가 만물을 생육할 때 지키는 원칙은 '때를 따름'이다. 예컨대 꽃나무에는 꽃나무의 보편 특수한 본성 혹은 주어진 운명이 있고, 이 본성의 발현 혹은 운명에의 순응은 '때를 따라야' 바르게 된다. 사과나무는 싹을 틔우고 가지를 뻗고 사과 열매를 맺는 본성 혹은 그럴 운명에 처해 있는데, 하늘의 기는 그것이 싹을 틔워야 할 때, 열매를 맺어야 할 때 적절히 그 기를 제공해 그것의 성명에 따라 바르게 성장하도록 한다.

首出庶物, 萬國咸寧.

만물 중에서 으뜸으로 나오니 만국이 다 평안하다.

---

6 (1)六爻, 여섯 개의 음효와 양효로 구성된 기호로,『주역』의 한 괘를 이룬다. 그런데 위 문장에서 육효는 특별히 우주-자연의 공간에 편만한 하늘의 기를 가리킨다.

1.10 不一則乖競.

|번역| 통일되지 않으면 어긋나고 다투게 된다.

|해설| 장재는 '만물 중에 으뜸으로 나오는 것'을 하늘이나 성인으로 이해한 듯하다. 그래서 하늘 혹은 성인에 의해 자연과 인간사회가 통일되지 않으면 만물 혹은 만백성은 어긋나고 다투게 된다고 했다.

「象」曰: 天行健, 君子以自强不息. "潛龍勿用", 陽在下也, "見龍在田", 德施普也, "終日乾乾", 反復道也.

「상전」에서 말한다. 하늘의 운행은 굳세니 군자는 스스로 강해지려는 노력을 쉬지 않는다. "숨어 있는 용이니 쓰이지 않는다." 양이 아래에 있는 것이다. "나타난 용이 밭에 있다." 덕이 널리 베풀어지는 것이다. "종일 굳세고 굳세다." 반복해서 도를 행하는 것이다.

1.11 道, 行也, 所行卽是道. 『易』亦言"天行健", 天道也.

|번역| 도는 행함이다. 행하는 것이 곧 도이다. 『주역』에서도 "하늘의 운행은 굳세다"고 했으니 천도이다.

|해설| 도는 흔히 과정이라 해석된다. 예컨대 천도는 하늘의 운행 과정으로 이해된다. 그런데 여기서 장재는 도를 '행함'이라고 칭한다. 하늘이 기를 펼쳐 만물을 생육함을 일종의 행위, 일로 보는 것이다. 하늘은 자신의 기를 사용하여 만물을 생육하는 일을 하는데 그 과정 전체가 곧 천도다. 장재의 천도는 이렇게도 설명될

수 있다.

"或躍在淵", 進無咎也.

"혹 뛰어 올라도 못에 있다"고 하니, 나아감에 허물이 없다.

> **1.12** 或躍進退皆可在淵者, 性退也, 故指其極而言也.

|번역| 혹 뛰어 올라 나아가고 물러나도 모두 못에 있을 수 있는 것은 그것의 성격이 물러남이기 때문이다. 따라서 그 극한을 가리켜 말했다.

|해설| 건괘 구사(九四)의 시공간적 상황에서는 물러날 수밖에 없고 물러나야 마땅하다. 그래서 한번 뛰어 올라 보지만 결국은 못에 떨어져 있을 수밖에 없는 극한적 표현을 사용했다.

"飛龍在天", 大人造也.

"나는 용이 하늘에 있다"고 하니 대인이 도달한 것이다.

> **1.13** 乾之九五曰, "飛龍在天, 利見大人", 乃大人造位天德, 成性躋聖者爾. 若夫受命首出, 則所性不存焉, 故不曰'位乎君位'而曰'位乎天德', 不曰'大人君矣'而曰'大人造也'.

| 번역 | 건괘 구오에서는 "나는 용이 하늘에 있으니, 대인을 만나면 이롭다"고 한다. 대인이 하늘의 덕에 도달해 위치하고, 성(性)을 완성해 성인에 오르는 것이다. 천명을 받아 우두머리가 출현하는 경우, 거기에는 본성으로 여기는 것이 존재하지 않는다. 그러므로 "군주의 지위에 있다"고 말하지 않고 "하늘의 덕에 위치한다"고 말했으며, "대인이 군주가 된다"고 말하지 않고 "대인이 도달한다"고 말했다.

| 해설 | 『정몽』「대역편」14.23과 중첩되는 문장이다. 그곳의 해설을 참조하라.

1.14 成性則躋聖而位天德. 乾九二正位於內卦之中, 有君德矣, 而非上治也. 九五言上治者, 通言乎(聖人)[天]之德, 聖人之性, [故]捨曰'君'而謂之'天'. 見大人德與位之(者)[皆][7]造也.

| 번역 | 성을 완성하면 성인의 지위에 올라 하늘의 덕에 위치한다. 건괘 구이(九二)는 내괘(內卦)의 가운데에 위치하여 군주의 덕이 있으나 위에서 다스리는 것은 아니다. 구오(九五)는 위에서 다스리는 자를 말하는데, 하늘의 덕과 성인의 성(性)을 통틀어 말했으므로, '군주'라 일컫지 않고 '하늘'이라 했다. 대인의 덕과 지위가 모두 성취되었음을 알 수 있다.

| 해설 | 『정몽』「대역편」14.26과 중첩되는 문장이다. 그곳의 해설을 참조하라.

1.15 至健而易, 至順而簡, 故其險其阻, 不可階而升, 不可(逸)[勉][8]而至.

---

7 〈중화 주석〉 이상은 모두 『정몽』「대역편」에 근거해 삭제, 보완, 수정했다.

仲尼猶天, ‘九五飛龍在天’, 其致一也.

|번역| 지극히 굳세면서 쉽고, 지극히 유순하면서 간단하다. 그러므로 그 험난함과 그 장애를 사다리를 타고 단계적으로 오를 수도 없고 힘써 이를 수도 없다. 공자는 하늘과 같았다. "구오에 나는 용이 하늘에 있다"고 하니, 그 도달한 바는 하나이다.

|해설| 『정몽』「대역편」 14.31과 중첩되는 문장이다. 그곳의 해설을 참조하라.

"亢龍有悔", 盈不可久也, "用九", 天德不可爲首也.「文言」曰, 元者, 善之長也, 亨者, 嘉之會也, 利者, 義之和也, 貞者, 事之幹也. 君子體仁足以長人, 嘉會足以合禮, 利物足以和義, 貞固足以幹事. 君子行此四德者, 故曰"乾, 元, 亨, 利, 貞."

"너무 높이 올라간 용은 후회함이 있다"고 하니 가득 차면 오래갈 수 없기 때문이다. "구(九)를 사용함"은 하늘의 덕은 우두머리가 되지 않는다는 의미이다. 「문언전」에서 말한다. 원(元)은 선의 우두머리이다. 형통함은 훌륭한 모임이다. 이로움은 마땅함의 조화이다. 바름은 일의 근간이다. 군자는 인(仁)을 체현하여 타인을 성장하게 할 수 있고, 훌륭한 모임은 예에 합치될 수 있으며, 타자를 이롭게 함은 마땅함을 조화롭게 할 수 있고, 마음이 곧고 굳으면 일을 할 수 있다. 군자는 이 네 가지 덕을 행하는 자이므로 "건은 시작하고 형통하며 이롭고 바르다"고 한다.

8 〈중화 주석〉 ‘勉’도「대역편」에 근거해 고쳤다.

1.16 仁統天下之善, 禮嘉天下之會, 義公天下之利, 信一天下之動.

|번역| 인(仁)은 천하의 선을 통솔하고, 예(禮)는 천하의 모임을 아름답게 하며, 의(義)는 천하의 이로움을 공평하게 하고, 신(信)은 천하의 움직임을 통일한다.

|해설| 『정몽』「대역편」14.18과 중첩되는 문장이다. 그곳의 해설을 참조하라.

初九曰"潛龍勿用", 何謂也? 子曰, "龍德而隱者也. 不易乎世, 不成乎名, 遯世无悶, 不見是而无悶, 樂則行之, 憂則違之, 確乎其不可拔, '潛龍'也."

초구에서는 "잠룡이니 쓰이지 않는다"고 했는데, 이는 무엇을 말하는가? 공자가 말했다. "용의 덕을 지니고 있지만 은거하는 자이다. 세속에 의해 마음이 바뀌지 않고 명성을 이루려 하지 않으며 세상을 피해 있으면서도 답답해하지 않고 인정받지 않아도 답답해하지 않으며, 즐거우면 행하고 우려스러우면 거스르며, 확고하여 뒤흔들 수 없으니, '잠룡'이다."

1.17 <u>孔子</u>喜弟子之不仕, 蓋爲德未成則不可以仕, 是行而未成者也. 故潛勿用, 龍德而未顯者也. 不成名, 不求聞也, 養實而已, 樂行憂違, 不可與[無]⁹德者語也. ⁽¹⁾"用則行, 舍則藏, 惟我與爾有是夫!"

9 〈중화 주석〉 '無'라는 글자는 문맥을 고려해 보충했다.

顔子龍德而隱, 故⁽²⁾"遯世不見知而不悔", (聖)與聖者同(能).¹⁰

|번역| 공자는 제자들이 벼슬하지 않는 것을 좋아했다. 덕이 완성되지 않으면 벼슬을 해서는 안 된다고 여겼기 때문이니, 이는 행했지만 완성하지 못한 것이다. 그러므로 숨어 있으면서 쓰이지 않는 것은 용의 덕을 지니고 있지만, 아직 드러나지 않은 것을 뜻한다. 명성을 이루려 하지 않음은 유명해지려고 하지 않음이니 알맹이를 기를 따름이다. 즐거우면 행하고 우려스러우면 거스르며 덕이 없는 자와 말해서는 안 된다. "등용되면 나아가고, 버려지면 은둔하는 것은 오직 나와 너만이 그럴 수 있을 것이다"라고 했다. 안연은 용과 같은 덕을 지니고 있으면서 숨어 지냈다. 그러므로 "세상을 피해 있으며 알아주지 않아도 후회하지 않았다"고 했으니 성인과 같다.

|해설| 유학은 도덕 정치를 지향했다. 따라서 정치를 하는 자, 관리에게 높은 수준의 덕성을 갖출 것을 요구했다. 공자가 제자들이 벼슬하지 않는 것을 좋아한 이유도 여기에 있다. 덕성이 완성되지 않은 자는 결코 도덕적인 정치를 충분히 펼칠 수 없다고 여겼던 것이다. 그래서 안연 같은 이는 사회적 지위나 명성을 추구하지 않고, 그저 덕을 기르는 데 힘썼다.

1.18 "遯世不見知而不悔", 聖人不爲⁽¹⁾沽激之行以求時知, 依乎中庸, 人莫能知, 以此自信, 不知悔也. (大而得易簡之理, 當成位乎天地之中, 時舍而不受命, 乾九二有焉. 及夫化而聖矣, 造而位天德矣, 則富貴不足以言之.)¹¹

---

10 (1)『論語』「述而」. (2)『中庸』제11장. 〈중화 주석〉'聖'과 '能'은 『正蒙』「三十篇」에 의거해 삭제했다.
11 (1)沽激之行: 튀는 행동. 〈중화 주석〉『장재집』 1권 304쪽에 나왔던 문장이 다시 출현했

|번역| "세상을 피해 있으며 알아주지 않아도 후회하지 않는다"고 하니, 성인은 뛰는 행동으로 시대가 알아줄 것을 구하지 않는다. 중용에 의지하여 타인이 알아주지 않더라도 그것으로 자신하며 후회를 모른다.

|해설| 사회에서 살아가면서 진퇴의 적절한 때를 알아 중용에 의지해 살아가면 명성과 지위를 억지로 얻으려 하지도 않고 세상이 알아주지 않아도 후회하지 않는다.

1.19 "樂則行之, 憂則違之", 主於[求]吾志而已, 無所求於外, 故善世薄化, 龍德而見[者]也; [若]¹²潛而未見, 則爲己而已, 不暇及夫人者也.

|번역| "즐거우면 행하고 우려스러우면 거스른다"고 하니 나의 마음에서 구하는 것을 위주로 할 따름이며, 밖에서 구하는 것이 없으므로 세상을 선하게 하고 널리 교화하여 용의 덕으로 드러난 자이다. 만약 숨어 있어 드러나지 않는다면 자기를 위하는 것일 뿐 타인에게 미칠 겨를이 없게 된다.

|해설| 『정몽』「대역편」14.28과 중첩되는 문장이다. 그곳의 해설을 참조하라.

1.20 孟子不得已而用潛龍者也, 顏子不用潛龍者也. 孟子主敎, 故須說 "⁽¹⁾予豈好辯哉? 予不得已也."¹³

으므로 삭제했다.

12 〈중화 주석〉이상 [ ]으로 표시된 세 글자는 『正蒙』「大易篇」에 의거해 보충했다.

13 (1)『孟子』「滕文公下」에서 출전.

|번역| 맹자는 부득이하게 잠룡을 쓴 자이고, 안연은 잠룡을 사용하지 않은 자이다. 맹자는 가르침을 주로 했으므로 "내가 어찌 변론하기를 좋아하겠느냐? 나도 부득이하여 그러는 것이다"라고 말해야 했다.

|해설| '잠룡'은 성인이 될 수 있는 능력은 있으나 아직 때가 이르지 않아 자신을 드러내서는 안 되는 자이다. 그런데 안연과는 달리 맹자는 적극적으로 논변에 나서는 등 자신을 드러내곤 했다. '잠룡'으로서 드러내서는 안 되는 덕을 드러내 쓴 것이다. 장재는 그것이 교육, 교화를 행하는 자로서 부득이한 일이었다고 변호하였다.

九二曰"見龍在田, 利見大人", 何謂也? 子曰, "龍德而正中者也. 庸言之信, 庸行之謹, 閑邪存其誠, 善世而不伐, 德溥而化. 易曰'見龍在田, 利見大人', 君德也."

　구이에서는 "나타난 용이 밭에 있으니 대인을 만남에 이롭다"라고 하는데, 이는 무엇을 말하는가? 공자가 말했다. "용의 덕으로 바르고 적절하게 행하는(正中) 자이다. 평소의 말이 미덥고 평소의 행동이 신중하며, 삿됨을 막고 진실함을 보존하며, 세상을 선하게 하되 자랑하지 않고 덕은 넓어 교화한다. 『역』에서는 '나타난 용이 밭에 있으니 대인을 만남에 이롭다'고 했는데, 이는 군주의 덕이다."

1.21 庸言庸行, 蓋天下經德達道, 大人之德施於是(者)溥矣, 天下之文明於是著矣. 然非窮變化之神以時措之宜, 則或陷於非禮之禮, 非義之義, 此顏子所以求龍德(而)[14]正中, 乾乾進德, 思處其極, 未敢

14 〈중화 주석〉 '者' 자는 다음 구절에 근거해 삭제했다. '而' 자는 『正蒙』「大易篇」에 의거

以方體之常安吾止也.

| 번역 | 평소의 말과 평소의 행동은 천하의 불변하는 덕이고 통용되는 도이
다. 대인이 덕을 베풂이 이를 통해 넓어지고 천하의 문명이 이를 통
해 드러난다. 그러나 시의적절한 올바름으로 변화하는 신(神)을 다
하는 것이 아니라면 예가 아닌 예, 의가 아닌 의로 빠져들 수도 있
다. 안연이 용과 같은 덕의 바르고 적절함(正中)을 추구하면서 굳세
게 덕을 진전시켜 그 극한에 이를 것을 생각하며, 고정불변의 원칙
으로 '내'가 머문 곳에 편안해하지 않은 까닭이 여기에 있다.

| 해설 | 『정몽』「대역편」 14.24와 중첩되는 문장이다. 그곳의 해설을 참조하라.

1.22 顔氏求龍德正中而未見其止, 故擇中庸得一善則拳拳服膺, 歎夫
子[之][15]忽焉前後也.

| 번역 | 안연은 용의 덕인, 바르고 적절함(正中)을 추구하며 멈추는 것을 보
인 적이 없다. 그래서 중용을 택해 하나의 선을 얻으면 확실히 붙잡
아 가슴속에 새겼으며, 홀연히 앞에 계시다 뒤에 계시는 공자를 찬
탄했다.

| 해설 | 『정몽』「대역편」 14.20과 중첩되는 문장이다. 그곳의 해설을 참조하라.

해 삭제했다.
15 〈중화 주석〉 '之' 자는 『正蒙』「大易篇」에 의거해 보충했다.

1.23 乾三四, 位過中重剛, 時不可舍, 庸言庸行不足以濟之, 雖大人之
盛有所不安. 外趨變化, 內正性命, 故其危其疑, 艱於見德者, 時
不得舍也. 九五, 大人化矣, 天德位矣, 成性聖矣, 故旣曰"利見大
人", 又曰"聖人作而萬物睹." 亢龍以位畫爲言, 若聖人則不失其
正, 何亢之有!

|번역| 건괘 구삼(九三)과 구사(九四)는 위치가 중(中)을 지나쳤으며, 중첩된
강함이지만, 이 시기를 버려서는 안 된다. 평범한 말과 평범한 행동
으로는 도움이 안 되고, 대인의 융성한 덕으로도 미진한 점이 있다.
밖으로는 변화를 따르고, 안으로는 성명(性命)을 바르게 한다. 그리
하여 그 위험과 의혹이 덕을 드러내는 일을 어렵게 하지만 그 시기
는 버릴 수 없다. 구오(九五)에서는 대인이 화의 경지에 이르고, 하
늘의 덕에 위치하여, 성(性)을 완성하고 성인이 된다. 그래서 "대인
을 만나면 이롭다"고 할 뿐 아니라, "성인이 작용을 일으키니 만물이
그를 쳐다본다"고도 한다. "지나치게 높이 올라간 용은 후회함이 있
다"는 말은 위치 구획의 측면에서 말한 것이다. 만약 성인이라면 그
바름을 잃지 않을진대 무슨 지나침이 있겠는가?

|해설| 『정몽』「대역편」14.21과 중첩되는 문장이다. 그곳의 해설을 참조하라.

1.24 德薄而化, 言化物也, 以其善世則是化也. 善其身, 自化也; 兼善
天下, 則是化物也; 知化則是德. 化, 聖人自化也. 化之況味, 在學
者未易見焉, 但有此次序.[16]

16 〈중화 주석〉 위 세 단락은 원래 하나로 합쳐져 있었으나, 『正蒙』「大易篇」에 근거해 나

|번역| 덕이 넓어져 화(化)한다는 것은 물(物)을 화하는 것을 말한다. 그것
으로 세상을 선하게 한다면 화이다. 자신을 선하게 하는 것은 스스
로 화하는 것이고, 천하를 더불어 선하게 한다면 물을 화하는 것이
다. 화를 아는 것은 덕이다. 화는 성인이 자연히 화하는 것이다. 화
의 정황과 의미는 배우는 자에게 쉽게 드러나지 않지만, 이러한 순
서가 있다.

|해설| '물을 화한다' 함을 타자를 변화시키는 것, 구체적으로는 타인을 교화하고 자연
물을 화육하는 것을 가리킨다. 이는 물론 세상을 선하게 좋게 만드는 일이다. 물
을 화하기 위해서는 자신을 선하게 만드는 일에도 힘써야 한다. 논리적으로 보
면 자신을 선하게 가꾸는 일이 타자를 교화, 화육하는 일의 전제가 되지만, 실제
로 이 둘은 함께 진행된다. 한편 장재에게 화란 무형의 점진적 변화를 뜻한다고
했다. 그렇다면 '화를 아는' 일은 견문에 의해서는 가능하지 않다. 그것은 오직
덕성을 바탕으로 하여 가능하다. 또 화란 자신에 대해서든 타자에 대해서든 억
지로 되는 것이 아니다. 그것은 하늘의 기화처럼 자연스럽게 일어난다.

九三曰"君子終日乾乾, 夕惕若, 厲无咎", 何謂也? 子曰: "君子進德脩
業. 忠信, 所以進德也; 脩辭立其誠, 所以居業也. 知至至之, 可與幾也,
知終終之, 可與存義也. 是故居上位而不驕, 在下位而不憂. 故乾乾因
其時而惕, 雖危无咎矣."

　구삼에서는 "군자는 종일토록 굳세고 굳세며 저녁에도 경계하니, 위
험하지만 허물은 없다"고 했는데, 이는 무엇을 말하는가? 공자가 말했
다. "군자는 덕을 향상시키고 업적을 닦아 나간다. 충성과 신실함은 덕
을 향상시키고, 언사를 닦아 성실함을 확립하는 것은 업적을 지키도록

누었다.

한다. 아는 것이 지극해져 거기에 도달하면 더불어 조짐을 알 수 있고, 끝맺을 줄 알아서 끝맺으면 더불어 시의적절한 올바름을 보전할 수 있다. 따라서 윗자리에 있어도 교만하지 않고 아랫자리에 있어도 근심하지 않는다. 그러므로 굳세고 굳세어 때를 따라 경계하니, 비록 위험해도 허물은 없다."

1.25 乾九三修辭立誠, 非繼日待旦如周公, 不足以終其業.

|번역| 건괘 구삼에서는 "언사를 닦아 성실함을 확립한다"고 했는데, 밤을 새서 새벽을 기다리기를 주공처럼 하지 않는다면 그 일을 끝마치기에 부족하다.

|해설| 『정몽』「대역편」14.30의 일부 내용과 중첩되는 문장이다. 그곳의 해설을 참조하라.

1.26 忠信所以進德, 學者止是一誠意耳, 若不忠信, 如何進德! 不驕, 德當至也; 不憂, 業當終也.

|번역| 충성과 신실함은 덕을 향상시키는 것이니, 배우는 자는 다만 뜻을 정성스럽게 할 따름이다. 만약 충성스럽지 않고 신실하지 않다면 어떻게 덕을 향상시키겠는가? 교만하지 않으니 덕은 당연히 지극하다. 근심하지 않으니 일은 당연히 종결된다.

|해설| 충(忠)은 남을 위해 최선을 다하는 것이요, 신(信)은 타인과 관계에서 언행이 미

더운 것이다. 둘 관계 속에서 요구되는 덕목인데 장재는 이를 '내' 뜻을 정성스럽게 가지는 성의(誠意)로 귀결시킨다. 뜻을 한결같이 정성스럽게 가지면 자연히 타인과의 관계에서 충성스럽고 신실하여 덕이 향상된다. 관심과 노력이 온통 타자를 향해 있으니, '나'를 높이려는 교만함이나 '나'에 대한 근심도 없다. 덕이 성장하고 일은 순조롭게 이루어진다.

1.27 適在不安之位, 故曰因其時.

| 번역 | 마침 불안한 위치에 있으므로 그 때를 따르라고 했다.

| 해설 | 「문언전」의 "그러므로 굳세고 굳세어 때를 따라 경계한다(故乾乾因其時而惕)"는 말을 해설했다. 때를 따라야 하는 이유는 위험하고 불안한 구삼(九三)의 위치에 있기 때문이다.

1.28 求致用者, 幾不可緩; 將進德者, 涉義必精; 此君子所以立多凶多懼之地, 乾乾德業, 不少懈於趨時也. 知至, 極盡其所知也.

| 번역 | 작용을 온전히 다 발휘하고자 한다면 일의 조짐을 살피는 일에 느슨해서는 안 된다. 덕을 향상시킬 것을 생각하는 자라면 옳음을 실천에 옮기는 일이 반드시 정밀해야 한다. 이것이 군자가 흉하고 두려운 일이 많은 곳에 처하여 굳세게 덕을 향상시키고 업적을 쌓으며 조금이라도 시간의 변화를 따르는 일에 게으르지 않은 이유이다. 앎이 지극해짐은 그 아는 것을 극진히 함이다.

| 해설 | 『정몽』「지당편」 9.49의 내용과 중첩되는 문장이다. 그곳의 해설을 참조하라.

九四曰"或躍在淵, 无咎", 何謂也? 子曰, "上下无常, 非爲邪也, 進退无恒, 非離羣也. 君子進德修業, 欲及時也, 故'无咎'."

　구사에서는 "혹 뛰어 오르나 못에 있으니 허물은 없다"고 하는데, 이는 무엇을 말하는가? 공자가 말했다. "상승과 하강이 일정하지 않으나 삿된 일을 하는 것이 아니다. 진퇴가 일정하지 않으나 대중을 떠난 것이 아니다. 군자는 덕을 향상시키고 업적을 닦을 때 시의적절하고자 하므로 '허물이 없다.'"

1.29　以陽居陰, 故曰"在淵"; 位非所安, 故或以躍. 德非爲邪, 故進退上下, 惟義所適, 惟時所合, 故曰"欲及時也". 能如此擇義, 則無咎也.

|번역| 양으로 음의 자리에 머무르니 "못에 있다"고 한다. 위치가 편안한 곳이 아니므로 혹 뛰어 오르기도 한다. 덕이 삿되지 않으므로 진퇴하고 상승, 하강할 때 오직 의만을 따르고, 오직 때에 부합한다. 그래서 "시의적절하고자 함이다"라고 했다. 이렇게 옳음을 택할 수 있다면 허물이 없다.

1.30　九四以陽居陰, 故曰在淵, 能不忘於躍, 乃可免咎. "非爲邪也", 終其義也.

|번역| 구사에서는 양으로서 음의 자리에 머무르므로 "못에 있다"고 했고, 뛰어 오르는 일을 잊지 않을 수 있으니 허물을 면할 수 있다. "삿된

일을 하는 것이 아니다"라고 하니, 그 옳음으로 끝맺는다.

|해설| 『정몽』 「대역편」 14.30의 일부 내용과 중첩되는 문장이다. 그곳의 해설을 참조하라.

九五曰"飛龍在天, 利見大人", 何謂也? 子曰, "同聲相應, 同氣相求, 水流濕, 火就燥, 雲從龍, 風從虎, 聖人作而萬物覩, 本乎天者親上, 本乎地者親下, 則各從其類也."

구오에서는 "나는 용이 하늘에 있으니 대인을 만나면 이롭다"고 하는데, 이는 무엇을 말하는가? 공자가 말했다. "같은 소리는 서로 응하고 같은 기는 서로 구한다. 물은 습한 곳으로 흐르고 불은 건조한 곳으로 타오른다. 구름은 용을 따라 나오고 바람은 범 소리를 따라 나오며, 성인이 작용을 일으키자 만물이 쳐다본다. 하늘에 근본을 둔 것은 위를 친근히 여기고, 땅에 근본을 둔 것은 아래를 친근히 여기니, 각기 그 유사한 것을 따른다."

1.31 谷神能象其聲而應之, 非謂能報以律呂之變也, 猶卜筮叩以是言則報以是物而已, 『易』[所][17]謂"同聲相應"是也. 王弼謂"命呂者律", 語聲之變, 非此之謂也.

|번역| 곡신(谷神)이 소리를 본떠 그것에 응할 수 있는 것은 율려(律呂)의 변

---

17 〈중화 주석〉 '所'는 『정몽』 「유덕편」에 근거해 보완했다.

화로 답할 수 있음을 말하는 것이 아니다. 복서(卜筮)에서 이 말로 물으면 이 사물(物)로 답하는 것과 같은 것일 따름이다. 『주역』의 "같은 소리가 상응한다"는 말이 이런 의미이다. 왕필의 "여(呂)에 명하는 것은 율(律)이다"라는 말은 소리의 변화를 말하는 것이지 이것을 말하는 것이 아니다.

|해설| 『정몽』「유덕편」12.36과 중첩되는 문장이다. 그곳의 해설을 참조하라.

1.32 聖人作, 萬物覩, 故利見大人.

|번역| 성인이 작용을 일으키니 만물이 쳐다보므로 대인을 만남에 이롭다.

1.33 本乎天者親上, 本乎地者親下, 此一章止爲飛龍在天而發. 龍虎水火之喻, 蓋明各逐一類去, 本在上者却上去, 本在下者却逐下. 德性本得乎天者今復在天, 是各從其類也.

|번역| 하늘에 근본을 둔 것은 위를 친근히 여기고 땅에 근본을 둔 것은 아래를 친근히 여긴다고 했는데, 이 장에서는 다만 나는 용이 하늘에 있다는 것에 대해 설명했다. 용, 범, 물, 불의 비유는 각기 비슷한 것을 뒤쫓아 감을 밝힌 것이다. 근본이 위에 있는 것은 위로 가고 근본이 아래에 있는 것은 아래로 뒤쫓아 간다. 덕성은 본래 하늘에서 얻었던 것으로 지금 다시 하늘에 있으니, 이는 각기 그 비슷한 것을 따르는 것이다.

「문언전」 원문에서는 비슷한 것끼리 상응한다고 말하며 용, 범, 물, 불 등의 여
러 예를 들고 있지만, 이것들은 모두 '나는 용이 하늘에 있다'는 구오 효사를 설
명하기 위한 것임을 지적했다. 즉 '비슷한 것끼리 상응한다'는 말을 한 이유 역시
결국은 덕성이 최고 수준에 이른 성인이 하늘과 유사하게 교화와 화육을 자유자
재로 함을 설명하기 위한 것이다. 성인이 그런 능력을 발휘할 수 있는 덕성은 본
디 하늘에서 얻은 것이기 때문에, 성인은 그 덕성이 유래한 하늘에 위치하는 존
재로 묘사되고 있다.

上九曰"亢龍有悔", 何謂也? 子曰, "貴而無位, 高而無民, 賢人在下位
而無輔, 是以動而'有悔'也."

　　상구에서는 "너무 높이 올라간 용은 후회함이 있다"고 했는데, 이는
무엇을 말하는가? 공자가 말했다. "귀하지만 지위가 없고 높지만 백성
이 없으며 현명한 사람이 아래 위치에서 보좌하는 일이 없으니, 이는 경
거망동하여 '후회함이 있는 것'이다."

　1.34　亢而自喪之也.

┃번역┃ 너무 높이 올라가 스스로 그것들을 잃었다.

"潛龍勿用", 下也, "見龍在田", 時舍也, "終日乾乾", 行事也, "或躍在
淵", 自試也, "飛龍在天", 上治也, "亢龍有悔", 窮之災也, 乾元"用九",
天下治也.

"숨어 있는 용이니 쓰이지 않는다"는 것은 아래에 있는 것이다. "나타난 용이 밭에 있다"는 것은 때에 따라 머무는 것이다. "종일토록 힘쓴다"는 것은 일을 행하는 것이다. "혹 튀어 오르나 못에 있다"는 것은 스스로 해 보는 것이다. "나는 용이 하늘에 있다"는 것은 위에서 다스리는 것이다. "너무 높이 올라간 용은 후회함이 있다"는 것은 궁해져 생겨난 재앙이다. 건원이 "구를 사용하는" 것은 천하가 다스려짐을 뜻한다.

1.35 居大中安止之地, 至於三四則不得所安也.

┃번역┃ (구오에서는) 대중(大中)의 편안하게 머물 곳에 미물지만, 구삼과 구사에서는 편안한 것을 얻지 못한다.

1.36 ⁽¹⁾聖人神其德,[18] 不私其身, 故乾乾自強, 所以成之於天耳.

┃번역┃ 성인은 자신의 덕을 신묘하게 하고 자신의 몸을 사사로이 여기지 않으므로, 굳세게 자강불식하여 그것을 하늘의 위치에서 완성할 따름이다.

┃해설┃ 『정몽』「지당편」 9.27의 일부 내용과 중첩되는 문장이다. 그곳의 해설을 참조하라.

---

[18] (1)『정몽』「지당편」 9.27에서는 "神其德"이 "成其德"으로 되어 있다.

"潛龍勿用", 陽氣潛藏, "見龍在田", 天下文明, "終日乾乾", 與時偕行, "或躍在淵", 乾道乃革, "飛龍在天", 乃位乎天德, "亢龍有悔", 與時偕極,

"숨어 있는 용이니 쓰이지 않는다"는 것은 양기가 숨겨져 있는 것이다. "나타난 용이 밭에 있다"는 것은 천하가 꾸며져 밝아지는 것이다. "종일토록 힘쓴다"는 것은 때와 더불어 나아가는 것이다. "혹 뛰어 오르나 못에 있다"는 것은 건도가 변혁됨을 뜻한다. "나는 용이 하늘에 있다"는 것은 천덕에 위치한다는 뜻이고, "너무 높이 올라간 용은 후회함이 있다"는 것은 때와 더불어 극한에 이르렀음을 뜻한다.

1.37 顏子未成性, 是爲潛龍, 亦未肯止於見龍, 蓋以其德其時須當潛. 顏子與孟子時異, 顏子有孔子在, 可以不顯, 孟子則處師道, 亦是已老, 故不得不顯耳. 九二·九三·九四至上九, 皆是時也. 九四曰: "上下無常, 非爲邪也. 進退無恒, 非離群也. 君子進德修業, 欲及時也." 此時可上可下, 可進可退, "非爲邪也", 即是直也. 天道不越乎直, 直方大則不須習, 行之自無不利. 非爲邪, 則是[1]"陟降庭止"也. 進德修業欲及時, 即是[2]"無然畔援, 無然歆羨, 誕先登於岸"也, 言無畔去, 亦無援引, 亦無歆向, 亦無羨而不爲, 誕知登於岸耳. 岸, 所處地位也. 此與"進無咎"同意, 惟志在位天德而已. 位天德, 大人成性也. 九三·九四大體相似, 此二時處危難之大, 聖人則事天愛民, 不恤其他, 誕先登於岸. 九五"大人造也", 造, 成就也, 或謂造爲至義亦可. 大人成性則聖也化, 化則純是天德也. 聖猶天也, 故不可階而升. 聖人之教, 未嘗以性化責人, 若

大人則學可至也. 位天德則神, 神則天也, 故不可以神屬人而言.
莊子言神人, 不識義理也; 又謂至人·眞人, 其辭險窄, 皆無可取.
(3)『孟子』六等, 至於神則不可言人也. 上九亢龍, 緣卦畫而言, 須
分初終, 終則自是亢極. 言君位則『易』有極之理, 聖人之分則安有
過亢!19

|번역| 안연은 덕성을 완성하지 못했으니, 이것이 잠룡이 된 이유이다. 하
지만 나타난 용에 머무르려고 하지도 않았으니, 그 덕과 그 때는 마
땅히 숨어야 했기 때문이다. 안연과 맹자는 시대가 달랐다. 안연에
게는 공자가 계셔서 드러내지 않아도 됐다. 반면 맹자의 경우는 스
승의 길을 자처했을 뿐 아니라 성인이 없어진 지 이미 오래되었기
때문에 드러내지 않을 수 없었을 따름이다. 구이, 구삼, 구사에서 상
구에 이르는 것들은 모두 때이다. 구사에서는 이렇게 말했다. "상승
과 하강이 일정하지 않으나 삿된 일을 하는 것이 아니다. 진퇴가 일
정하지 않으나 대중을 떠난 것은 아니다. 군자가 덕을 향상시키고
업적을 닦음에 시의적절하고자 함이다." 이때는 상승도 하강할 수
도 있고, 나아갈 수도 물러날 수도 있다. "삿된 일을 하는 것이 아니
다"라는 말은 곧음이다. 하늘의 도는 곧음(直)을 넘어서지 않는다.
곧고 바르고 크게 되면 익힐 필요가 없게 된다. 행하면 자연히 이롭
지 않음이 없게 된다. 삿된 일을 하지 않으니, 이는 "오르내리며 곧

19 (1)陟降庭止:『詩經』,「周頌」,「閔予小子」에서 출전.『정몽』15.7의 각주 참조. (2)無然畔
援, 無然歆羡, 誕先登於岸:『詩經』,「大雅」,「皇矣」에서 출전. "그렇게 이것을 버리고 저
것을 취하지 말고, 그렇게 흠모하고 부러워하지 말며 먼저 높은 경지에 오르라." 畔援:
畔 이반, 배반함. 援, 끌어당김. 畔援은 이것을 버리고 저것을 취함. 歆羡, 흠모하고 부러
워함. 誕, 어조사. (3)『孟子』六等,『孟子』,「盡心下」의 다음 문장을 가리킨다. "可欲之謂
善, 有諸己之謂信, 充實之謂美, 充實而有光輝之謂大, 大而化之之謂聖, 聖而不可知之之謂
神."

음에 머무는 것이다." 덕을 향상시키고 업적을 닦음에 시의적절하게 하려는 것은 곧 "그렇게 이것을 버리고 저것을 취하지 말고, 그렇게 흠모하고 부러워하지 말며 먼저 높은 위치에 오르는" 것이다. 이는 떠나는 일도 없고 억지로 끌어당기는 일도 없으며, 흠모해 향하는 일도 없고, 부러워하면서 하지 않음도 없이, 높은 지위에 오르는 일을 알 뿐이라는 뜻이다. 안(岸)은 처하는 지위로, 그것은 "나아감에 허물이 없다"는 말과 같은 뜻이다. 오직 뜻이 하늘의 덕에 위치하는 데 있을 따름이다. 하늘의 덕에 위치하면 대인은 덕성을 완성한다. 구삼과 구사는 대체로 비슷하니, 이 두 시기는 큰 위난에 처할 때로, 성인은 하늘을 섬기고 백성을 사랑하며, 다른 일은 돌아보지 않고 먼저 높은 지위에 오른다. 구오에서는 "대인조(大人造)"라고 했는데, 조(造)는 성취함이다. 혹자는 조(造)를 이른다(至)는 뜻이라고 했는데, 그것도 괜찮다. 대인이 덕성을 완성한다면 성인은 화(化)한다. 화는 순전히 하늘의 덕이다. 성인은 하늘과 같다. 따라서 성인은 단계를 밟아 오를 수 없다. 성인의 가르침은 덕성이 화의 경지에 이르는 것을 사람들에게 책임 지운 적이 없다. 하지만 대인이라면 배워서 이를 수 있다. 하늘의 덕에 위치하면 신묘하고, 신묘하면 하늘이다. 따라서 신을 사람에 해당하는 것으로 말해서는 안 된다. 장자는 신인(神人)을 말했으니, 이치를 모르는 것이다. 또 지인, 진인을 말했는데, 그 언사가 험하고 협소해 다 취할 만한 것이 없다. 『맹자』에서 말하는 여섯 등급 가운데 신(神)의 경우는 사람이라 말할 수 없다. 상구의 지나치게 높이 올라간 용이란 괘의 획이라는 측면으로 인해 말한 것이다. 처음과 끝을 나누어야 하니, 끝은 자연히 지나침의 극한이다. 군주의 위치라는 측면에서 말하면 『주역』에는 극한에 이른다는 이치가 있으나, 성인일 경우에 무슨 지나침이 있겠는가!

|해설| 건괘 초구에서 상구에 이르는 각 효사의 의미를 장재의 덕성 수양 이론에 근거해 설명하였다. 이 단락은 크게 다음 세 가지 내용을 포함하고 있다.

첫째로는 초구의 상황을 안연에 대입시키면서 안연과 맹자의 차이를 설명했다. 안연은 덕의 미완성과 공자라는 성인이 계심으로 인해 잠룡으로 지낸 반면, 맹자는 성인도 없고 사도를 자처했으므로 자신을 드러낼 수밖에 없었다.

둘째로는 구삼, 구사의 상황에 대해 「문언전」과 『시경』을 뒤섞어 인용하며 그 의미를 설명하였다. 구삼, 구사는 어려운 상황에 있을 때이다. 이때는 사회적 삶이 나아질 수도 있고 나락으로 떨어질 수도 있는데, 곧고 바른 자세로 대처하여 덕을 기르고 업적을 쌓아 가는 것이 무엇보다 중요함을 역설하고 있다. 또 어떤 상황에서도 흔들림 없이 안(岸)으로 상징되는 인격적으로 높은 지위에 오르는 일에 매진할 것을 요구하고 있다.

셋째로는 그렇게 해서 도달한 구오의 성인의 경지를 논하며 아울러 상구에 대해서도 간략히 언급하고 있다. 대인이 각고의 노력 끝에 덕성을 완성한다면, 성인은 ㅗ 덕성이 자연히 무르익어 하늘과 같은 지위에 오른 자이다. 하늘과 같은 지위란 모든 과정을 알고 모든 행동이 적절한 화의 경지에 오름을 말한다. 장재는 유학에서 사람마다 반드시 이런 화의 경지에 이르러야 한다고 주장하지는 않는다고 말한다. 하늘처럼 신묘한 경지에 이르는 것은 인간의 노력만으로는 안 되는 일이기 때문이다. 마지막으로 상구는 주로 물극필반의 이치를 말하는 것이고, 성인의 경우는 결코 지나친 행동으로 후회하는 일은 없다고 단언하고 있다.

1.38 『易』雖以六爻爲次序而言, 如此則是以[1]典要求也. 乾初以其在初處下, 況聖修而未成者可也. 上以居極位畫爲亢, 聖人則何亢之有! 若二與三皆大人之事, 非謂四勝於三, 三勝於二, 五又勝於四, 如此則是聖可階也. 三四與二, 皆言所遇之時. 二之時平和, 見龍在田者則是可止之處也. 時舍, 時止也, 以時之和平, 故利見不至於有害. 三四則皆時爲危難, 又重剛, 又不中, 至九五則是聖人極致處, 不論時也. 飛龍在天, 況聖人之至若天之不可階而升也. 大人與聖人自是一節妙處. "精義入神, 以致用也; 利用安身, 以崇德也." 以理計之, 如崇德之事尚可勉勉修而至, 若大人以上事則無修, 故曰[2]"過此以往, 未之或知", 言不可得而知也, 直待己實到窮神知化, 是德之極盛處也. 然而人爲者不過大人之事, 但德盛處惟己知之, "默而成之, 不言而信, 不怒而威", 如此方是成就吾之所行大人之事而已. 故於此爻卻說, "大人者與天地合其德, 與日月合其明, 與四時合其序, 與鬼神合其吉凶", 如此則是全與天地一體, 然不過是大人之事, 惟是心化也. 故嘗謂大可爲也, 大而化不可爲也, 在熟而已. 蓋大人之事, 修而可至, 化則不可加功, 加功則是助長也, 要在乎仁熟而已. 然而至於大以上自是住不得, 言在熟極有意. 大與聖難於分別, 大以上之事, 如禹·稷·皐陶輩猶未必能知, 然須當皆謂之聖人, 蓋爲所以接人者與聖同, 但己自知不足, 不肯自以爲聖. 如禹之德, 斯可謂之大矣, 其心以天下爲己任, 規模如此; 又克己若禹, 則與聖人直無間別, 孔子亦謂[3]"禹與吾無間然矣", 久則須至堯舜. 有人於此, 敦厚君子, 無少異聖人之言行, 然其心與眞仲尼須自覺有殊, 在他人則安能分別! 當時至有以子貢爲賢於仲尼者, 惟子貢則自知之. 人能以大爲心, 常以聖人之規模爲己任, 久於其道, 則須化而至聖人, 理之必然, 如此, 其大即是天也. 又要細密處行之, 並暗隙不欺, 若心化處則誠未易至. 孔子猶自謂[4]"若聖與仁吾豈敢", 儻曰: "吾聖矣", 則人亦誰能知! 故曰"知我者其天乎". 然則必九五言"乃位乎天德", 蓋是成聖實到也; 不言"首出", 所性不存焉, 其實天地也, 不曰"天地"而曰"天德", 言德則德位皆造, 故曰"大人造也", 至此乃是大人之事畢矣. 五, 乾之極盛處, 故以此當聖人之成德; 言"乃位"即是實到爲己有也. 若由思慮勉勉而至者, 止可言知, 不可言位也, "乃位"則實在其所矣. 大抵語勉勉者則是大人之分也, 勉勉則猶或有退, 少不勉勉斯退矣, 所以須學問. 進德修業, 欲成性也, 成性則(縱)[從]²⁰心皆天也. 所以成性則謂之聖者, 如夷之淸, 惠之和, 不必勉勉. 彼一節而成性, 若聖人則於大以成性.²¹

|번역| 『주역』은 육효를 순서로 하여 말하였지만, 그와 같으면 불변하는 기준을 가지고 구하는 것이 된다. 건괘의 초구는 그것이 처음에 있고 아래에 있으니, 성인이 되려고 수양하지만 아직 완성하지 못한 자를 묘사한 것으로 보면 된다. 상구는 극한의 위치에 머무름으로 인해 지나치다는 의미로 그렸으니 성인의 경우에 무슨 지나침이 있겠는가! 한편 구이와 구삼은 모두 대인의 일로, 구사가 구삼보다 낫고, 구삼이 구이보다 나으며, 구오 또한 구사보다 나음을 말하는 것이 아니다. 그러하다면 성인은 단계를 밟아 오를 수 있는 것이 된다. 구삼, 구사와 구이는 모두 맞닥뜨린 때를 가리킨다. 구이의 시기는 평화로우니, 나타난 용이 밭에 있는 것은 곧 머물 만한 곳이다. "시사(時舍)"라는 말은 때에 따라 머문다는 뜻이다. 시기가 평화롭기 때문에 이로움이 나타나고 유해함에는 이르지 않는다. 구삼과 구사는

20 〈중화 주석〉 '從'은 『논어』에 근거해 고친 것이다.
21 (1)典要, 고정불변하는 기준. (2)過此以往, 未之或知, 『周易』, 「繫辭下」, "精義入神, 以致用也; 利用安身, 以崇德也. 過此以往, 未之或知也. 窮神知化, 德之盛也." "의리를 정밀하게 탐구하여 신묘한 경지에 들어서는 것은 작용을 다하기 위해서이다. 이롭게 작용하여 몸을 편안히 하는 것은 덕을 높이기 위해서이다. 그것을 넘어서 나아가는 일에 대해서는 혹 알 수가 없다. 신을 다하고 점진적 변화를 아는 것은 덕의 성함이다." (3)禹與吾無間然矣: 『論語』, 「泰伯」, 子曰: "禹, 吾無間然矣." 공자가 말했다. "우임금에 대해서는 내가 흠잡을 데가 없다." 그러나 장재는 여기서의 無間然을 흠잡을 데가 없다는 뜻으로 이해하지 않고, 우와 자신 사이에 간극, 즉 차이가 없음으로 이해하고 있다. (4)若聖與仁吾豈敢: 『論語』, 「述而」, "공자께서 말씀하셨다. '성인과 어진 사람이라는 칭호를 내가 어찌 감당하겠는가?'"(子曰, 若聖與仁, 則吾豈敢?)

모두 시기가 위태롭고 어려울 때로, 강함이 중첩되어 있고, 적중하지도 않는다. 구오에 이르면 그것은 성인의 극치에 이른 곳으로 시기를 논하지 않는다. 나는 용이 하늘에 있다는 말은 성인이 이른 경지가 마치 하늘을 계단을 밟아 오를 수 없는 것과 같음을 묘사한 것이다. 대인과 성인 사이에는 자연히 미묘하게 차이가 나는 지점이 있다. "의리를 정밀하게 탐구하여 신묘한 경지에 들어감으로써 작용을 다한다. 이롭게 작용하고 심신을 편안하게 함으로써 덕을 높인다"고 했다. 이 말을 이치로 헤아려 보건대, 덕을 높이는 일 같은 것은 힘써 수양하면 이를 수 있다. 하지만 대인 이상의 일에 대해서는 닦을 것이 없다. 그리하여 "이 이상의 것에 대해서는 알 수 없다"고 했으니, 이는 알 수 없음을 뜻한다. 자신이 실제로 신을 다하고 화를 아는(窮神知化) 경지에 이르러야 덕이 극히 성한 지점에 이르게 된다. 하지만 사람이 하는 것은 대인의 일일 따름이고, 덕이 성한 지점은 오직 자신만이 알아, "묵묵히 성취하여 말하지 않아도 미덥고, 화내지 않아도 위엄이 있게 된다." 이와 같아야 비로소 내가 행할 대인의 일을 성취할 따름인 것이다. 그렇기 때문에 이 효에서는 이렇게 말한다. "대인은 천지와 그 덕을 합하고, 일월과 그 밝음을 합하고 사계절과 그 순서를 합하고 귀신과 그 길흉을 합한다." 이와 같으면 완전히 천지와 일체가 된 것이지만, 이는 대인의 일이고 단지 마음이 화한 것(心化)이다. 그래서 나는 일찍이 크게 되는 것(大)은 할 수 있지만, 크게 되어 화하는 것(大而化)은 할 수 없고, 무르익는 데 있을 따름이라고 했다. 대개 대인의 일은 수양하여 이를 수 있지만, 화하는 경지는 힘을 보태서는 안 된다. 힘을 보태면 그것은 조장이 된다. 요체는 인이 무르익는 데 있을 따름이다. 그렇다면 대인 이상의 일에 이르러서는 자연히 머무를 수 없으니 무르익는 데 있다는 말은 지극히 의미가 있다. 대인은 성인과 분별하기 어렵다. 크게 되는 것 이상의 일에 대해서는 우(禹), 후직(后稷), 고요(皐陶) 같은 부류도 반드시 알 수 있었던 것은 아니었지만, 그들을 모두 성인이라 말하는 까닭은 사람들과 접촉하는 것이 성인과 같았기 때문이다. 단지 자신은 부족함을 스스로 알아 자신을 성인이라 여기지 않았다. 예컨대 우의 덕은 크다고 할 만하다. 그 마음은 천하를 자신의 임무로 여겼으니, 규모가 그와 같았다. 또 자기 자신을 이겨냄이 우와 같다면 성인과 차이가 없을 것이다. 공자 또한 "우와 나는 간극이 없다"고 하셨으니, 오래 지속되면 요순에 이르렀을 것이다. 여기에 어떤 사람이 있어 돈후한 군자로서 성인의 언행과 조금도 차이가 없더라도 그 마음은 진짜 공자와 차이가 있음을 자각할 것이지만, 다른 사람들의 경우에는 어떻게 그것을 분별할 수 있겠는가! 당시에도 자공을 공자보다 현명하다고 여기는 자가 있었는데, 오직 자공만이 스스로를 알았다. 사람이 크게 되는 것을 마음으로 삼고 늘 성인의 규모를 자신의 임무로 삼아 오랫동안 그 길에 있으면 틀림없이 화하여 성인에 이르는 것은 이치의 반드시 그러함이다. 그와 같으면 그 크게 된 것은 곧 하늘이다. 또한 세밀한 지점에서 행하고 어두운 곳에서도 속이지 않아야 하니, 마음의 화하는 경지 같은 것도 진실로 쉽게 이를 수 없다. 공자는 "성인과 어진 사람이라는 칭호를 내가 어찌 감당하겠는가?"라고 하셨다. 만약 "내가 성인이다"라고 했더라도 누가 그것을 알 수 있었겠는가! 그러므로 "나를 아는 자는 하늘이로다"라고 했다. 그러므로 반드시 구오에서 "하늘의 덕에 위치한다"고 말해야 하는 것은 성인을 이루는 일에 실제로 도달했기 때문이다. "우두머리가 출현했다"고 말하지 않은 것은 본성으로 여기는 것이 거기에는 존재하지 않기 때문이다. 실은 천지인데 천지라고 말하지 않고 하늘의 덕이라고 한 것은 덕이라고 말하면 덕과 지위가 모두 성취되기 때문이다. 그래서 "대인이 성취한다"고 했다.

여기에 이르면 대인의 일은 끝을 맺게 된다. 구오는 건의 덕이 지극히 성한 지점이다. 그래서 그것으로 성인이 덕을 완성하는 것으로 삼는다. "위치한다(乃位)"고 말한 것은 실제로 도달하여 자신이 지니는 것이다. 만약 사려하고 힘써 이른 것이라면 단지 안다고 말할 수 있을 뿐, 위치했다고 말할 수는 없다. "위치한다"는 것은 실제로 그 곳에 있는 것이다. 대개 열심히 힘쓰는 것은 대인의 본분이다. 힘쓰더라도 혹여 퇴보할 때가 있다. 조금만 힘쓰지 않아도 퇴보한다. 그래서 학문을 해야 한다. 덕을 향상시키고 업적을 닦는 것은 덕성을 완성하고자 함이다. 덕성을 완성하면 마음이 하고자 하는 대로 해도 모두 하늘처럼 된다. 따라서 덕성을 완성하면 그를 성인이라 부르는 것은 백이의 청렴함이나 유하혜의 화합함처럼 힘쓸 필요가 없기 때문이다. 저들은 한 부분에서 덕성을 완성했다. 반면 성인의 경우에는 큰 곳에서 덕성을 완성했다.

|해설| 대인과 성인의 차이를 매우 길게 논한 단락이다. 전체적으로 보아 위 단락은 다음 두 가지 중요한 내용을 포함하고 있다. 첫째, 『주역』 건괘 육효는 그 순서대로 수행 단계를 밟아 나가라고 말하는 것이 아님을 강조하였다. 구이, 구삼, 구사 등은 모두 사람이 맞닥뜨린 특정한 상황을 가리킨다는 점, 그리고 구오는 성인의 경지로서 단계를 밟아 이를 수 있는 것이 아니라는 점이 그 근거이다. 둘째, 대인과 성인의 본질적 차이가 인위와 자연에 있음을 분명히 밝혔다. 대인은 끊임없이 노력하는 자이다. 반면 성인은 이미 덕성이 성숙되어 더는 수양을 할 필요가 없는 자이다. 중요한 것은 이 대인에서 성인으로의 질적 도약은 인위적 노력으로 반드시 성취되는 것은 아니라는 점이다. 장재는 이 질적 도약은 오직 인이 무르익는 것을 통해 가능해짐을 강조한다.

1.39 剛健故應乎天, 文明故時行.

|번역| 강건하므로 하늘에 상응하고, 꾸며 밝히므로 때에 맞게 행한다.

|해설| 성인은 강건하므로 하늘과 상응하고 적절하게 꾸며 밝힐 줄 알기 때문에 늘 시의적절하게 행한다.

1.40 乾二五皆正中之德, 五則曰: "大人造也", 又曰"聖人作而萬物睹", 大人而升聖乃位乎天德也. 不言"帝王"而言"天德", 位不足道也, 所性不存焉. 潛龍自是聖人之德備具, 但未發見.

|번역| 건괘의 구이와 구오는 모두 바르고 적중하는(正中) 덕이다. 구오에서는 "대인이 성취한다"고 했고, 또 "성인이 작용을 일으키니 만물이 그를 쳐다본다"고도 했다. 대인으로서 성인의 위치에 오르는 것은 곧 하늘의 덕에 위치하는 것이다. "제왕"이라고 하지 않고 "하늘의 덕"이라고 말한 것은 지위는 말할 것이 못 되기 때문이고, 본성으로 여기는 것이 거기에 존재하지 않기 때문이다. 숨어 있는 용은 자연히 성인의 덕이 갖추어져 있되, 다만 발현되지 않은 것이다.

|해설| 구이든 구오든 모두 바르고 적중하는 덕이라는 것은 성인뿐 아니라 대인도 구이의 상황에서 중용의 덕을 발휘한다는 뜻이다. 성인의 지위를 성취한다는 것이 꼭 성군의 지위를 획득함을 의미하지는 않는다. 하늘과 같은 덕과 작용을 하는 위치에 서는 것을 뜻할 뿐이다.

1.41 見龍成性, 至飛龍則位天德.

|번역| 나타난 용은 덕성을 완성한다. 나는 용에 이르면 하늘의 덕에 위치

한다.

"乾元用九", 乃見天則. 乾元者, 始而亨者也, "利貞"者, 性情也.

 "건원이 구를 사용하는 것"에서 하늘의 법칙을 볼 수 있다. 건원이라
는 것은 시작하고 형통하는 것이요, "이와 정"은 성정이다.

1.42 "利貞者, 性情也", 以利解性, 以貞解情. 利, 流通之義, 貞者實也;
利, 快利也, 貞, 實也. 利, 性也, 貞, 情也. 情盡在氣之外, 其發見
莫非性之自然, 快利盡性, 所以神也. 情則是實事, 喜怒哀樂之謂
也, 欲喜者如此喜之, 欲怒者如此怒之, 欲哀樂者如此樂之哀之,
莫非性中發出實事也.

|번역| "이정(利貞)은 성정이다"라고 했으니, 이(利)로 성(性)을 풀이하고 정
(貞)으로 정(情)을 풀이했다. 이(利)는 유행해 소통한다는 뜻이고, 정
(貞)이란 실제이다. 이(利)는 빠름이요, 정(貞)은 실제이다. 이(利)는
성이요, 정(貞)은 정(情)이다. 정은 다 기 밖에 있으니, 그것의 발현은
본성의 자연이 아닌 것이 없다. 신속하게 본성을 다하므로 신묘하
다. 한편 정은 실제의 일로 희로애락을 말한다. 기뻐하고 싶어 하는
자는 그렇게 기뻐하고, 화내고 싶어 하는 자는 그렇게 화내며, 슬퍼
하고 즐거워하고 싶어 하는 자는 그렇게 즐거워하고 슬퍼하니, 본
성에서 발해져 나온 실제의 일이 아닌 것이 없다.

|해설| "이와 정은 성정이다"라는 구절에 대한 가장 일반적인 해석은 "만물을 이롭게 하

고 바르게 하는 것은 대자연의 본성(性)과 그 작용(情)이다" 정도일 것이다. 그러나 장재는 이 구절을 성인의 성정이라는 측면에서 해석했다. 성인은 덕성이 원숙해져 만물과 접촉함에 신속하게 반응하고 소통한다. 이것이 성인의 무르익은 덕성(性)의 특징이다. 한편 성인의 정(情)은 본성의 실제적 발현이다. 본성에서 발현된 실제적인 일(貞), 예컨대 솔직한 감정의 표출이 곧 성인의 특징이다.

乾始能以美利利天下, 不言所利, 大矣哉! 大哉乾乎! 剛健中正, 純粹精也, 六爻發揮, 旁通情也,

건의 시작은 아름다운 이로움으로 능히 천하를 이롭게 하면서도 그 이로운 것을 말하지 않으니, 위대하도다! 위대하다, 건이여! 강건하고 중정하며 순수하고 정미하다. 여섯 효로 발휘하는 것은 두루 실정에 통한다.

1.43 "剛健中正", (1)中爻之德.[22]

|번역| "강건하고 중정하다"고 하니, 중효(中爻)가 지닌 덕이다.

1.44 "剛健中正, 純粹精也", 主以中正爲精也. "六爻發揮", 言時各異. "旁通情也", 情猶言用也. 六爻擬議, 各正性命, (其)[故]乾德旁通, 不失太和而(和)[利]且貞也.[23]

---

22 (1)中爻, 이효와 오효를 가리킴.
23 〈중화 주석〉 이상은 『정몽』 「대역편」에 근거해 고쳤다.

"강건하고 중정하며 순수하고 정미하다"고 하니, 주로 중정을 정미한 것으로 여긴다. "여섯 효로 발휘한다"는 것은 때가 각기 다름을 말한다. "두루 실정에 통한다"는 말에서 실정(情)은 작용(用)이라 말하는 것과 같다. 여섯 효를 견주고 따지니, 각기 성과 명을 바르게 한다. 그러므로 건의 덕은 두루 통하여 크게 조화로움을 잃지 않고 이로우면서도 바르다.

|해설| 상황마다 바르고 적절하게 대처하기 위해서는 그 딱 적절한 지점이 무엇인지 정확히 파악해야 한다. 따라서 중정하다는 것은 곧 딱 적절하고 미세한 지점을 포착하는 일이다. 육효는 각기 다른 상황, 시기를 상징하며, 어떤 시기든 건괘에서는 강건한 기운이 발휘되어 실제 상황, 실제 작용에 두루 통한다. 나머지 후반부 내용은 『정몽』「대역편」 14.19와 중첩된다. 그 해설을 참조하라.

時乘六龍, 以御天也, 雲行雨施, 天下平也. 君子以成德爲行, 日可見之行也.

때에 따라 여섯 마리의 용을 타고 하늘을 제어한다. 구름이 흐르고 비가 내리니 천하가 태평하다. 군자는 덕의 완성을 행할 바로 삼으니, 날마다 볼만한 행실이다.

1.45 "成德爲行", 德成自信而不疑, 所以日見於外可也.

|번역| "덕의 완성을 행할 바로 삼는다"고 하니, 덕의 완성을 자신하여 의심하지 않으므로, 날마다 밖으로 드러내면 된다.

| 해설 | 이 조목의 내용은 『정몽』 「대역편」 14.29와 중첩된다. 그 해설을 참조하라.

"潛"之爲言也, 隱而未見, 行而未成, 是以君子弗用也. 君子學以聚之, 問以辯之, 寬以居之, 仁以行之.

"잠(潛)"이라는 말은 숨어 있어 드러나지 않고 행하지만 아직 완성하지 못한 것이니, 이로 인해 군자는 쓰이지 않는다. 군자는 배워서 모으고 물어서 분별하며 너그러움으로 머물고 어짊으로 행한다.

1.46 君子之道, 成身成性以爲功者也, 未至於聖, 皆行未成之地耳. 顏子之徒, 隱而未見, 行而未成, 故曰: "吾聞其語矣, 未見其人也". "龍德而隱", 聖修而未成者也, 非如學者之未成. 凡言龍, 喻聖也, 若顏子可以當之, 雖伯夷之學猶不可言龍. 龍即聖人之德, 顏子則術正也.

| 번역 | 군자의 도는 몸을 완성하고 본성을 완성하는 것을 공으로 삼는다. 아직 성인에 이르지 않았다면 이는 모두 행했지만 아직 완성하지 못한 경지이다. 안연과 같은 부류는 숨어 지내면서 드러나지 않고 행했지만 완성하지 못했다. 그래서 공자는 "나는 그런 말은 들었지만 그런 사람은 보지 못했다"고 하셨다. "용의 덕이지만 숨어 지낸다"는 것은 성인이 되려고 수양을 하지만 아직 완성하지 못한 것이지, 배우는 자가 배움을 이루지 못한 것과 같은 것은 아니다. 용이란 성인을 비유한 것이다. 안연과 같은 이는 그것을 감당할 수 있지

만, 백이의 배움으로는 용이라 말할 수 없다. 용은 곧 성인의 덕이니, 안연의 경우는 그 방법이 바르다.

| 해설 | 君子之道에서 皆行未成之地耳까지는『정몽』,「중정편」8.6과 내용이 중첩되고, 顔子之徒에서 未見其人也까지는『정몽』,「삼십편」11.24와 내용이 중첩된다. 관련 구절의 해설을 참조하라. 이 조목 후반부에서는 안연이 성인과 같은 덕을 지니고 있었지만 아쉽게도 덕성을 완성하지 못한 것뿐이지, 학문적으로나 인격적으로나 이미 대단한 경지에 이르렀다는 점을 말하였다.

易曰"見龍在田, 利見大人", 君德也. 九三重剛而不中, 上不在天, 下不在田, 故乾乾因其時而惕, 雖危无咎矣. 九四重剛而不中, 上不在天, 下不在田, 中不在人, 故"或"之. "或"之者, 疑之也, 故无咎.

『역』에서는 "나타난 용이 밭에 있으니 대인을 만나면 이롭다"고 했는데, 이는 임금의 덕이다. 구삼은 강한 것이 중첩되어 있으면서 중도 아니다. 위로는 하늘에 있지 않고 아래로는 밭에 있지 않다. 그러므로 힘쓰고 힘써 그 때를 따르고 두려워하면 비록 위태롭지만 허물은 없을 것이다. 구사는 강함이 중첩되어 있고 중이 아니다. 위로는 하늘에 있지 않고 아래로는 밭에 있지 않으며, 가운데로는 인간에 있지 않다. 그리하여 혹(或)이라고 했으니, '혹'이라는 것은 의심하는 것이다. 때문에 허물이 없다.

1.47 此以六畫分三才也. 以下二畫屬地, 則四遠於地, 故言中不在人; 若三則止言不在天, 在田而已.

|번역| 이는 여섯 획으로 삼재를 나눈 것이다. 아래의 두 획이 땅에 속할진 대 구사는 땅에서 멀다. 따라서 가운데로는 사람에 있지 않다고 했 다. 반면 구삼의 경우에는 하늘에 있지 않고 밭에 있지 않다고 했을 따름이다.

夫大人者, 與天地合其德, 與日月合其明, 與四時合其序, 與鬼神合其 吉凶. 先天而天弗違, 後天而奉天時. 天且弗違, 而況於人乎? 況於鬼 神乎? 亢之爲言也, 知進而不知退, 知存而不知亡, 知得而不知喪, 其 唯聖人乎! 知進退存亡, 而不失其正者, 其唯聖人乎!

무릇 대인이란 천지와 그 덕을 합하고 일월과 그 밝음을 합하며 사계 절과 그 차례를 합하고 귀신과 그 길흉을 합한다. 하늘보다 앞서도 하 늘이 어기지 않고 하늘보다 뒤에 있으면 천시를 떠받든다. 하늘조차 어 기지 않는데 하물며 사람이랴? 하물며 귀신이랴? 항(亢)이라 말한 것은 나아갈 줄 알지만 물러설 줄 모르고 존재하는지 알지만 없어지는 것을 모르며, 얻는 것은 알지만 잃는 것은 알지 못하는 것을 가리킨다. 오직 성인뿐인가! 나아가고 물러나며 존재하고 없어지는 것을 알며 그 올바 름을 잃지 않는 자는 오직 성인뿐인가!

1.48 浩然無間則天地合德, 照無偏係則日月合明, 天地同流則四時合 序, 酬酢不倚則鬼神合吉凶.

|번역| 덕이 지극히 커서 틈이 없으면 천지와 덕을 합한다. 비추는 지혜가

치우침이 없으면 일월과 밝음을 합한다. 천지와 함께 흐르면 사계절과 순서를 합한다. 응대하는 것이 기울지 않으면 귀신과 길흉을 합한다.

| 해설 | 천지와 성인이 합일되는 것을 여러 측면에서 설명하였다. 덕성의 측면에서 성인의 덕성은 천지의 만물을 돌보는 덕과 합치된다. 성인의 지혜는 어느 한쪽으로 치우치는 편견이 없다. 만물을 비추는 해와 달처럼 모든 것을 공정하게 비추어 판단할 줄 아는 지혜를 갖추었다. 행동의 측면에서는 천지와 함께 협력하며 사계절의 순서에 합치되게 일한다. 또 일의 조짐을 간파해 귀신처럼 신속하고 유연하게 대응한다.

1.49 天地合德, 日月合明, 然後能無方無體, 然後無我, 先後天而不違, 順至理以推行, 知無不合也. 雖然, 得聖人之任, 皆可勉而至, 猶不害於未化爾.

| 번역 | 천지와 덕을 합하고 일월과 밝음을 합해야 일정한 장소가 없고 형체가 없을 수 있으며, 그래야 무아의 경지에 이를 수 있다. 하늘보다 앞서 하거나 뒤에 해도 어긋나지 않고, 지극한 이치를 따라 밀고 나아가니 앎이 이치와 합치되지 않음이 없다. 비록 그렇지만 성인을 자임하는 자는 모두 힘써 이를 수 있으니 아직 화(化)하지 못해도 무방하다.

| 해설 | 天地合德에서 然後無我까지는 『정몽』「지당편」 9.7과 중첩된다. 또 先後天而不違에서 猶不害於未化爾까지는 『정몽』「신화편」 4.13과 중첩된다. 관련 부분의 해설을 참조하라.

2

곤

坤 ䷁

坤, 元亨, 利牝馬之貞. 君子有攸往, 先迷後得主利. 西南得朋, 東北喪
朋. 安貞吉.

  곤은 시작되고 형통하니, 암말이 바름에 이롭다. 군자는 가는 바가 있
으니 처음에는 미혹되었다가 후에 주인을 얻음에 이롭다. 서남쪽에서
는 동류를 얻고 동북쪽에서는 동류를 잃으니 바름에 편안하면 길하다.

2.1 以西南爲得朋, 乃安貞之德也; 以東北爲喪朋, 雖得主有慶而不可
    懷也. 西南土之位, 東北木之位也.

|번역| 서남쪽에서 같은 부류를 얻는 것은 편안하고 바른 덕이다. 동북쪽
     에서 같은 부류를 잃는 것은 비록 주인을 얻어 경사가 있지만 품을
     수 없음이다. 서남쪽은 토(土)의 방위이고, 동북은 목(木)의 방위이다.

|해설| 이어지는 2.2의 설명과 연결하여 2.1의 내용을 이해해 보면, 신분이 높은 부인이

서남쪽에서는 자신과 같은 신분의 사람들을 만나면 편안하고 바른 덕을 유지한다. 반면 동북쪽에서는 신분이 다른 부류, 예컨대 신분이 높은 부인과 시집갈 때 데리고 가는 여종이 만나면 여종이 주인을 얻는 경사가 있지만 같은 신분이 아니라는 이유로 주인에 의해 포용되지 못한다.

2.2 "西南得朋, 東北喪朋", [(1)]江沱之間, [(2)]有嫡不以其媵備數, 是不能喪朋也; 媵遇勞而無怨, 卻是能喪朋者, 其卒嘯也歌, 是"乃終有慶"也. 此婦人之教大者也. 西南, 致養之地, 東北反西南者也, 陰陽正合, 則陰相對者必陽也. [(3)]"西南得朋", 是始以類相從而來也. "東北喪朋", 喪朋, 相忘之義, 聽其自治, 不責人, 不望人, 是喪其朋也, 喪朋則有慶矣. 江有沱·有汜·有渚, 皆是始離而終合之象也. 有嫡不以其媵備數, 是不能喪朋; 媵遇勞而無怨, 是能喪朋也. 以其能喪朋, 故能始離而終合. "之子歸", 自嫡也; "不我以", "不我與", "不我過", 皆言其始之不均一也. "其後也悔", 嫡自悔也. 處, "既安既處"之處也, 始離而終既處也. 歌是"乃終有慶", 慶則同有慶.[24]

---

[24] (1)江沱之間~: 이 단락은 『주역』 곤괘의 "서남쪽에서 벗을 얻고 동북쪽에서 벗을 잃는다"는 말을 『詩經』, 「召南」, 「江有汜」의 내용과 연결해 설명한 것이다. "江有汜, 之子歸, 不我以. 不我以, 其後也悔. 江有渚, 之子歸, 不我與. 不我與, 其後也處. 江有沱, 之子歸, 不我過. 不我過, 其嘯也歌." 원뜻과는 많이 다르지만, 장재의 이해에 따라 이 시를 해석해 보면 다음과 같다. "장강에 사수가 있으니, 임이 시집을 가면서 나를 데리고 가지 않네. 나를 데리고 가지 않으나 나중에 뉘우칠 것이네. 장강에 저수가 있으니, 임이 시집을 가면서 나와 함께하지 않네. 나와 함께하지 않으나 나중에 편안히 지낼 것이네. 장강에 타수가 있으니, 임이 시집을 가면서 나에게 오지 않네. 나에게 오지 않으나 나중에 소리 내어 노래를 부를 것이네." 江, 장강. 汜, 渚, 沱, 장강의 지류. 歸, 시집가다. 過, 至의 뜻. 이르다. (2)有嫡不以其媵備數~是"乃終有慶"也: 이 시에 대한 장재의 설명은 『詩序』에 토대를 두고 있다. 「강유타」는 시집갈 때 함께 보내는 잉(媵)을 칭찬하고 있다. 문왕 때에 장강과 타수 사이에 살던 어떤 부인은 자신의 잉을 사람으로 치지 않았으나, 잉은 고된 일을 하면서도 원망하는 일이 없었으니, 부인 또한 스스로 뉘우치게 되었다."(「江

|번역| "서남쪽에서는 같은 부류를 얻고 동북쪽에서는 같은 부류를 잃는다"고 했다. 장강과 타수 사이에 살던 어떤 부인은 시집 갈 때 데리고 가는 여종을 사람으로 치지 않았으니, 이는 같은 부류를 잊지 못했기 때문이다. 반면 여종은 고된 일을 당하면서도 원망하는 일이 없었으니, 같은 부류를 잊을 수 있는 자였다. 마침내 소리 내어 노래를 부르니, 이는 "마침내 경사가 있는 것"이다. 이는 부인네들을 가르치는 데 중대한 의미가 있다. 서남쪽은 길러지는 곳이고 동북쪽은 서남쪽에 반대되는 곳이다. 음과 양이 바르게 합쳐지니, 음과 상대되는 것은 틀림없이 양이다. "서남쪽에서 같은 부류를 얻는다"는 말은 같은 부류끼리 상종하며 오기 시작한다는 뜻이다. "동북쪽에서 같은 부류를 잃는다"는 말에서 같은 부류를 잃는다는 것은 서로 (같은 부류임을) 잊는다는 뜻이다. 자연히 되어 가는 대로 놔두고 남을 나무라지도 남에게 바라지도 않는 것, 그것이 같은 부류를 잃음이다. 같은 부류를 잃으면 경사가 생겨난다. 장강에는 타수, 사수, 저수가 있으니, 모두 처음에는 떨어져 있다가 마침내 합쳐지는 형상이다. 어떤 부인이 자신의 여종을 사람으로 치지 않았으니, 이는 같은 부류를 잊지 못한 것이다. 반면 여종은 고된 일을 하면서도 원

有沱」美媵也. 文王之時, 江沱之間有嫡不以其媵備數, 媵遇勞而無怨, 嫡亦自悔也.) 媵, 부인이 시집갈 때 딸려 보내는 사람. 備數, 머릿수에 넣음. 사람으로 침. (3)장재의 朋, 그리고 類에 대한 풀이는 원뜻과는 다르다. 이 어휘의 뜻에 대해서는 왕부지가 대체로 장재의 뜻에 가깝게 설명하였다. "유(類)란 귀천의 구별이다. 붕(朋)은 사심이다. 여종은 비천한 부류에 편안해하며 사심을 잊었다. 부인은 존귀함에 처해 그 부류에 기대었으니, 사심을 품고 타자를 포용하지 못했다. 이것이 같은 부류를 얻고 같은 부류를 잃는 차이이고, 공사의 구분이다."(類者, 貴賤之分. 朋, 私心也. 媵安於卑賤之類忘其私, 嫡處於尊貴而恃其類, 懷私以不能容者, 此得朋喪朋之異, 公私之分也.) 類란 동류, 같은 부류를 뜻하고, 朋에도 같은 뜻이 있으니, 번역문에서는 이 번역어를 택했다. 같은 부류란 구체적으로는 같은 신분, 등급을 뜻한다. 다만 朋을 사심이라 해석한 것은 지나친 의역인 것 같아 취하지 않았다. 〈중화 주석〉 『정몽』 「악기편」에 이 문장이 있는데, 상세한 기록은 약간 다르다.

망하는 일이 없었으니, 이는 같은 부류를 잊을 수 있었기 때문이다. 그녀가 같은 부류를 잊을 수 있었기 때문에 처음에는 떨어져 지내다가 마침내 합쳐질 수 있었다. "임이 시집을 간다"는 말은 부인이 그렇게 한다는 뜻이다. "나를 데리고 가지 않는다", "나와 함께하지 않는다", "나에게로 오지 않는다"는 말은 모두 처음에는 균등하지 못했음을 뜻한다. "나중에 뉘우친다"는 말은 부인이 스스로 뉘우친다는 뜻이다. "처한다"는 말은 '편안하게 머문다'고 할 때의 처함이다. 처음에는 떨어져 지내지만 마침내 편안하게 머무르는 것이다. 노래함은 "마침내 경사가 생기는 것"이다. 경사라면 똑같이 경사가 있는 것이다.

| 해설 | 곤괘 괘사 "西南得朋, 東北喪朋"을 『시경』 「江有汜」에 대한 『詩序』의 설명에 기초해 재해석했다. 朋은 같은 부류, 같은 신분이라는 뜻이다. 따라서 "서남쪽에서 같은 부류를 얻는다"는 말은 양으로 상징되는 높은 신분의 부인들이 끼리끼리 왕래하는 것을 말한다. 「江有汜」에 나오는 부인은 그런 왕래를 습관화해 신분 차별의식에 찌들어 있던 자로 시집갈 때 데리고 간 여종을 사람으로 치지 않고 심히 학대했다. 반면 여종은 자신이 온갖 고된 노동을 감당하면서도 부인을 원망하지 않았다. 신분의 차이를 완전히 잊은 것이다. 그의 헌신에 감동해 부인도 마침내 자신의 행위를 뉘우치고 둘이 화합하니, 이것이 바로 경사가 있음이다.

「象」曰: 至哉坤元, 萬物資生, 乃順承天. 坤厚載物, 德合无疆, 含弘光大, 品物咸亨. 牝馬地類, 行地无疆. 柔順利貞, 君子攸行. 先迷失道, 後順得常.

　「단전」에서 말한다. "지극하구나, 곤원이여. 만물이 그것에 기대어 생겨나니, 유순하게 하늘을 받든다. 곤은 두텁게 만물을 실으니, 그 덕은 하늘과 합쳐져 끝이 없고, 포용력이 넓고 커서 만물이 모두 형통한다. 암말은 땅과 같은 부류로 땅위를 걷는 것이 끝이 없다. 부드럽고 유순하여 바름에 이로우니, 군자가 행할 바이다. 먼저 미혹되어 도를 잃었다가 나중에 순종하여 상도를 얻는다.

2.3 坤先迷不知所從, 故失道; 後能順聽, 則得其常矣.

|번역| 곤에서는 우선은 미혹되어 따를 바를 알지 못하여 도를 잃는다. 하지만 후에는 순종하여 따를 수 있으므로 상도를 얻는다.

|해설| 이 조목은『정몽』「대역」편 14.34와 중첩된다. 그 조목의 설명을 참조하라.

西南得朋, 乃與類行, 東北喪朋, 乃終有慶. 安貞之吉, 應地无疆.「象」曰: 地勢坤, 君子以厚德載物. 初六, 履霜, 堅冰至.「象」曰: "履霜堅冰", 陰始凝也, 馴致其道, 至堅冰也. 六二, 直方大, 不習无不利.「象」曰: 六二之動, 直以方也, "不習无不利", 地道光也.

서남쪽에서 같은 부류를 얻으면 동류와 함께 행하고, 동북쪽에서 같은 부류를 잃지만 마침내 경사가 있을 것이다. 편안하고 바른 길함은 땅과 응함이 무한하다.「상전」에서는 말한다. 땅의 기세는 곤이다. 군자는 두터운 덕으로 만물을 싣는다. 초육은 서리를 밟으니 단단한 얼음이 이를 것이다.「상전」에서 말했다. "서리를 밟으니 단단한 얼음이 이를 것이다"라는 말은 음기가 응결되기 시작함을 뜻한다. 그 도를 따라가면 단단한 얼음에 이를 것이라는 뜻이다. 육이는 곧고 반듯하고 크니

익히지 않아도 이롭지 않음이 없다. 「상전」에서 말했다. 육이에서의 움직임은 곧고 반듯하다. "익히지 않아도 이롭지 않은 것이 없다"는 말은 땅의 도가 빛난다는 뜻이다.

2.4 地道有孚者, 故曰光也.

|번역| 땅의 도에는 미더움이 있으므로 빛난다고 했다.

|해설| 땅은 만물이 살아가는 터전이다. 땅은 만물의 생존요구에 부응해 늘 필요한 것을 공급해 준다. 그런 점에서 땅은 미더운 존재이며, 그런 이유에서 땅은 만물에게 빛나는 존재이다.

六三, 含章可貞, 或從王事, 无成有終. 「象」曰: "含章可貞", 以時發也, "或從王事", 知光大也.

육삼은 아름다움을 머금어 곧을 수 있다. 혹 조정의 일에 종사하면 성과는 없어도 마칠 수는 있다. 「상전」에서 말했다. "아름다움을 머금어 곧을 수 있다"는 말은 때에 적절하게 발한다는 뜻이다. "혹 조정의 일에 종사한다"는 것은 지혜가 빛나고 크게 됨이다.

2.5 六三以陰居陽, 不獨有柔順之德, 其知光大, 含蘊文明, 可從王事者也. 然不可動以躁妄, 故可靜一以俟時; 不可有其成功, 故無成乃有終也.

| 번역 | 육삼은 음으로서 양의 위치에 머무는 것이어서 유순한 덕만 있지
않다. 그 지혜가 빛나고 커서 꾸며 밝힐 힘을 머금어 담고 있으니 조
정의 일에 종사할 만한 자이다. 하지만 조급하고 경망스럽게 움직
여서는 안 되니, 고요하고 한결같음으로 때를 기다리면 좋다. 그 성
공하는 일은 있을 수 없어 성과는 없지만 끝맺음은 있다.

| 해설 | 곤괘의 육삼은 음효이지만 양의 위치에 있으므로 유순한 덕만을 지닌 채 수동적
으로 있어서는 안 되고, 시기를 보아 가며 적절하게 지혜를 발휘해야 한다.

六四, 括囊, 无咎无譽. 「象」曰: "括囊无咎", 愼不害也. 六五, 黃裳, 元
吉. 「象」曰: "黃裳元吉", 文在中也. 上六, 龍戰于野, 其血玄黃. 「象」曰:
"龍戰于野", 其道窮也. 用六, 利永貞. 「象」曰: 用六"永貞", 以大(中)
[終]²⁵也. 「文言」曰, 坤至柔而動也剛, 至靜而德方. 後得主而有常, 含
萬物而化光. 坤道其順乎! 承天而時行.

　육사는 주머니를 묶으면 허물도 없고 명예도 없다. 「상전」에서 말했
다. "주머니를 묶으면 허물이 없다"는 말은 신중하면 해가 되지 않는다
는 뜻이다. 육오에서는 누런 치마라면 크게 길하다. 「상전」에서 말했
다. "누런 치마라면 크게 길하다"는 말은 문채가 가운데에 있다는 뜻이
다. 상육은 용이 들판에서 싸우니, 그 피가 검고 누렇다. 「상전」에서 말
했다. "용이 들판에서 싸운다"는 것은 그 도가 궁해졌다는 뜻이다. 육을
사용하는 것은 영원히 바른 것이 이롭다는 뜻이다. 「상전」에서 말했다.
육을 사용해 "영원히 바르다"는 것은 음에서 양으로 변화하는 큰 것으
로 마쳤기 때문이다. 「문언전」에서 말했다. 곤은 지극히 부드럽지만 움

25 〈중화 주석〉 '終'은 『주역』에 근거해 고쳤다.

직임은 강하고, 지극히 고요하지만 그 덕은 반듯하다. 후에 주인을 얻어 상도가 있게 되며, 만물을 머금어 화육하는 것이 빛난다. 곤의 도는 유순함이라! 하늘을 계승하여 때에 맞게 행한다.

2.6 效法故光.

|번역| 본받으므로 빛난다.

|해설| "만물을 머금어 화육하는 것이 빛난다(含萬物而化光)"는 구절에 대한 설명이다. 땅의 화육이 빛나 찬란한 성과를 거두는 이유는 하늘을 따르기 때문이다.

2.7 屈伸·動静·終始各自別, 今以剛柔言之, 剛何嘗無静, 柔何嘗無動, "坤至柔而動也剛", 則柔亦有剛, 静亦有動, 但擧一體, 則有屈伸·動静·終始, 乾行不妄, 則坤順必時也.

|번역| 굽히고 폄, 움직이고 고요함, 끝맺고 시작함은 각자 구별된다. 하지만 지금 강하고 부드러움으로 말하자면 강함에 어찌 고요함이 없었던 적이 있고 부드러움에 어찌 움직임이 없었던 적이 있었던가? "곤은 지극히 부드럽지만 움직임은 강하다"고 했으니, 부드러움에도 강함이 있고, 고요함에도 움직임이 있다. 한 가지만 들어도 그 안에는 굽히고 폄, 움직이고 고요함, 끝맺고 시작함이 있다. 건의 행함은 거짓되지 않으니, 곤의 순종은 틀림없이 시의적절하다.

|해설| 어떤 사물이든 서로 상대되는 면을 함께 지닌다. 땅도 마찬가지다. 땅은 하늘과

상대되어 보통 부드럽고 고요하다고 말하지만, 땅은 동시에 부드러움과 상대되는 강함의 측면, 고요함과 상대되는 움직임의 측면도 있다.

積善之家, 必有餘慶, 積不善之家, 必有餘殃.

선을 쌓는 집안에는 틀림없이 넘치는 경사가 있고 불선을 쌓는 집안에는 틀림없이 넘치는 재앙이 있을 것이다.

2.8 餘慶餘殃, 百祥百殃, 與[(1)]『中庸』必得之義同. 善者有後, 不善者無後, 理當然, 其不然者, 亦恐遲晚中間. 譬之瘠之或秀, 腴之或不秀, 然而不直之生也幸而免, 遇外物大抵適然耳. 君子則不恤, 惟知有義理.[26]

|번역| 넘치는 경사와 넘치는 재앙, 갖가지 상서와 갖가지 재앙은 『중용』의 '반드시 얻는다'는 말과 의미가 같다. 선한 자에게 후사가 있고 불선한 자에게 후사가 없는 것은 이치의 당연함이지만, 그것이 그렇지 않은 것은 아마도 상서와 재앙이 그 사이에 더디고 늦기 때문인 것 같다. 비유컨대 여위어도 혹 빼어나고 살이 쪄도 혹 빼어나지 않은 것과 같다. 그렇지만 곧지 않은 삶은 요행히 면한 것으로 외부의 사물을 만나 대체로 우연히 그런 것일 따름이다. 군자라면 그런 것을 돌아보지 않고 오직 의리가 있다는 점만을 안다.

---

26 (1)『中庸』必得之義: 『中庸』 제17장, "그러므로 큰 덕을 지닌 사람은 반드시 그 지위를 얻고, 그 녹을 얻으며, 그 명성을 얻고, 그 수명을 얻는다."(故大德必得其位, 必得其祿, 必得其名, 必得其壽.)

|해설| 선하게 살면 복을 받아야 한다고 생각하는 것은 인지상정이다. 유학은 그런 인지상정에 토대를 둔 생각을 필연적인 것이라고 이야기하고 싶어 한다. 하지만 현실은 그렇지 못하여 불선을 행해도 복을 받는 일이 허다하다. 장재는 그런 일을 우연으로 치부한다. 그러고는 군자라면 그런 현실의 행, 불행에 크게 개의치 말고 옳은 이치를 따르는 일을 가장 우선시해야 한다고 주장한다.

臣弑其君, 子弑其父, 非一朝一夕之故, 其所由來者漸矣! 由辯之不早辯也. 易曰, "履霜, 堅冰至." 蓋言順也. "直"其正也, "方"其義也. 君子敬以直內, 義以方外,

　신하가 군주를 시해하고 자식이 아버지를 시해하는 것은 일조일석의 어떤 이유로 생겨난 것이 아니다. 그것이 생겨난 까닭은 점진적으로 쌓인 어떤 이유 때문이다. 그것을 변별해야 함에도 일찌감치 변별하지 않았기 때문이다. 『역』에서는 "서리를 밟으니 단단한 얼음이 이른다"고 했다. 이는 대체로 일이 순조롭게 진전되는 것을 말한다. '곧음'은 그 바름이요, '반듯함'은 그 옳음이다. 군자는 경건함으로 내면을 곧게 하고 옳음으로 밖을 반듯하게 한다.

2.9 敬以直內則不失於物, 義以方外則得己, 敬義一道也. 敬所以成仁也, 蓋敬則實爲之, 實爲之故成其仁.

|번역| 경건함으로 내면을 곧게 하면 외물에 의해 자신을 잃지 않는다. 옳음으로 외물을 반듯하게 하면 자기 자신을 얻는다. 경敬과 의義는 하나의 도이다. 경은 인(仁)을 이루는 것이다. 경건하면 실제로 행한

다. 실제로 행하는 까닭에 그 인을 이룬다.

|해설| 경(敬)은 자신의 마음을 성찰하는 일이고, 의(義)는 외물에 대해 옳고 그름을 변별하는 일이다. 그런데 이 두 가지 일은 실은 모두 인을 완성하는 하나의 일로 귀결된다. 경건함으로 내면의 인을 자각하고 경건함으로 사물의 옳고 그름을 판단해 실천함으로써 인은 완성되기 때문이다.

敬義立而德不孤. "直方大, 不習无不利", 則不疑其所行也. 陰雖有美, 含之以從王事, 弗敢成也. 地道也, 妻道也, 臣道也. 地道無成而代有終也. 天地變化, 草木蕃, 天地閉, 賢人隱. 『易』曰, "括囊, 无咎无譽." 蓋言謹也. 君子黃中通理, 正位居體, 美在其中, 而暢於四支, 發於事業, 美之至也! 陰疑於陽必戰. 爲其嫌於无陽也, 故稱"龍"焉, 猶未離其類也, 故稱"血"焉. 夫玄黃者, 天地之雜也, 天玄而地黃.

경과 의가 확립되면 덕은 외롭지 않다. "곧고 반듯하고 크게 되면 익히지 않아도 이롭지 않음이 없다"고 했으니 이는 그 행할 것을 의심하지 않는 것이다. 음에는 아름다움이 있어 그것을 머금고 나라의 일에 종사하나 감히 완성하려고 하지 않는다. 그것은 땅의 도요, 아내의 도요, 신하의 도이다. 땅의 도는 이룸이 없고 대신 끝맺음이 있다. 천지가 변화하니 초목이 번성한다. 천지가 막히면 현자가 숨는다. 『역』에서는 "주머니를 묶으니 허물도 없고 명예도 없다"고 했는데 조심해야 함을 말한다. 군자는 누런 흙 같은 중용의 덕으로 이치에 통달한다. 바른 위치에 몸을 두고 있으니 아름다움이 그 가운데에 있고 사지에 퍼지며 사업에서 발현되니, 아름다움이 지극하다! 음이 양의 의심을 받으면 반드시 싸운다. 그가 양이 없는 것으로 생각하기 때문이니, 그래서 "용"이라 칭했다. 하지만 여전히 그 음의 부류를 벗어나지 못하므로 "피"라고 칭했다. 검고 누런 것은 하늘과 땅이 뒤섞인 것이니, 하늘은 검고 땅은 누렇다.

2.10 正位居體, 所以應黃裳之美.

|번역| 바른 위치에 몸을 두고 있으므로 누런 치마의 아름다움으로 응한다.

|해설| 매사에 군자는 "바른 위치에 몸을 두고 있다"는 「문언전」의 말을 장재는 시의적절한 처신으로 이해하고 그 내적 동력을 육오에서 말하는 "누런 치마의 아름다움", 즉 중용의 덕에서 찾고 있다. "누런 치마"의 누런색은 흙, 즉 중(中)을 상징하고, 치마는 당시 귀족만이 입을 수 있는 고귀한 것을 상징한다. 따라서 '누런 치마'란 고귀한 가치가 있는 중용을 뜻한다.

3

둔
屯䷂

屯, 元亨利貞, 勿用有攸往, 利建侯. 「象」曰: 屯, 剛柔始交而難生, 動
乎險中, 大亨貞. 雷雨之動滿盈, 天造草昧, 宜建侯而不寧.

둔은 시작되고 형통하니 바름에 이롭고, 가는 일이 있어서는 안 되고
제후를 세우는 것이 유리하다. 「단전」에서 말했다. 둔은 강한 것과 부
드러운 것이 교감하기 시작하여 어려움이 생겨나는 때이다. 위험 속에
서 움직이나 크게 형통하고 바르다. 우레와 비의 움직임이 가득하고 하
늘이 만들어 내는 것이 어지럽고 어두우니 마땅히 제후를 세워야 하고
편안해서는 안 된다.

3.1 往則失其居矣.

|번역| 가면 그 머무를 곳을 잃는다.

|해설| 둔(屯)은 어려움, 특히 어떤 일을 시작할 때의 어려움을 뜻한다. 둔괘는 건과 곤

의 강함과 부드러움이 처음 교감하기 시작하는 때이니, 이때 생겨나는 것들은 아직까지는 힘이 미약하다. 따라서 함부로 나아가면 그 머무를 곳을 잃게 된다.

「象」曰: 雲雷屯, 君子以經綸.

「상전」에서 말했다. 구름과 우레로 이루어진 것이 둔이니, 군자는 이를 본받아 구상하고 계획한다.

3.2 雲雷皆是氣之聚處, 屯, 聚也.

|번역| 구름과 우레는 모두 기가 응집된 것이다. 둔(屯)은 응취함이다.

|해설| 둔䷂의 하괘 진(震)은 우레를, 상괘 감(坎)은 본래 물을 상징하나, 상괘에 있으므로 구름을 상징한다. 장재의 철학적 관점에 따르면 구름이든 우레든 모두 기가 모인 것이다. 둔은 본래 응취함을 뜻한다.

初九, 磐桓, 利居貞, 利建侯. 「象」曰: 雖磐桓, 志行正也, 以貴下賤, 大得民也.

초구. 바위와 기둥처럼 무거워 쉽게 움직이지 못하니 바름에 머무는 것이 이롭고 제후를 세우는 것이 이롭다. 「상전」에서 말했다. 비록 바위와 기둥처럼 무거워 쉽게 움직이지 못하나 뜻은 바른 것을 행하는 데 있으며, 귀한 자로서 천한 자보다 아래에 있으니 크게 민심을 얻는다.

3.3 ⁽¹⁾磐桓猶言柱石. 磐, 磐石也; 桓, 桓柱也; 謂利建侯, 如柱石在下不可以動, 然志在行正也.²⁷

|번역| 반환(磐桓)은 기둥과 주춧돌이라고 말하는 것과 같다. 반(磐)은 반석이요, 환(桓)은 기둥이다. 제후를 세우는 것이 이롭다고 말한 것은 기둥과 주춧돌이 아래에 있는 것처럼 움직여서는 안 되나, 뜻은 바른 것을 행하는 데 있다는 의미이다.

|해설| 초구는 앞으로 나아가 육사와 상응하려 하지만 육이가 앞에서 가로막고 있는 어려운 상황이다. 반환(磐桓)은 반석과 기둥처럼 무거워 쉽게 움직이지 않음을 뜻한다. 장재는 초구의 상황에서 반석이나 기둥처럼 좀처럼 움직이지 말아야 한다고 설명한다. 뜻이 바른 것을 행하는 데 있더라도 제후를 세워 그의 도움을 받을 때라는 것이다.

六二, ⁽¹⁾屯如, 邅如. 乘馬⁽²⁾班如, 匪寇婚媾, 女子貞不⁽³⁾字, 十年乃字.²⁸
「象」曰: 六二之難, 乘剛也, 十年乃字, 反常也.

　육이는 머뭇거리고 나아가지 못하니 말을 타고 가지만 머뭇거리며 전진하지 못한다. 도적이 아니고 혼인하러 온 것이니, 여자가 바르면 바로 시집가지는 못하지만 10년이면 시집간다. 「상전」에서 말했다. 육이의 어려움은 초구의 강한 것을 탄 데 있다. 10년이면 시집간다는 말은 정상으로 되돌아간다는 뜻이다.

---

27 (1)磐桓: 磐(반), 넓고 평평한 바위, 반석. 桓, 탄탄한 기둥.
28 (1)屯과 邅은 모두 머뭇거림을 뜻함. (2)班, 일반적으로는 행렬을 이탈함을 뜻한다고 풀이하나, 장재는 걷지만 앞으로 나아가지 못하는 모습이라고 풀이했다. (3)字, 시집감.

|번역| 반(班)은 걷지만 전진하지 못하는 모습이다.

|해설| 육이는 머뭇거리며 쉽게 앞으로 나아가지 못하는 상황이다. 그런 맥락에서 반(班)은 일반적으로 무리를 이탈함을 뜻한다. 즉 乘馬班如는 말을 타고 가다가 무리에서 이탈함을 뜻한다. 그러나 장재는 그렇게 설명하지 않고, 다만 걷되 전진하지 못하는 모습을 뜻한다고 했다.

六三, ⁽¹⁾卽鹿无虞, 惟入于林中, 君子幾, 不如舍, 往吝.「象」曰: "卽鹿无虞", 以從禽也, 君子舍之, 往吝窮也.²⁹

육삼은 사슴을 쫓아가는데 방비함이 없이 숲속으로 들어갈 뿐이니 군자는 조짐을 알아 그만두는 것이 낫다. 계속 나아가면 부끄럽게 될 것이다. 「상전」에서 말했다. "사슴을 쫓아가는데 방비함이 없다"는 말은 짐승을 쫓아가는 것이다. 군자가 그것을 그만두는 것은 가면 부끄러움을 당하여 궁해지기 때문이다.

---

29 (1)卽鹿无虞: 卽, 쫓음. 虞, 산림을 관리하는 관직을 가리킴. 여기서는 일반적으로 사냥할 때의 길안내자를 뜻한다. 그러나 장재는 우(虞)가 우려함을 뜻한다는 데서 방비하고 경계한다는 뜻으로 풀이했다.

30 (1)屯其膏, 기름진 고기를 모음. 여기서 '기름진 고기'란 군주가 베푸는 은혜, 은택을 가리킨다.

| 번역 | 머무는 곳이 그 있어야 할 곳이 아니니 "숲속으로 들어간다"고 했다. 우(虞)는 방비하고 경계함이다. 육이는 강한 초구를 타 도적이 있으니 구오는 친할 만한 것 같다. 하지만 구오는 은택을 모아 두기만 하니, 차라리 그만두는 것이 낫다.

| 해설 | 육삼은 아래로는 등에 업은 초구, 즉 도적이 있다. 그래서 구오를 친히 대해도 좋은 것으로 느끼기 쉬우나, 구오의 군주는 기름진 고기, 즉 은택을 모아 두기만 할 뿐, 베풀지는 않는다. 그래서 차라리 그만두는 것이 낫다.

六四, 乘馬班如, 求婚媾, 往吉, 无不利. 「象」曰: 求而往, 明也. 九五, 屯其膏. 小貞吉, 大貞凶. 「象」曰: "屯其膏", 施未光也. 上六, 乘馬班如, 泣血漣如. 「象」曰: "泣血漣如", 何可長也?

　　육사는 말을 타고 가지만 머뭇거리며 나아가지 못하니 혼인하러 나아가면 길하여 이롭지 않음이 없다. 「상전」에서 말했다. 구하여 나아가는 것은 현명한 것이다. 구오는 은혜를 베풀지 못하고 쌓아 두고 있으니 작은 일에 바르면 길하지만 큰일에는 발라도 흉하다. 「상전」에서 말했다. "은혜를 베풀지 못하고 쌓아 두었다"는 말은 베풀지만 빛나지 못함을 뜻한다. 상육은 말을 타고 가지만 머뭇거리며 나아가지 못하니, 피눈물이 줄줄 흐른다. 「상전」에서 말했다. "피눈물이 줄줄 흐른다"고 하였으니, 어찌 오래갈 수 있겠는가?

3.6 待求而往.

|번역| 구해지기를 기대하며 나아간다.

|해설| 육사 효사 「상전」 "求而往, 明也"에 대한 설명이다. 육사는 초구와 상응한다. 초구의 현자를 구하기를 기대하며, 신분이 높은 자가 친히 낮은 자에게 내려가 도움을 청하는 것이다.

4

몽
蒙

蒙, 亨. 匪我求童蒙, 童蒙求我, 初⁽¹⁾筮告, 再三瀆, 瀆則不告. 利貞.³¹

　몽은 형통한다. 내가 몽매한 어린아이를 구하는 것이 아니라, 몽매한 어린아이가 나에게서 구한다. 처음 묻거든 깨우쳐 주지만 두세 번 물으면 모독하는 것이다. 모독하면 알려 주지 않으니, 바름에 이롭다.

4.1 禮聞取道義於人, 不聞取其人之身. 來之爲言, 屬有道義者謂之來. 來學者, 就道義而學之, 往敎者, 致其人而取敎也; "童蒙求我, 匪我求童蒙"是也.

┃번역┃ 예는 남에게서 도의를 들어 취하는 것이지, 남의 몸에서 들어 취하는 것이 아니다. 온다는 것은 도의가 있는 자와 연결되는 것을 온다

31　(1)筮, 원래는 시초로 점을 침을 뜻함. 여기서는 몽매한 어린아이가 가르치는 자에게 물음을 뜻함.

고 한다. 와서 배운다는 것은 도의로 나아가 배우는 것이고, 가서 가르친다는 것은 그 사람에게 이르러 가르침을 취하는 것이다. "몽매한 어린아이가 나에게서 구하지 내가 몽매한 어린아이를 구하는 것이 아니다"라는 말이 그런 의미이다.

| 해설 | 유학자들에게 교육이란 도의(道義)를 가르치는 일이다. 교육자는 도의를 알고 있는 사람일 따름이다. 따라서 장재는 배움이란 교육하는 사람이 알고 있는 도의를 배우는 일이지, 교육자 자신을 배우는 일은 아니라고 말하고 있다. 이런 교육에서 우선 중요한 것은 학습자의 도의를 알아 행하고자 하는 의지이다. 그것이 선행되지 않으면 교육은 제대로 이루어질 수 없다. 장재는 "몽매한 어린아이가 나에게서 구하지 내가 몽매한 어린아이를 구하는 것이 아니다"라는 말의 의미를 이렇게 해석했다.

4.2 教人當以次, 守得定, 不妄施. 『易』曰: "初筮告, 再三瀆, 瀆則不告", 是剛中之德也.

| 번역 | 사람을 가르치는 일은 마땅히 차례에 따라 해야 한다. 단단히 지켜 멋대로 베풀지 않는다. 『주역』에서는 "처음 묻거든 알려 주지만 두 세 번 물으면 모독하는 것이다. 모독하면 알려 주지 않는다"고 했으니, 이는 강한 중의 덕이다.

| 해설 | 교육에는 일정한 순서가 있다. 이 원칙을 교육자는 굳건히 지켜야 한다. 배우는 자가 자발적으로 깨우치려고 노력하는 모습을 보이지 않는데, 이해하지 못했다고 해서 같은 것을 반복해 주입해서는 안 된다.

「象」曰: 蒙, 山下有險, (1)險而止, 蒙.32

「단전」에서 말했다. "몽은 산 아래에 위험이 있는 것이니, 위험한데 멈추는 것은 몽매함이다."

4.3 "險而止蒙", 蒙亨, 以亨行時中也. 夫險而不止則入於坎, 入於[(1)]蹇, 不止則是安其危之類也. 以其知險而止也, 故成蒙之義方以有求. "童蒙求我, 匪我求童蒙", 以蒙而求, 故能時中, 所以亨也.[33]

|번역| "위험한데 멈추는 것은 몽매함이다"라고 했다. 몽매하나 형통하는 것은 형통함으로 시중을 행하기 때문이다. 무릇 위험한데도 멈추지 않으면 구덩이에 빠지고 곤란함에 빠진다. 멈추지 않으면 그 위험을 편안히 여기는 부류이다. 위험을 알고 멈추기 때문에 몽(蒙) 때의 옳음을 성취해야 비로소 구하는 일이 있게 된다. "몽매한 어린아이가 나에게 구하지 내가 몽매한 어린아이를 구하는 것이 아니다"라고 하니, 몽매하여 구하는 것이어서 시중할 수 있고, 형통한다.

|해설| 장재의 대표작은 『정몽(正蒙)』이다. 몽매함을 바로잡는다는 뜻이다. 그래서인지 그는 몽(蒙)에 대한 풀이를 비교적 자세히 하고 있다. 몽매함을 바로잡지 않으면 그 무지로 인해 위험에서 헤어 나오지 못한다. 그러지 않기 위해서는 가르침을 구하고 배워야 한다. 그래야 시중을 행함으로써 형통할 수 있다.

4.4 [險而止蒙, 夫於不當止而止, 是險也, 如告子之不動心, 必以義爲

---

32 (1)險而止蒙: 몽괘는 上艮으로 멈춤을, 下坎으로 위험에 빠짐을 뜻한다. 위험에 빠졌는데 멈추는 것은 몽매한 행위이다.

33 (1)蹇(건), 나아갈 수 없어 움직이기 곤란함.

外, 是險而止也. 蒙險在內, 是蒙昧之義. 蒙方始務求學, 而得之始, 是得所止也. 若蹇則是險在外者也.][34]

|번역| 위험한데도 멈추면 몽매하다. 멈추지 말아야 하는데도 멈추는 것은 위험한 일이다. 예컨대 고자의 부동심은 반드시 의를 외적인 것으로 여겼으니, 이는 위험한데도 멈춘 것이다. 몽매하여 위험한 것은 안에 있으니, 이것이 몽매함의 의미이다. 몽매하니 비로소 배움을 구하는 데 힘쓰기 시작하고, 얻는 것이 시작됨은 머무를 바를 얻는 것이다. 한편 건(蹇)의 경우는 위험이 밖에 있는 것이다.

|해설| 위험이 위험인지 알고 거기서 벗어날 방법을 찾아야 현명한 사람이다. 위험이 위험인 줄 모르고 멈추어 서 있으면 그야말로 위험천만한 곳에 서 있는 몽매한 자이다. 장재는 의를 외적인 것으로 보고 그 외적인 기준을 지키는 것으로 흔들림 없는 마음을 유지하려 한 고자를 위험한데도 멈추어 서 있는 예로 들었다. 위험을 몰라 위험한 곳에 서 있다면 위험의 참 원인은 '나'의 몽매함에 있는 것이다. 그것이 위험인 줄 배워 깨닫는다면 위험에서 벗어나 머무를 곳을 얻게 된다.

4.5 人心多則無由光明, "蒙雜而著", "著"古"着"字, 雜著於物, 所以爲 蒙. 蒙, 昏蒙也.

|번역| 사람의 마음이 복잡하면 밝게 빛날 수 없다. "몽매하면 마음이 복잡하여 집착한다"고 했다. 저(著)란 옛 착(着) 자이다. 사물에 마음이 복잡하여 집착하므로 몽매하다. 몽(蒙)은 어두운 것이다.

---

34 〈중화 주석〉 이 조목은 『장재집』 마지막 부분의 일문逸文에 있던 것인데, 이 부분으로 옮겨와 집어넣었다.

|해설| 마음이 복잡하면 쓸데없이 어떤 사물에 집착하게 된다. 예를 들어 닭을 먹다가 여러 번 체한 경험이 있는 사람이 닭고기를 마주하면 여러 복잡한 생각이 생겨날 것이다. 그러면서 또다시 체하면 어떻게 할 것인가 하는 두려움에 휩싸이고 소화의 문제에 집착하게 된다. 집착함이 없어야 이런 몽매함에서 벗어난다.

"蒙亨", 以亨行時中也. "匪我求童蒙, 童蒙求我", 志應也. "初筮告", 以剛中也, "再三瀆, 瀆則不告", 瀆蒙也. 蒙以養正, 聖功也. 「象」曰: 山下出泉, 蒙, 君子以果行育德.

 "몽매하지만 형통한다"는 것은 형통함으로 시중을 행하는 것이다. "내가 몽매한 어린아이를 구하는 것이 아니라, 몽매한 어린아이가 나에게서 구한다"는 것은 뜻으로 응하는 것이다. "처음 묻거든 알려 주는 것"은 강하고 중정이기 때문이다. "두세 번 물으면 모독이니 모독하면 알려 주지 않는다"는 것은 몽을 모독하는 것이기 때문이다. 몽매함으로부터 바름으로 기르는 것은 성인의 공이다. 「상전」에서 말했다. "산 아래에서 샘물이 나오는 것이 몽이다. 군자는 이를 본받아 행동을 과감하게 하여 덕을 기른다."

4.6 [時]中之義甚大, 如"蒙亨以亨行時中也"者, 蒙何(嘗)[以]有亨? [1]以九二之亨行蒙者之時中, 故蒙所以得亨也; 蒙無遽亨之理, 以九二循循行時中之亨也. 蒙卦之義, 主之者全在九二, 「象」之所論, 皆二之義. 教者但觀蒙者時之所及則道之, 此是以亨行時[中]也; 此時也, 正所謂如時雨化之. 如既引之中道而不使之通, 則是教者之過; 當時而道之使不失其正, 則是教者之功. ["蒙以養正, 聖功也",] 養

其蒙使正者, 聖人之功也.[35]

| 번역 | 시중의 의미는 아주 크다. 예컨대 "몽매하지만 형통한다는 것은 형통함으로 시중을 행하는 것이다"라는 말에서 몽매함에 어떻게 형통함이 있을 수 있는가? 구이의 형통함으로 몽매한 자의 시중을 행하기 때문이다. 그래서 몽매함은 형통할 수 있다. 그러나 몽매함이 갑자기 형통할 리는 없다. 구이로부터 차례로 시중을 행한 형통함이다. 몽괘의 의미에서 그것을 주도하는 것은 전적으로 구이에 있다. 「단전」에서 논한 것은 다 구이의 함의이다. 가르치는 자는 다만 몽매한 자가 때에 따라 미치는 바를 관찰하여 그를 인도하니, 이것이 형통함으로 시중을 행하는 것이다. 그 때라는 것은 바로 이른바 때마침 내리는 비처럼 교화하는 것을 말한다. 만약 중도로 인도했는데도 그를 통달하지 못하게 된다면 그것은 가르치는 자의 잘못이다. 마땅한 때에 그를 인도하여 그 바름을 잃지 않도록 한다면 그것은 가르치는 자의 공이다. "몽매함에 바름으로 기르는 것은 성인의 공이다"라고 했다. 몽매한 자를 길러 바르게 하는 것은 성인의 공이다.

| 해설 | 장재는 몽괘가 교육철학적으로 중요한 의미가 있다고 보았다. 무엇보다 그것은 시중의 교육을 가능하게 하기 때문이다. 그는 구이, 즉 교육자의 역할을 강조한다. 교육자가 몽매한 자, 즉 피교육자를 세심히 관찰하여 그에게 단비처럼 적절한 가르침을 주면, 피교육자는 몽매함에서 벗어나 시중을 행하게 된다는 것이다. 그는 그렇게 하지 못하는 것은 교육자의 잘못이지만, 교육을 성공적으로 이끄는 것 역시 성인의 큰 능력이 있어야 한다고 말한다.

---

35 (1)以九二之亨行蒙者之時中: 구이는 하괘의 중에 있으면서 자신의 형통함으로 시중을 행한다. 〈중화 주석〉 이상은 모두 『장자어록』 「어록하」에 근거해 보충하고 바로잡았다.

初六, 發蒙, 利用刑人, 用⁽¹⁾說桎梏, 以往吝. 「象」曰: 利用刑人, 以正法
也.³⁶

초육은 몽매한 자를 일깨우되 사람에게 형벌을 가하는 일을 사용하
고 차꼬와 수갑을 벗기는 것이 이로우니, 그대로 형벌만 사용하면 부끄
럽게 된다. 「상전」에서 말했다. 사람에게 형벌을 가하는 것을 사용하는
것이 이로운 것은 법을 바로잡기 때문이다.

4.7 以柔下賢, 居於坎陷, 然無所私係, 用心存公, 雖不能諭人於道以辨
曲直, 正法可也. 善行法者, 多說於任刑, 道非弘矣, 故以往吝, 故一
作終. 故君子哀矜而勿喜也.

|번역| 부드러운 것으로 현명한 자 아래에 있으니, 구덩이와 함정에 머무
는 것이다. 하지만 사사로이 묶인 것이 없고 마음 쓰는 것이 공정함
을 보존하니, 도(道)를 사람들에게 깨우쳐 주어 시비곡직을 분별하
게 하지는 못하지만, 법을 바로잡을 수는 있다. 법을 잘 운용하는 자
는 형법에 맡기자고 많이 말하는데, 이는 도가 넓혀지는 것이 아니
다. 그러므로 그대로 가면 부끄럽게 된다. 고(故)는 일설에 의하면 종(終)으로
되어 있다. 그러므로 군자는 불쌍히 여기며 기뻐하지 않는다.

|해설| 초육은 몽매한 자를 가르치는 구이 아래에 있다. 하괘가 감괘이니, 구덩이, 함정
에 머무르는 것이라 했다. 이런 초육의 상황에서 사람은 도를 가지고 옳고 그름
을 교육할 수는 없어도 법을 잘 운용할 수는 있다. 하지만 유학은 법의 한계를
강조한다. 법으로 유학의 도가 넓혀지지는 않는다. 그래서 법치만 중시하면 부

---

36 (1)說桎梏: 說, 脫, 벗김. 桎梏(질곡), 죄수의 발에 채우는 차꼬와 손에 채우는 수갑.

끄럽게 된다고 했다.

九二, 包蒙, 吉. 納婦, 吉, 子⁽¹⁾克家.「象」曰: "子克家", 剛柔接也.³⁷

구이는 몽매한 자들을 포용하면 길하다. 아내를 받아들이면 길하다.
자식이 집안을 다스린다.「상전」에서 말했다. "자식이 집안을 다스린
다"고 하니, 구이의 강함과 육오의 부드러움이 접속하는 것이다.

4.8 擇婦而納之則吉.

|번역| 아내를 선택해 받아들이면 길하다.

|해설| 구이는 육오와 상응한다. 양이 음을 받아들이는 것, 즉 남자가 아내를 선택해 받
아들이는 것이 길하다는 뜻이다.

**4.9 九二以下卦之中主卦德, 故曰"子克家". 以子任家, 必剛柔得中乃
濟, 不可嚴厲也.**

|번역| 구이는 하괘의 중효(中爻)로서 전체 괘의 덕을 주도한다. 그래서 "자
식이 집안을 다스린다"고 했다. 자식으로서 집안을 맡으니, 반드시
강한 것과 부드러운 것이 중정을 이루어야 되지, 엄해서는 안 된다.

37 (1)克家, 齊家의 뜻. 집안을 다스림.

| 해설 | 구이는 아래에 있지만 하괘에서 가장 적절한 자리에 있어 전체 괘의 덕, 즉 몽매한 자들을 포용해 가르치는 기능을 가장 잘 수행할 수 있다. 그래서 아랫사람인 자식이 전체 집안을 다스린다고 했다. 하지만 육오의 윗사람과 반드시 조화를 이루어 하지 않으면 안 된다.

六三, 勿用取女, 見金夫, 不有躬, 无攸利.

　육삼은 이런 여자를 취하지 말아야 한다. 돈 많은 사내를 보고는 자신의 몸을 간수하지 못하니, 이로운 점이 없다.

4.10 金夫, 二也; "不有躬", 履非正則不能固於一也.

| 번역 | 돈 많은 사내란 구이이다. "몸을 간수하지 못한다"라는 것은 행실이 바르지 않아 한 사람을 고수하지 못한다는 뜻이다.

| 해설 | 육삼은 음으로 바른 위치도 아니고 중정하지도 못하다. 마땅히 상구와 상응해야 하지만, 아래에 있는 구이를 가까이하고 있다. 이 점을 근거로 여자가 자신의 짝을 가까이하지 않고 돈 많은 다른 남성에 빠졌다는 예를 들었다.

「象」曰: "勿用取女", 行不順也. 六四, 困蒙, 吝. 「象」曰: "困蒙之吝", 獨遠實也. 六五, 童蒙, 吉. 「象」曰: "童蒙之吉", 順以巽也.

「상전」에서 말했다. "이런 여자를 취하지 말라"고 한 것은 행실이 조신하지 못하기 때문이다. 육사는 몽매함에 갇혀 있으니 부끄럽게 된다. 「상전」에서 말했다. "몽매함에 갇혀 있으니 부끄럽게 된다"는 것은 홀로 실한 양과 멀리 떨어져 있기 때문이다. 육오는 어린아이의 몽매함이니 길하다. 「상전」에서 말했다. "어린아이의 몽매함이니 길하다"고 하는 것은 유순해 겸손하다는 뜻이다.

4.11 不愿不信, 蒙之失正者也. 故蒙正如童吉, 與夫「象」之義同.

|번역| 받아들이지 않고 믿지 않음이 몽매함이 바름을 잃은 점이다. 그래서 몽매함이 어린아이에게서처럼 바르게 되면 길하다는 것은 「단전」의 의미와 같다.

|해설| 옳은 이치를 가르쳐 주어도 받아들이지 않고 믿지 않는다면 이는 태도의 문제이지 지식의 문제가 아니다. 어린아이의 경우 몽매함은 대부분 지식의 문제이므로, 가르침을 통해 몽매함을 바로잡을 수 있다.

上九, 擊蒙, 不利爲寇, 利禦寇.「象」曰: "利用禦寇", 上下順也.

상구는 몽매함을 치니 침범하는 것은 이롭지 않고 침범하는 것을 막는 것이 이롭다. 「상전」에서 말했다. "침범하는 것을 막는 것이 이롭다"고 하니 위와 아래가 서로 따르는 것이다.

4.12 蒙暗犯寇, 禦之可也, 以剛明極顯而寇蒙暗, 則傷義而衆不率也. 九二以剛居中, 故能包蒙而吉.

|번역| 몽매하고 어두운 자가 침범하면 막으면 된다. 강하고 밝음을 극한으로 드러내어 몽매하고 어두운 자를 치면 의를 상하게 하고 대중이 따르지 않게 된다. 구이는 강함으로 중에 머물렀으니 몽매한 자들을 포용하여 길할 수 있었다.

|해설| '나'의 옳음을 드러내며 몽매한 자를 강하게 공격하면 상대가 따르지 않을 뿐 아니라 의를 상하게 한다. 몽매한 자가 공격할 경우 막기만 하면 된다. 가르치는 자에게 필요한 것은 공격력이 아니라 포용력이다.

5

수

需

需, 有孚, 光亨, 貞吉, 利涉大川.

　수는 마음속에 진실함이 있어 빛나고 형통하는 것으로 바르면 길하고 큰 내를 건너는 데 이롭다.

<hr />

5.1 剛健而不陷而能俟時, 故有孚於光亨也.

|번역| 강건하여 위험에 빠지지 않고 때를 기다릴 수 있으므로 빛나고 형통함에 진실함이 있다.

|해설| 수䷄는 하괘가 건괘이고 상괘는 감괘이다. 따라서 강건하여 위험에 빠지지 않는다. 또 수(需)에는 기다림의 뜻이 있으니, 강건한 자세로 때를 기다림을 뜻한다. 그리하여 진실함으로 빛나고 형통한다.

5.2 ⁽¹⁾訟・需・⁽²⁾坎皆言"有孚", 必然之理也. 又如未濟⁽³⁾"飮酒濡首"亦
言"有孚", 義同此.³⁸

|번역| 송(訟)괘, 수(需)괘, 감(坎)괘에서는 모두 "진실함이 있다"고 말하는
데, 필연의 이치이다. 또 미제(未濟)괘의 "술을 마시는 데 머리를 적
신다"고 할 때에도 "진실함이 있다"고 했는데, 의미는 이것과 같다.

|해설| 孚는 학자에 따라 그 뜻풀이가 다른데, 『역경(易經)』 본연의 뜻풀이에 충실한 사
람들은 포로로 사로잡다(俘)는 뜻으로 푸는 경우가 많다. 하지만 유학자들은 일
반적으로 '마음속이 진실하다'는 뜻으로 이해한다. 장재는 마음속이 진실하면
일이 틀림없이 길하고 순조롭다고 했다. 그래서 이를 필연의 이치라고 했다.

「彖」曰: "需", 須也, 險在前也, 剛健而不陷, 其義不困窮矣. "需, 有孚,
光亨, 貞吉", 位乎天位, 以正中也. "利涉大川", 往有功也. 「象」曰: 雲上
于天, 需, 君子以飮食宴樂.

「단전」에서 말했다. 수는 기다림이다. 위험이 앞에 있지만 강건하여
위험에 빠지지 않으니, 그 기다림의 의미는 곤궁하지 않다. "수는 마음
속에 진실함이 있어 빛나고 형통하는 것으로 바르면 길하다"는 것은 구
오가 하늘의 위치에 있으면서 바르게 가운데에 있기 때문이다. "큰 내

---

38 (1)『周易』, 「訟」, "송(訟)은 마음에 진실함이 있지만 막혀 두려워하는 것이니 중용을 지
키면 길하지만 송사가 끝까지 가면 흉하다."(訟. 有孚窒惕, 中吉, 終凶.) (2)『周易』, 「習
坎」, "습감은 진실함이 있으면 마음이 형통하여 행함에 높임이 있다."(習坎, 有孚, 維心
亨, 行有尙.) (3)飮酒濡首:『周易』, 「未濟」, "上九, 有孚于飮酒, 無咎. 濡其首, 有孚, 失是."
"상구는 음주를 할 때 진실한 마음을 가지면 허물이 없다. 하지만 머리를 적실 정도이
면 진실함이 있다고 해도 옳음을 잃는다."

를 건너는 데 이롭다"는 것은 가서 공이 있다는 것이다. 「상전」에서 말했다. "구름이 하늘 위에 있으니 수(需)이다. 군자는 먹고 마시며 잔치를 벌여 즐긴다."

5.3 "雲上於天, 需, 君子以飲食宴樂", "九五, 需於酒食貞吉", 未濟亦 "有孚於飲酒", 以陰在前, 無所施爲, 惟於飲食而已.

|번역| "구름이 하늘 위에 있으니 수(需)이다. 군자는 먹고 마시며 잔치를 벌여 즐긴다"고 했다. "구오에서는 먹고 마시는 가운데 기다리니 바르면 길하다"고 했다. 「미제」에서도 "음주를 할 때 진실한 마음을 가진다"고 했다. 음이 앞에 있어 할 수 있는 일이 없으니, 먹고 마실 따름이다.

|해설| 수需괘䷄는 상괘인 감괘가 구름이고 하괘인 건괘는 하늘이다. 구름이 하늘 위에 있어 아직 비가 내리지 않으니, 기다림이 필요할 때이다. 이에 군자는 음식을 마련해 잔치를 벌이며 심신을 여유 있게 만든다. 구오도 「미제」괘에서도 마찬가지인데, 장재는 잔치를 벌여 먹고 마시는 이유를 앞에 음이 가로막고 있어 기다림이 필요하기 때문이라고 했다.

初九, 需于郊, 利用恒, 无咎. 「象」曰: "需于郊", 不犯難行也, "利用恒无咎", 未失常也. 九二, 需于沙, 小有言, 終吉. 「象」曰: "需于沙", 衍在中也, 雖小有言, 以終吉也. 九三, 需于泥, 致寇至. 「象」曰: "需于泥", 災在外也, 自我致寇, 敬愼不敗也. 六四, 需于血, 出自穴. 「象」曰: "需于血", 順以聽也.

초구는 교외에서 기다리니 평상시 마음을 유지하면 이롭고 허물이 없을 것이다. 「상전」에서 말했다. "교외에서 기다린다"는 것은 어려움을 무릅쓰고 나아가지 않는 것이다. "평상시 마음을 유지하면 이롭고 허물이 없다"는 것은 항상심을 잃지 않았기 때문이다. 구이는 모래사장에서 기다리니, 조금 말들이 있기는 하지만 끝내 길하다. 「상전」에서 말했다. "모래사장에서 기다린다"는 것은 너그러움으로 가운데에 있는 것이다. 비록 조금 말들이 있기는 하지만 길하게 마친다. 구삼은 진흙탕에서 기다리니 도적이 이르는 일을 초래한다. 「상전」에서 말했다. "진흙탕에서 기다린다"는 것은 재앙이 밖에 있는데 스스로 도적을 부른 것이니 경건하고 신중하면 낭패를 보지 않는다는 뜻이다. 육사는 핏속에서 기다리다가 구멍에서 빠져나온다. 「상전」에서 말했다. "핏속에서 기다린다"는 것은 순종하여 따르는 것이다.

5.4 以柔居陰, 不能禦強, 來則聽順而辟其路.

|번역| 육사는 부드러움으로 음에 머무니 강한 것을 막을 수 없다. 오면 따라 순종하여 그 길을 열어 준다.

|해설| 육사는 부드러움으로 음에 머물고 있기 때문에 위로 올라오는 하괘의 세 양효, 즉 강한 것을 막을 수 없다. 순종하여 그들에게 길을 열어 준다.

九五, 需于酒食, 貞吉. 「象」曰: "酒食貞吉", 以中正也. 上六, 入于穴, 有(1)不速之客三人來, 敬之, 終吉. 「象」曰: "不速之客來, 敬之終吉", 雖不當位, 未大失也.[39]

구오는 술을 마시고 음식을 먹으며 기다리니 바르면 길하다. 「상전」
에서 말했다. "술을 마시고 음식을 먹으며 바르면 길하다"는 것은 중정
하기 때문이다. 상육은 구멍으로 들어가니 불청객 세 사람이 와 공손하
게 대하면 마침내 길하다. 「상전」에서 말했다. "불청객 세 사람이 와 공
손하게 대하면 마침내 길하다"고 한 것은 위치가 합당하지 않지만 크게
잃지는 않는다는 뜻이다.

5.5 上無所出, 故降入自穴, 恭以納之, 雖處極上, 不至於失.

|번역| 위로 더 나갈 곳이 없으므로 내려와 구멍으로 들어가 공손하게 받
아들이면 비록 극한의 위에 있지만 잃는 데 이르지는 않는다.

|해설| 상구의 상황에서는 가장 위쪽 끝에 있어 더는 물러날 곳이 없다. 그래서 음의 편
안한 자리인 구멍으로 내려와 들어가 위에서 올라온 하늘을 상징하는 불청객 셋
을 공손하게 맞이해 대접하면 크게 손해는 보지 않을 것이다.

---

39 (1)不速之客: 速은 請의 뜻. 불청객.

6

송

訟

訟, 有孚窒惕, 中吉, 終凶, 利見大人, 不利涉大川.「彖」曰: 訟, 上剛下
險, 險而健, 訟. "訟, 有孚窒惕, 中吉", ⁽¹⁾剛來而得中也. "終凶", 訟不可
成也. "利見大人", 尙中正也. "不利涉大川", 入于淵也.「象」曰: 天與水
違行, 訟, 君子以作事謀始. 初六, 不永所事, 小有言, 終吉.「象」曰:
"不永所事", 訟不可長也, 雖小有言, 其辯明也.⁴⁰

송(訟)은 마음에 진실함이 있지만 막혀 두려워하는 것이니, 중용을 지
키면 길하지만 송사가 끝까지 가면 흉하다. 대인을 만나면 이롭고 큰
내를 건너는 것은 이롭지 않다.「단전」에서 말했다. "송은 위는 강하고
아래는 험하여, 험하고 강건하니 송사가 일어난다. '송(訟)은 마음에 진
실함이 있지만 막혀 두려워하니 중용을 지키면 길하다'는 것은 강한 것
이 와서 중을 얻은 것이다. '끝까지 가면 흉하다'는 것은 소송은 끝까지
해서는 안 된다는 뜻이다. '대인을 만나면 이롭다'는 것은 중정을 숭상

---

⁴⁰ ⑴剛來而得中: 이 구절은 보통 괘변설(卦變說)에 의거해 설명한다. 송(訟, ䷅)괘는 둔
(遯, ䷠)괘에서 왔으니, 둔괘의 구삼이 육이의 자리로 내려와 중의 위치를 얻은 것이 송
괘라는 것이다.

함이다. '큰 내를 건너는 것은 이롭지 않다'는 것은 심연에 빠지기 때문이다." 「상전」에서 말했다. "하늘과 물이 어긋나게 나아가니 송이다. 군자는 일을 할 때 시작을 잘 도모한다." 초육. 쟁송하는 일을 오래 하지 않으면 조금 말들이 있다고 해도 끝내는 길하다. 「상전」에서 말했다. "쟁송하는 일을 오래 하지 않는다"는 것은 쟁송은 길게 끌어서는 안 된다는 뜻이다. 비록 조금 말들이 있더라도 분별함은 밝을 것이다.

6.1 初於正應, ⁽¹⁾中有陰陽之間, 不無訟. 但以陰居下體爲柔順, 履險方初, 不永所事, 其理辨直, 故小有言終吉.⁴¹ 直一作正.

|번역| 처음에 바름으로 응하지만, 가운데에 양과 음의 이간질이 있으니 쟁송이 없지 않다. 하지만 음으로서 아랫부분에 머무는 것을 유순함으로 삼아 험한 곳을 밟을 때 처음을 반듯하게 하고 쟁송하는 일을 오래 하지 않고 그 이치에서 곧은 것을 변별하므로, 조금 말들이 있어도 끝내는 길하다. 直이 正으로 되어 있는 경우도 있다.

|해설| 초육은 지위가 낮고 힘도 없어 쟁송을 하기 어렵다. 그런데 구이와 육삼이 이간질을 하여 싸움을 부추기므로 구사와 쟁송이 생겨난다. 하지만 초육이 자신의 유순함으로 감(坎)의 험한 상황에서 반듯하게 대처하면 조금 구설은 있어도 쟁송은 오래가지 않고 결국은 길하게 된다.

九二, 不克訟, 歸而⁽¹⁾逋, 其邑人三百戶, ⁽²⁾无眚. 「象」曰: "不克訟, 歸逋

---

41 (1)中有陰陽之間, 초육과 구사의 가운데에 구이의 양과 육삼의 음의 이간질이 있어 구사와 쟁송이 있다는 뜻이다.

竄也", 自下訟上, ⁽³⁾患至掇也.⁴²

　　구이는 쟁송을 할 수 없으니 돌아가 도망하는데, 그 읍의 사람들 삼백
호는 잘못이 없다. 「상전」에서 말했다. "쟁송을 할 수 없으니, 돌아가
구멍으로 도망한다"고 했으니, 이는 아래에서 위와 쟁송한 것으로 환난
을 자초한 것이다.

6.2 處險體剛, 好訟者也, 上下二陰俱非己應, 理爲不直, 故不訟. 歸而
　　逋竄, 使其邑人之衆無辜被禍, 故曰"邑人無眚".

|번역| 위험한 데 있으면서 체질은 강해 쟁송을 좋아하는 자이다. 육삼과
　　　초육의 두 음은 모두 자신에게 응할 자들이 아니고 이치가 곧지 않
　　　으므로 쟁송하지 않는다. 돌아가 구멍으로 도망해 많은 읍 사람들
　　　이 무고하게 화를 입게 만든다. 그래서 "읍 사람들은 잘못이 없다"
　　　고 했다.

|해설| 구이는 위험한 상황에서도 쟁송하기를 좋아한다. 하지만 육삼과 초육은 구이에
　　　게 호응할 자들이 아니고, 자신이 주장하는 이치도 곧지 않으므로 곧 쟁송을 포
　　　기하고 소읍으로 숨어버린다. 하지만 강한 힘을 가진 구오는 이 소읍으로 와 소
　　　읍 사람들이 무고하게 화를 입는다.

---

42 (1)逋(포), 도망함. (2)无眚, 여기서 无眚은 일반적으로 쟁송을 피해 300호의 소읍에 숨
　　은 자는 그곳을 근거지로 삼아 전쟁을 일으킬 수 없기 때문에 "자초하는 큰 재앙은 없
　　음"을 뜻한다. 그러나 장재는 이 생(眚) 자를 '큰 재앙'이 아닌, '잘못'으로 풀이했다. 그
　　래서 쟁송을 피해 숨은 자로 인해 읍 주민들이 '잘못도 없이' 무고하게 화를 입는다고
　　설명했다. (3)患至掇: 掇은 주움. 따라서 患至掇은 환난이 주워 담기에 이름, 즉 환난을
　　자초한다는 뜻.

六三, ⁽¹⁾食舊德, 貞厲, 終吉, 或從王事, 无成.「象」曰: 食舊德, 從上吉
也.⁴³

　　육삼은 음덕으로 먹고사니 바르면 위태롭지만 끝내는 길하다. 혹 나
라의 일에 종사하더라도 이루는 일은 없을 것이다.「상전」에서 말했다.
"음덕으로 먹고사니 위를 따르면 길하다."

6.3　履非其位, 處險之極, 若能不爲他累, 專應上九, 則雖危終吉, 故曰
　　"舊德"; 以陰居陽, 又處成功, 必有悔吝, 故曰"無成".

|번역| 밟고 서 있는 곳이 바른 위치가 아니고, 험함의 극한에 있다. 타인에
　　게 누가 되지 않고 상구하고만 상응할 수 있다면 비록 위태로워도
　　끝내 길하다. 그래서 "음덕"이라고 말했다. 음으로서 양의 위치에
　　머물고 공을 이루는 데 처해 있으니, 틀림없이 뉘우치고 부끄러운
　　일이 있다. 그래서 "이루는 일이 없다"고 했다.

|해설| 육삼은 음이면서 양의 위치에 있다. 그래서 올바른 위치가 아니다. 굉장히 험한
　　상황에 놓여 있는 것이다. 그렇지만 그런 상황에서 상구인 양의 명을 따르기만
　　한다면 길하다. 마치 조상의 음덕으로 먹고살 듯, 윗사람 덕택에 먹고산다는 뜻
　　이다. 자신은 음이면서 자신과 맞지 않는 자리에 있기 때문에, 때로 나라의 일을
　　볼 수 있지만, 결국은 뉘우치고 부끄럽게 된다.

九四, 不克訟, ⁽¹⁾復卽命渝, 安貞吉.「象」曰: "復卽命渝", 安貞不失也.

___
43 (1)食舊德, 조상의 덕택, 즉 음덕으로 먹고산다는 뜻.

九五, 訟, 元吉. 「象」曰: "訟, 元吉", 以中正也. 上九, 或錫之⁽²⁾鞶帶, 終朝三⁽³⁾褫之. 「象」曰: 以訟受服, 亦不足敬也.⁴⁴

구사는 쟁송할 수 없으니 돌아가 명을 따라 마음을 바꾸면 편안하고 발라 길하다. 「상전」에서 말했다. "돌아가 명을 따라 마음을 바꾼다"는 것은 편안하고 발라 잃지 않는다는 뜻이다. 구오는 쟁송하면 크게 길하다. 「상전」에서 말했다. "쟁송하면 크게 길한" 것은 중정하기 때문이다. 상구는 혹 상으로 큰 가죽 띠를 하사받더라도 아침이 끝나기 전에 세 번 뺏긴다. 「상전」에서 말했다. "소송으로 관복을 받더라도 공경할 만한 것이 못 된다."

6.4 體健而比於三, 理爲不直, 故不克訟.

| 번역 | 상구는 체질이 건장하여 육삼과 겨루지만 도리가 곧지 않기 때문에 소송할 수 없다.

| 해설 | 상구는 강건한 기질로 육삼과 겨루어 이겨 상으로 큰 가죽 띠를 하사받지만, 정당하지 않기 때문에 곧 다시 공격을 받아 빼앗기고 만다. 쟁송을 하지 말아야 함을 말하였다.

---

44 (1)復卽命渝: 卽, 따름, 순종함. 渝, (쟁송하려는 마음을) 바꿈. (2)鞶帶, 큰 가죽 띠. (3)褫(치), 뺏김.

7

사

師☷☵

師. 貞, ⁽¹⁾丈人吉, 无咎.⁴⁵

사(師)는 발라야 하니, 뛰어난 장수라야 길하고 허물이 없다.

7.1 丈人剛過, <u>太公</u>近之. 剛正 · 剛中 · 則是大人聖人, 得中道也. <u>太公</u>
則必待誅<u>紂</u>時, 雖⁽¹⁾鷹揚, 所以爲剛過, 不得稱大人.⁴⁶

|번역| 뛰어난 장수는 강함이 지나치니 강태공이 그것에 가깝다. 강하되
바르고 강하되 적중하면 대인이고 성인으로, 그들은 중도를 얻는
다. 강태공의 경우는 기필코 주(紂)가 베어질 때를 기다렸다. 비록
매가 날듯이 위풍당당했으나 강함이 지나쳤으므로 대인이라 칭할
수 없다.

---

45 (1)丈人, 덕과 재주를 겸비한 뛰어난 장수. 구이를 가리킴.
46 (1)鷹(응)揚, 매가 날듯이 위풍당당한 모습.

「彖」曰: 師, 衆也, 貞, 正也. 能以衆正, 可以王矣. 剛中而應, 行險而順, 以此[1]毒天下而民從之, 吉又何咎矣! 「象」曰: 地中有水, 師, 君子以容民畜衆. 初六, 師出以律, [2]否臧凶. 「象」曰: "師出以律", 失律凶也.[47]

「단전」에서 말했다. 사(師)는 무리요, 정(貞)은 바름이다. 무리로 바르게 할 수 있으면 왕 노릇할 수 있다. 구이의 강함이 중에 있고 육오와 응하니 위험을 행하지만 순조롭다. 그것으로 천하에 해를 주지만 백성이 그를 따르니, 길하며 다시 무슨 허물이 있겠는가? 「상전」에서 말했다. 땅속에 물이 있으니 사(師)이다. 군자는 이로써 백성을 포용하고 대중을 기른다. 초육은 군대가 출동하니 군율로써 한다. 군율을 잘 활용하지 않으면 흉하다. 「상전」에서 말했다. "군대가 출동하니 군율로써 한다"고 하니, 규율을 잃으면 흉하다.

7.2 "師出以律", 師之始也, 體柔居賤, 不善用律, 故凶.

|번역| "군대가 출동하는데 군율로써 한다"고 했다. 군사가 시작되는데 몸체가 유약해 천한 데 머물며 군율을 잘 활용하지 못하므로 흉하다.

|해설| 초육의 否臧은 不善을 뜻한다. 군대가 군율을 잘 지키지 않음을 뜻할 수도 있고, 장수가 군율을 잘 운용하지 못함을 뜻할 수도 있는데, 장재는 후자의 의미로 보았다. 초육은 출사를 할 때인데, 초육으로 음이며 낮은 데 있으므로 몸체가 유약하고 천한 데 머문다고 했다.

---

47 (1)毒天下, 군대를 동원하므로 백성들에게는 어쨌든 해가 됨을 뜻한다. (2)否臧: 否, 不. 臧, 善.

九二, 在師中, 吉, 无咎, 王三錫命.「象」曰: “在師中吉”, 承天寵也, “王三錫命”, 懷萬邦也.

　구이는 군대에서 통솔하는 위치에 있으면서 중의 덕을 지니고 있으니, 길하고 허물이 없다. 왕은 세 번 상을 내리는 명령을 했다.「상전」에서 말했다. “군대에서 통솔하는 위치에 있으면서 중의 덕을 지니고 있으니, 길하다”는 것은 하늘의 총애를 받는 것이다. “왕은 세 번 상을 내리는 명령을 했다”는 것은 만방을 품는 것이다.

7.3 懷愛萬邦, 故所以重將帥.

|번역| 만방을 품어 사랑하므로 장수를 중시한다.

|해설| 군주가 만방을 품으려는 꿈이 있으므로 세 번이나 상을 내릴 정도로 장수를 중시한다.

六三, 師或輿尸, 凶.「象」曰: “師或輿尸”, 大无功也.

　육삼은 군사가 혹 시체를 수레에 실으면 흉하다.「상전」에서 말했다. “군사가 혹 시체를 수레에 싣는다”는 것은 크게 공이 없는 것이다.

7.4 陰柔之質, 履不以正, 以此帥衆, 固不能一. 師丈人吉, 非陰柔所禦.

|번역| 음의 유약한 자질로 바르지 않게 행한다. 이로써 무리를 통솔하면
물론 통일할 수 없다. 군대 장수의 길함은 음의 유약함으로 제어할
것이 아니다.

|해설| 육삼은 음유로서 중의 위치도 아니고 바르지도 않다. 뜻만 높아 경거망동하면
전쟁에서 크게 패한다.

六四, 師⁽¹⁾左次, 无咎. 「象」曰: "左次无咎", 未失常也.⁴⁸

육사는 군대가 후퇴하여 여러 날 머무르니 허물이 없다. 「상전」에서
말했다. "군대가 후퇴하여 여러 날 머무른다"고 하니 아직 상도를 잃지
않았다.

7.5 次之不戰之地, 則不失其常.

|번역| 전투하지 않는 땅에서 여러 날 머무르면 그 상도를 잃지 않는다.

|해설| 육사는 중의 위치는 아니지만 정위(正位)이기 때문에 장수는 공격과 퇴각의 판
단을 올바르게 할 수 있다. 그래서 상도를 잃지 않을 수 있다.

六五, ⁽¹⁾田有禽, 利⁽²⁾執言, 无咎. 長子帥師, 弟子輿尸, 貞凶. 「象」曰:
"長子帥師", 以中行也, "弟子輿尸", 使不當也.⁴⁹

---

48 (1)左次, 군대가 후퇴하여 여러 날 머묾(退舍).
49 (1)田有禽, 밭에 짐승이 있음. 적이 출현함을 비유적으로 표현하는 말. (2)執言, 말을 받

육오는 밭에 짐승이 있듯 적이 나타나면 말을 받드는 것이 이롭고 허물이 없다. 맏아들이 군대를 이끌고 작은아들의 경우는 시체를 수레에 싣게 되니 바르더라도 흉하다. 「상전」에서 말했다. "맏아들이 군대를 이끈다"는 것은 중의 덕으로 행하는 것이다. "작은아들이 시체를 수레에 싣는다"는 것은 부림이 합당하지 않은 것이다.

7.6 柔居盛位, 見犯乃較, 故無咎. 任寄非一, 行師之凶也.

|번역| (육오는) 부드러움으로 성한 위치에 머물지만 침범하는 것을 보면 곧 겨루므로 허물이 없다. 내맡기는 것이 하나가 아니니 군대를 나아가게 하는 것이 흉하다.

|해설| 육오는 군주로서 적군이 쳐들어와 직접 전쟁에 참여한 경우이다. 적군의 침략에 곧바로 맞서 싸우므로 허물은 없다. 전쟁에 참여한 군주가 해야 할 가장 중요한 일이 장수를 임명하는 일인데, 구이인 장자에게만 맡기지 않고 육삼, 육사인 다른 아들에게도 맡기면 패배해 시체를 수레에 가득 싣고 돌아오게 된다.

上六, 大君有命, (1)開國承家, 小人勿用. 「象」曰: "大君有命", 以正功也, "小人勿用", 必亂邦也.[50]

상육은 대군이 명령함이 있어 나라를 열어 제후로 봉하고 가(家)를 받

듦. 대의명분을 받듦.
[50] (1)開國承家, 전쟁이 끝난 다음에 큰 공을 세운 사람은 제후국을 세우게 하고 그 다음가는 사람은 경대부로 삼는다.

게 해 경대부로 삼지만, 소인은 등용하지 말아야 한다. 「상전」에서 말했다. "대군이 명령함이 있다"는 것은 공을 바르게 하기 위해서이다. "소인을 등용하지 말아야 한다"는 것은 반드시 나라를 어지럽히기 때문이다.

7.7 師終必推賞, 然小人雖有功, 不可[^(1)]胙之以土, 長亂也. 承, 猶繼世之承也.[^51]

|번역| 전쟁이 끝나면 반드시 상을 내리는데, 소인은 공이 있더라도 땅을 수여해서는 안 되니, 혼란을 자라나게 하기 때문이다. 승(承)이란 대를 계승한다고 할 때의 승과 같다.

|해설| 상육은 전쟁이 다 끝나고 논공행상을 하는 시기이다. 이때 공이 큰 사람은 제후로 봉하기도 하고 그보다 공이 적은 사람은 경대부로 봉해 가(家)를 수여하기도 하지만, 설사 공이 있다고 하더라도 소인에게는 땅을 주지 말아야 한다고 경고한다. 평화의 시기에 혼란을 부추기는 씨앗이 되기 때문이다.

---

51 (1)胙(조), 분봉함. 상을 수여함.

8

비
比 ䷇

比, 吉. ⁽¹⁾原筮元永貞, 无咎. ⁽²⁾不寧方來, 後夫凶. 「彖」曰: 比, 吉也,
比, 輔也, 下順從也. "原筮, 元永貞, 无咎", 以剛中也. "不寧方來", 上
下應也. "後夫凶", 其道窮也. 「象」曰: 地上有水, 比, 先王以建萬國, 親
諸侯.⁵²

   비(比)는 길하다. 거듭 살펴서 큰 덕을 가진 사람과 친하게 지내며 영
원히 바르면 허물이 없을 것이다. 평안하게 하지 않던 제후가 바야흐로
귀순해 오니 후에 오는 사람은 흉할 것이다. 「단전」에서 말했다. 비(比)
는 길하다. 비는 돕는 것이다. 아래가 순종하는 것이다. "거듭 살펴서
큰 덕을 가진 사람과 친하게 지내 영원히 바르면 허물이 없다"고 하니
이는 구오가 강하면서 중의 자리에 있기 때문이다. "평안하게 하지 않
던 제후가 바야흐로 귀순해 오는 것"은 위와 아래가 상응하는 것이다.
"뒤에 오는 사람은 흉하다"는 것은 그 도가 궁한 것이다. 「상전」에서 말

---

52 (1)原筮, 다시 한 번 점침. 거듭 살펴 신중하게 생각해 결정함. (2)不寧: 不寧侯를 가리
   킴. 평안하게 하지 않던 제후.

했다. 땅 위에 물이 있는 것이 비(比)이니, 선왕은 만국을 세우고 제후들과 친하게 지낸다.

|번역| 반드시 거듭 점을 치는 것은 함께할 바를 신중히 하는 것이다.

|해설| 거듭 점을 치듯이 신중히 살피는 이유는 이 사람들이 내가 친하게 지내며 신뢰하고 도울 사람들인지 고려해야 하기 때문이다.

初六, 有孚比之, 无咎, (1)有孚盈缶, 終來有它吉.「象」曰: 比之初六, 有它吉也.[53]

초육은 진실한 마음으로 친밀하게 대하면 허물이 없다. 진실한 마음이 질그릇 가득 담기듯 하면 마침내 다른 길함이 있을 것이다.「상전」에서 말했다. 비의 초육은 다른 길함이 있을 것이다.

---

[53] (1)有孚盈缶(부): 마치 아무 장식이 없는 질그릇 같이 마음이 진실함으로 가득하여 거짓된 꾸밈이 없음을 뜻한다.
[54] (1)誠素, 진실한 감정과 생각.

|번역| 유순한데 응하는 것이 없을 때는 신용이 있는 사람을 선택해 친밀하게 지낼 수 있다. 자기의 진실한 감정과 생각이 드러나 마침내 다른 길함이 있으니, 비는 앞서 하는 것을 좋아한다.

|해설| 초육은 상응하는 것이 없다. 하지만 자신의 진실함을 질그릇에 가득 담듯 표현하면 '다른 길함', 즉 구오가 와서 그와 친하게 지내며 도와주는 길함이 있게 된다.

六二, ⁽¹⁾比之自內, 貞吉. 「象」曰: "比之自內", 不自失也.[55]

육이는 내부로부터 친밀하게 지내니, 바르면 길하다. 「상전」에서 말했다. "내부로부터 친밀하게 지낸다"는 것은 스스로를 잃지 않음이다.

> **8.3** 愛自親始, 人道之正, 故曰"貞吉".

|번역| 사랑은 친한 이들로부터 시작하는 것이 인도의 올바름이다. 그러므로 "바르면 길하다"고 했다.

|해설| 육이는 구오와 상응하여 친하게 지내니 길하다. 장재는 이 육이와 구오의 관계를 친한 관계로 생각하여 사랑은 이들 친한 이들 사이에서 시작되는 것이 옳다고 했다.

六三, 比之匪人. 「象」曰: "比之匪人", 不亦傷乎?

---

55 (1)比之自內, 내괘의 육이가 외괘의 구오와 친밀하게 지내는 것을 가리킨다.

육삼은 친밀하게 대하려 하지만 그럴 만한 사람이 아니다. 「상전」에서 말했다. "친밀하게 대하려고 하지만 그럴 사람이 아니니" 마음이 상하지 않겠는가?

8.4 履非其正, 比之必匪其人, 故可傷.

|번역| 밟고 있는 위치가 바른 것이 아니니, 친밀하게 대해도 틀림없이 그럴 만한 사람이 아닐 것이다. 그러니 마음이 상할 만하다.

|해설| 육삼은 중도 아니고 바른 위치도 아니니, 친밀하게 지내며 도와주려 해도 그럴 만한 사람이 아니다. 그러니 마음이 상할 만하다.

六四, (1)外比之, 貞吉. 「象」曰: 外比於賢, 以從上也. 九五, 顯比, 王用三驅, 失前禽, 邑人不誡, 吉. 「象」曰: "顯比"之吉, 位正中也, 舍逆取順, 失前禽也, 邑人不誡, 上使中也. 上六, (2)比之无首, 凶. 「象」曰: "比之无首", 无所終也.[56]

육사는 밖에서 친밀하게 대하니 바르면 길하다. 「상전」에서 말했다. "밖에서 현군을 친밀하게 돕는 것은 윗사람을 따르는 것이다. 구오는 친밀함을 공평무사하게 드러낸다. 왕은 삼면으로 몰아가면서 한 군데는 터놓는 방법을 사용해 앞에 있는 짐승을 놓아주어 읍 사람들이 경계하지 않으니, 길하다. 「상전」에서 말했다. '친밀함을 공평무사하게 드러

---

56 (1)外比之, 육사가 바깥, 즉 위에 있는 구오를 친밀하게 대하는 것을 뜻한다. (2)比之无首, 친밀하게 돕는 데 머리를 내보이듯 적극성을 보이지 않는다는 뜻이다.

내는 것"이 길한 까닭은 위치가 바르고 중이기 때문이다. 거역하는 자는 버리고 순종하는 자는 취하는 것이 앞에 있는 짐승을 놓아주는 것이요, 읍 사람들이 경계하지 않는 것은 윗사람의 부림이 중용을 따르기 때문이다. 상육은 친밀하게 돕는 데 앞서 하는 것이 없으니 흉하다. 「상전」에서 말했다. "친밀하게 돕는 데 앞서 하는 것이 없다"는 것은 끝마칠 것이 없는 것이다.

8.5 失前禽, 謂三面而驅, 意在緩逸之, 不務殺也. 順奔然後取之, 故被傷者少也.

| 번역 | 앞에 있는 짐승을 놓아준다는 것은 삼면으로 몰아가는 것을 말하는 것으로, 의도는 느슨하게 해 달아나게 하고 죽이는 일에 힘쓰지 않는 데 있다. 달리는 것을 따라가 취하니 상해를 입는 것이 적다.

| 해설 | 구오에 대한 해설로 천자는 사냥할 때 3면을 에워싸고 나머지 한쪽을 길을 터 주어 도망가게 하고 안에 들어오는 것만 잡도록 했다. 친하게 지낼 자들하고만 서로 돕고, 싫어해 달아나는 자는 그대로 둠으로써 상해를 최소화함을 뜻한다.

8.6 以剛居中而顯明比道, 伐止有罪, 不爲濫刑, 故邑人不誡, 爲上用中, 此之謂也. 不比者不懲, 非用中也, 故比必顯之, 然殺不可務也. 一云: 上使中者, 付得其人也.

| 번역 | 구오는 강함으로 중에 머물러 친밀함의 도를 분명히 드러낸다. 죄 있는 자를 베어 멈추게 하지만 형벌을 남용하지 않는다. 그러므로

읍 사람들이 경계하지 않는 것은 윗사람이 중을 사용하기 때문이라는 것은 이것을 말하는 것이다. 친밀하게 돕지 않는 자를 징벌하지 않는 것이 중을 사용하는 것은 아니다. 따라서 친밀함은 반드시 드러내야 하지만, 죽이는 일에 힘써서는 안 된다. 일설에 따르면 윗사람의 부림이 중을 사용한다는 것은 내맡기는 것이 적합한 인물을 얻는다는 뜻이다.

9

소축
小畜 ䷈

小畜, 亨, 密雲不雨, 自我西郊. 「彖」曰: “小畜”, 柔得位而上下應之, 曰
小畜. 健而巽, 剛中而志行, 乃亨. “密雲不雨”, ⁽¹⁾尙往也, “自我西郊”,
施未行也. 「象」曰: 風行天上, “小畜”, 君子以懿文德.⁵⁷

    소축은 형통한다. 빽빽한 구름이나 비가 오지 않는 것은 우리 서쪽
근교에서부터이다. 「단전」에서 말했다. 소축은 부드러운 것이 육사의
제 위치를 얻어 상하에 있는 양의 기들이 그것에 상응하는 것으로 소축
이라고 한다. 굳세면서도 공손하며, 강한 구이와 구오는 중에 자리하고
뜻이 행해지니 형통한다. “빽빽한 구름이니 비가 오지 않는다”는 것은
위로 올라가기 때문이고, “우리 서쪽 근교에서부터이다”라는 말은 베푸
는 일이 아직 시행되지 않음을 뜻한다. 「상전」에서 말했다. 바람이 하늘
위로 부니 소축이다. 군자는 문덕을 아름답게 닦아야 한다.

---

57 (1)尙往, 기운이 내려와 비를 뿌리지 못하고 위로 올라감.

"自我西郊", 剛陽之氣進而不已也.

|번역| "우리 서쪽 근교로부터이다"라는 것은 강한 양의 기가 나아감이 그 침이 없는 것이다.

|해설| 하괘의 강한 양의 기 셋이 끊임없이 나아가는데, 육사인 음이 이를 제지하지 못 해 비가 내리지 않음을 뜻한다.

初九, 復自道, 何其咎? 吉. 「象」曰: "復自道", 其義吉也.

　초구는 도로부터 돌아옴이니 무슨 허물이 있겠는가? 길하다. 「상전」 에서 말했다. "도로부터 돌아온다"고 했으니, 그 이치는 길하다.

9.2 以理而升, 進之於應也.

|번역| 이치에 따라 상승하여 상응하는 것으로 나아간다.

|해설| 일반적으로 이 구절은 초구가 육사의 음에 의해 저지될 것이라는 조짐을 미리 알고 스스로 제자리로 돌아오는 것을 뜻한다고 이해된다. 그런데 위 주석을 보 면 장재는 초구가 그렇게 되돌아오는 것도 우선은 상승하여 상응하는 것, 즉 육 사로 나아가는 것을 전제로 하는 것으로 이해했음을 알 수 있다.

九二, 牽復, 吉. 「象」曰: 牽復在中, 亦不自失也.

구이는 이끌려 돌아오는 것이니 길하다. 「상전」에서 말했다. 이끌려 돌아오는 것은 중에 있기 때문이니, 스스로를 잃지 않는다.

9.3 初反自道, 三爲說輻, 二以彙征在中, 故未爲失.

|번역| 초구에서는 도로부터 되돌아온다고 했고 구삼에서는 바큇살이 빠진다고 했지만, 구이에서는 모아 나아가는 일이 중에서 이루어지므로 잃지 않는다.

|해설| 구이는 중의 위치에 있기 때문에 초구나 구삼과는 달리 자신을 상실하지 않는다.

九三, 輿說輻, 夫妻反目. 「象」曰: 夫妻反目, 不能正室也.

구삼은 수레가 바큇살이 빠지는 것이니, 부부가 반목한다. 「상전」에서 말했다. 부부가 반목하니 집안을 바로잡을 수 없다.

9.4 近而相比, 故說輻而不能進, 反爲柔制, 故曰反目; 非其偶也, 故不能正其室.

|번역| 가까워 서로 친밀하므로 바큇살이 빠져 나아가지 못하고 도리어 부드러운 것에 의해 제지를 당하므로 반목한다고 했다. 그 합당한 짝이 아니므로 그 집안을 바로잡을 수 없다.

|해설| 구삼과 육사는 너무 지나치게 친밀하다. 그래서 구삼이 앞으로 나아가야 하는데, 육사에 의해 제지를 당해 나아가지 못한다. '바퀴살이 빠진다'는 말은 육사에 의해 구삼이 나아갈 동력을 상실함을 상징한다.

(1)六四, 有孚, 血去惕出, 无咎.「象」曰: "有孚惕出", 上合志也.[58]

육사는 진실한 마음이 있어 피 흘려 떠나고 두려워하며 나가더라도 허물이 없다.「상전」에서 말했다. "진실한 마음이 있어 두려워하며 나간다"고 하니 위와 뜻이 합치되기 때문이다.

> 9.5 以陰居陰, 其體不躁, 故曰"有孚". 能上比於五, 與之合志, 雖爲群
> 下所侵, 被傷而去, 懷懼而出, 於義無咎.

|번역| 음으로 음에 머무르니, 그 몸이 성급하지 않다. 그래서 "진실함이 있다"고 했다. 위로 구오와 친밀할 수 있어 그와 뜻을 합하니, 아래에 있는 무리들에 의해 침범을 당해 상해를 입고 떠나고 두려움을 품고 나가더라도 의리상 허물은 없다.

九五, 有孚(1)攣如, 富以其鄰.「象」曰: "有孚攣如", 不獨富也. 上九, 旣

---

58 (1)六四, 有孚, 血去惕出, 无咎: 일반적으로 육사 효사는 "진실한 마음이 있어 피 흘림을 면하고 두려움에서 빠져나가니 허물이 없다"(六四, 有孚, 血去惕出, 无咎.)고 풀이한다. 육사가 구오와 뜻이 합치되어 해를 입지 않는다고 해석하는 것이다. 그러나 장재는 이 구절을 그렇게 이해하지 않았다. 구오인 군주와 뜻이 합치되더라도 육사는 반대파에 의해 피를 흘리고 두려움에 떨며 축출된다고 푼다.

雨旣處, 尙德載, 婦貞厲, 月幾望, 君子征凶.「象」曰: "旣雨旣處", 德積
載也, "君子征凶", 有所疑也.[59]

　구오는 진실한 마음이 있어 끈끈하게 연결되어 있으니 부유함으로
그 이웃과 함께한다. 「상전」에서 말했다. "진실한 마음이 있어 끈끈하
게 연결되어 있다"고 하니, 홀로 부유하지 않다. 상구는 이미 비가 내렸
다가 이미 그쳤으니, 덕을 숭상하여 쌓인 것으로 부인은 바르기만 하면
위태롭다. 달이 거의 보름에 가까워졌으니 군자가 움직이면 흉하다.
「상전」에서 말했다. "비가 이미 내렸다가 이미 그쳤다"고 하니 덕이 쌓
여 가득한 것이요, "군자가 움직이면 흉하다"는 것은 의심받는 바가 있
기 때문이다.

9.6　六四爲衆陽之主, 己能接之以信, 攣如不疑, 則亦爲衆所歸, 故曰
　　　"富以其鄰".

|번역| 육사는 뭇 양의 주인이니, 자기가 그를 신실함으로 접촉할 수 있어
　　　서, 끈끈하게 연결되어 의심하지 않으면 뭇사람들이 돌아가 의지하
　　　는 바가 되므로, "부유함으로 이웃과 함께한다"고 했다.

|해설| 구오가 신실한 태도로 뭇 양의 주인인 육사와 접촉하여 끈끈하게 연결된다면,
　　　뭇사람들이 모두 구오에게로 돌아가 그에게 의지하게 된다.

---

59 (1)攣(연)如, 끈끈하게 이어짐, 연결됨.

10

이
履

履虎尾, 不[(1)]咥人, 亨.「彖」曰: "履", 柔履剛也, 說而應乎乾, 是以"履虎
尾, 不咥人, 亨".[60]

　호랑이 꼬리를 밟아도 사람을 물지 않으니 형통한다.「단전」에서 말
했다. 이(履)는 부드러운 것이 강한 것을 밟는 것으로 아래에서 기뻐하
며 위의 강한 건에 응한다. 그래서 "호랑이 꼬리를 밟아도 사람을 물지
않으니 형통한다"고 했다.

10.1 說雖應乾而二不累五也.

|번역| 아래에서 기뻐하여 비록 위의 강건함에 상응하지만, 구이는 구오에
　　　누가 되지 않는다.

---

[60] (1)咥(절), 물다, 깨물다.

|해설| 이(履)☱는 하괘가 태(兌)로 기뻐함이고, 상괘는 강건함을 뜻하며 이 둘은 상응한다. 구이와 구오는 상응하지는 않지만, 걸림돌이 되지는 않는다.

剛中正, 履帝位而不疚, 光明也.

구오는 강하고 중의 위치에서 발라 제왕의 지위를 밟고 있으며 허물이 없으니 밝게 빛난다.

10.2 無陰柔之累, 故不疚, 此所以正一卦之德也.

|번역| 음의 부드러움의 걸림이 없으므로 허물이 없다. 이것이 한 괘를 바르게 하는 덕이다.

|해설| 이 괘의 주효인 구오는 강하고 중에 처하기 때문에 음유한 것에 걸림이 없다.

「象」曰: 上天下澤, "履", 君子以辯上下, 定民志. 初九, 素履, 往无咎. 「象」曰: "素履之往", 獨行願也.

「상전」에서 말했다. 위에는 하늘이 있고 아래에는 못이 있는 것이 이(履)이다. 군자는 이를 본받아 상하를 분별하고 백성의 뜻을 정한다. 초구에서는 순수한 바탕으로 행하면 허물이 없을 것이다. 「상전」에서 말했다. "순수한 바탕으로 행한다"는 것은 오직 한마음으로 원하는 것을 행한다는 뜻이다.

|번역| 음에 걸리는 일은 하지 않고 위로 상응하는 것이 없으므로, 그 행함이 깨끗하고 순수하다.

|해설| 초구는 양이어서 음에 걸리는 일이 없고, 위로 상응하는 음도 없어서 그 행동이 깨끗하고 순수하다.

九二, 履道坦坦, [1]幽人貞吉. 「象」曰: "幽人貞吉", 中不自亂也.[61]

구이는 밟고 있는 길이 탄탄대로여서 숨어 지내는 사람이어야 올바르고 길하다. 「상전」에서 말했다. "숨어 있는 사람이어야 올바르고 길하다"고 한 것은 마음속이 어지럽지 않기 때문이다.

|번역| 중에 처하여 바르고 걸림이 없으며 위로 도와주는 이가 없으므로, 마음속이 어지럽지 않고 숨어 지내는 사람의 바름을 얻는다.

|해설| 구이는 급히 서두르면 안 되기 때문에 숨어 사는 사람처럼 행동해야 한다. 중정하고 위로 구오와 상응하지 않으므로 평안한 마음을 유지할 수 있다.

---

61 (1)幽人貞吉: 구이는 기질이 강해 자칫 성급하게 처신할 수 있으니, 마치 숨어 지내는 사람처럼 신중해야 바르고 길하게 된다.

六三, (1)眇能視, (2)跛能履, 履虎尾咥人, 凶, 武人爲于大君.「象」曰: "眇
能視", 不足以有明也, "跛能履", 不足以與行也, "咥人之凶", 位不當也,
"武人爲於大君", 志剛也.[62]

육삼은 애꾸눈으로 보고 절름발이로 걸어 호랑이 꼬리를 밟으니 사
람을 물어 흉하다. 무인이 대군이 된다.「상전」에서 말했다. "애꾸눈이
보는 것"은 밝음을 지니기에 부족한 것이고, "절름발이가 걷는 것"은 함
께 행하기에 부족한 것이다. "사람을 무는 흉함"은 위치가 합당하지 않
기 때문이다. "무인이 대군이 되는 것"은 의지가 강하기 때문이다.

10.5 大君者, 爲衆爻之主也. 武人者, 剛而不德也.

┃번역┃ 대군이란 뭇 효의 주인이다. 무인이란 강하지만 부덕하다.

┃해설┃ 무인은 힘은 세지만 부덕하여 경거망동하기 쉽다. 그래서 종종 자신이 군주가
       된 것으로 착각한다.

九四, 履虎尾, (1)愬愬, 終吉.「象」曰: "愬愬終吉", 志行也.[63]

구사는 호랑이 꼬리를 밟은 것이니, 두려워하고 두려워하면 끝내는
길하다.「상전」에서 말했다. "두려워하고 두려워하면 끝내는 길하다"는
것은 뜻이 행해지는 것이다.

---

62 (1)眇(묘), 애꾸눈. (2)跛(파), 절름발이.
63 (1)愬愬(삭삭), 두려워하는 모습.

10.6 三五不累於己, 處多懼之地, 近比於三, 能常自危, 則志願終吉.
陽居陰, 故不自肆, 常自危也.

|번역| 육삼과 구오가 자기에게 걸림이 없게 두려움이 많은 곳에 머무른
다. 가까이로는 육삼과 친밀하게 지내면 늘 스스로 위태로울 수 있
으나, 마음으로 염원하니 끝내 길하다. 양으로서 음의 자리에 머무
르니 멋대로 하지 않더라도 항상 스스로 위태롭다.

|해설| 구사에게 구오와 육삼은 모두 위험한 존재다. 게다가 양으로서 음의 자리에 머
무르니 불안하고 두려울 일이 많다. 하지만 그 두려워하며 조심하는 자세를 잘
유지하면 마침내 길할 것이다.

九五, ⁽¹⁾夬履, 貞厲. 「象」曰: "夬履貞厲", 位正當也. 上九, 視履考⁽²⁾祥,
其⁽³⁾旋元吉. 「象」曰: 元吉在上, 大有慶也.⁶⁴

구오는 과감하게 결단해 행하니 바르더라도 허물이 있다. 「상전」에
서 말했다. "과감하게 결단해 행하니 바르더라도 허물이 있다"고 하니,
위치가 바로 그렇기 때문이다. 상구에서는 밟아 온 길을 보고 길한 조
짐을 상세히 살펴 순수함으로 되돌아가면 크게 길할 것이다. 「상전」에
서 말했다. "크게 길함이 상효에 있다"고 함은 크게 경사가 있음이다.

64 (1)夬履, 貞厲: 夬, 과감하게 결단함. 구오는 높은 위치에 있으므로 과감하게 결단하는
것이 자칫 지나치게 강한 것일 수 있다. 그래서 바르더라도 허물이 있다고 했다. (2)祥,
상서로운 조짐. (3)旋, 돌아감. 즉 이괘 초구의 순수한 바탕으로 돌아감을 뜻함.

10.7 視所履以考求其吉, 莫如旋而反下, 則獲應而有喜也.

| 번역 | 밟아 온 것을 보고 그 길함을 살펴 구하는 데 돌아 아래로 되돌아가
는 것보다 좋은 것은 없으니, 그러면 상응하는 것을 얻어 기쁨이 있
게 될 것이다.

| 해설 | 상구에서 '돌아 아래로 되돌아간다'는 것은 초구의 순수했던 바탕의 마음으로
되돌아간다는 뜻이다.

10.8 乘剛未安, 其進也寧旋.

| 번역 | 상구는 구오의 강한 것을 타고 있어 편안하지 않으니, 나아가느니
차라리 돌아가는 편이 낫다.

11

태

泰 ☷☰

泰, ⁽¹⁾小往大來, 吉亨. 「彖」曰: "泰, 小往大來, 吉亨." 則是天地交而萬
物通也, 上下交而其志同也. 內陽而外陰, 內健而外順, 內君子而外小
人, 君子道長, 小人道消也. 「象」曰: 天地交, 泰, 后以⁽²⁾財成天地之道,
輔相天地之宜, 以⁽³⁾左右民. 初九, 拔⁽⁴⁾茅茹, 以其彙征, 吉. 「象」曰: 拔
茅征吉, 志在外也. 九二, 包⁽⁵⁾荒, 用⁽⁶⁾馮河, 不遐遺, 朋亡, 得尙于中
行. 「象」曰: "包荒", "得尙于中行", 以光大也.[65]

태(泰)는 작은 것이 가고 큰 것이 오니 길하고 형통한다. 「단전」에서
말했다. "태(泰)는 작은 것이 가고 큰 것이 오니 길하고 형통한다"고 하
니 이는 하늘과 땅이 교감하여 만물이 소통하는 것이요, 위와 아래가 교
감하여 그 뜻이 같게 됨이다. 안은 양이고 밖은 음이요, 안은 강건하고
밖은 유순하며, 안은 군자이고 밖은 소인이요, 군자의 도는 자라나고 소
인의 도는 잦아든다. 「상전」에서 말했다. 하늘과 땅이 교감하니 태이

---

[65] (1)小往大來: 小는 음, 大는 양을 뜻하니, 이 구절은 음이 외괘로 가고 양이 내괘로 오는
것을 가리킨다. (2)財成, 裁成과 같은 뜻. (3)左右, 보우함. (4)茅茹: 茅(모), 띠풀. 茹, 식
물의 아래 부분, 즉 뿌리. (5)荒(황), 거칠다. (6)馮河, 맨몸으로 강을 건너다.

다. 군주는 하늘과 땅의 도를 마름질하여 완성하고 하늘과 땅의 마땅함을 보완해 도우며, 백성들을 보우한다. 초구는 띠의 엉켜 있는 뿌리를 뽑는 것인데 그 무리가 함께 가니 길하다. 「상전」에서 말했다. "띠를 뽑는데 함께 가니 길하다"는 것은 뜻이 밖에 있음을 말한다. 구이는 거친 것도 포용하고 맨몸으로 강을 건너는 방법을 사용하며 멀리 있는 것을 버리지 않고 붕당이 없으면 중도를 행하는 사람을 숭상할 수 있다. 「상전」에서 말했다. "거친 것을 포용하고" "중도를 행하는 사람을 숭상할 수 있는 것"은 빛나고 위대하기 때문이다.

11.1 中行, 中立之行也, 若朋比則未足尚也. <u>舜文之大</u>, 不是過也.

|번역| 중도를 행하는 것은 중의 위치에 서서 행하는 것이다. 붕당을 이루는 것은 숭상할 것이 못 된다. 순임금과 문왕의 위대함으로는 이러한 잘못을 하지 않았다.

九三, 无平不陂, 无往不復, 艱貞无咎, 勿恤其孚, 于食有福. 「象」曰: "无往不復", 天地際也.

구삼은 평평하기만 하고 기울어지지 않는 것은 없고 가기만 하고 돌아오지 않는 것은 없으니, 어렵지만 바르면 허물이 없다. 그 진실함을 근심하지 않으면 먹는 일에 복이 있을 것이다. 「상전」에서 말했다. "가기만 하고 돌아오지 않는 것은 없다"는 것은 하늘과 땅이 교제하는 것이다.

|번역| 교감하여 함께할 때이므로 경계를 드러낸 것이니, 어렵지만 바를
수 있다면 복을 누리는 것은 필연적이라 하겠다.

|해설| 태괘에서 구삼에 이르면 육사와 인접하게 된다. 음양의 교감이 시작되는 때이
다. 상대되는 것이 출현하므로 경계할 필요가 있다. 대립으로 어려울 수도 있다.
하지만 바른 자세를 유지한다면 길할 것이다.

六四, ⁽¹⁾翩翩, 不富以其鄰, 不戒以孚.「象」曰: "翩翩不富", 皆失實也,
"不戒以孚", 中心願也.⁶⁶

육사는 새가 무리지어 내려오듯이 부유하지 않으면서도 그 이웃과
함께하고 경계하지 않아도 진실함으로써 한다.「상전」에서 말했다. "새
가 무리지어 내려오듯 부유하지 않다"는 것은 모두 그 실(實)인 양을 잃
었기 때문이요, "경계하지 않아도 진실함으로써 한다"는 것은 충심으로
원하기 때문이다.

|번역| 음과 양이 그 본분에 편안하지 못하므로 집안이 부유하지 않고 마
음이 평안하지 않다.

66 (1)翩翩, 새가 가볍게 나는 모습.

|해설| 육사와 구삼만 보아도 음이 양 위에 있으니, 음양의 본분과는 맞지 않는다. 집안에서 음양의 조화가 깨지면 부유해질 수 없고 마음도 편치 못하다. "부유하지 않음"은 물론 음양의 조화가 깨진 결과로 보지 않을 수도 있다. 음의 속성을 '부유하지 않음'으로 이해하는 경우도 많이 있기 때문이다.

六五, (1)<u>帝乙歸妹</u>, 以(2)祉元吉. 「象」曰: "以祉元吉", 中以行願也.67

육오는 은나라의 제을이 여동생을 시집보내니 복을 받으며 크게 길하다. 「상전」에서 말했다. "복을 받으며 크게 길하다"고 한 것은 중도를 지켜 원하는 것을 행했기 때문이다.

11.4 雖陰陽義反, 取交際爲大義.

|번역| 비록 음과 양은 함의가 상반되지만 교제를 취함에 커다란 의의가 있다.

|해설| 육오인 제을의 여동생은 지체가 높은 귀족이요, 그녀와 상응하는 구이는 상대적으로 지위가 낮다. 하지만 둘이 교제하여 혼인을 하는 것은 음양의 조화라는 면에서 의의가 깊다.

上六, (1)城復于隍, 勿用師, 自邑告命, 貞吝. 「象」曰: 城復于隍, 其命亂也.68

---

67 (1)帝乙, 은나라의 제왕 이름으로 주(紂)의 아버지를 가리키는 것으로 추정한다. (2)祉(지), 福. 육오의 음과 구이의 양이 결합하여 복이 생겨남을 뜻한다.

상육에서는 성이 무너져 해자로 돌아가니 군대를 사용하지 말 것이다. 스스로 읍에 명을 고했으나 바르다고 해도 부끄럽게 된다. 「상전」에서 말했다. "성이 무너져 해자로 돌아간다"고 하니 그 명이 어지러운 것이다.

11.5 泰極則否, 非力所支, 故不可以師, 其勢愈亂. 貞, 以命令諭衆, 然終吝道也. 故知者先幾, 艱貞無咎, 著戒未然也.

|번역| 태평함이 극에 이르면 막히니 힘으로 지탱할 수 있는 것이 아니다. 그러므로 군대로 해서는 안 되거니와 그 형세는 더욱 어지러워진다. 바르게 하여 명령으로 무리를 일깨우나 끝내 부끄러운 도이다. 그러므로 지혜로운 자는 기미를 앞서 알아 어려움 속에서 바르면 허물이 없을 것이니, 아직 그렇게 되지 않았을 때 드러내어 경계하는 것이다.

|해설| 이 역시 물극필반의 이치이다. 태평함이 극한에 이르면 필연적으로 다시 어지러움이 싹틀 수밖에 없다. 그럴 때 억지로 사태를 되돌리려고만 해서는 안 된다. 이 또한 필연적인 추세임을 인정하고 바른 원칙을 유지하려 노력하는 것이 최선이다.

---

68 (1)城復于隍: 隍, 해자. 성을 쌓기 위해 땅을 파서 생긴 도랑. 이 구절은 태(泰)가 극한에 달해 비(否)로 전환하려는 시기에 성이 무너지는 것을 뜻함.

12

비

否

⁽¹⁾否之匪人, 不利君子貞, 大往小來.「彖」曰: “否之匪人, 不利君子貞, 大往小來.” 則是天地不交而萬物不通也, 上下不交而天下无邦也. 內陰而外陽, 內柔而外剛, 內小人而外君子, 小人道長, 君子道消也.「象」曰: 天地不交, “否”, 君子以儉德辟難, 不可榮以祿.⁶⁹

비(否)는 인도가 통하지 않는 시기이니, 군자가 바름을 지키는 데 유리하지 않다. 큰 것이 가고 작은 것이 온다.「단전」에서 말했다. “비(否)는 인도가 통하지 않는 시기이니, 군자가 바름을 지키는 데 유리하지 않다. 큰 것이 가고 작은 것이 온다”고 했으니, 하늘과 땅이 교감하지 않으니 만물이 소통하지 않으며, 위와 아래가 교감하지 않으니 천하에 나라다운 나라가 없다. 안은 음이고 밖은 양이요, 안은 부드럽고 밖은 강하며, 안은 소인이고 밖은 군자니, 소인의 도는 자라고 군자의 도는 잦아든다.「상전」에서 말했다. “하늘과 땅이 교감하지 않으니 ‘비’이다. 군자는

---

69 (1)否之匪人: 否, 막힘. 이 구절은 일반적으로 비(否)의 시기에는 인도(人道)가 통하지 않는다고 의역한다.

능력을 아끼어 어려움을 피하고 녹을 받는 것으로 영달해서는 안 된다.

12.1 蓋言上下不交便天下无邦, 有邦而與无邦同, 以不成國體也. 在天
下, 他國皆无道, 只一邦治, 亦不可言天下无道, 須是都不治然後
是天下无道也. 於否之時, 則天下无邦也. 古之人, 一邦不治, 別
之一邦, 直至天下皆无邦可之, 則止有隱耳. 无道而隱, 則惟是有
朋友之樂而已. ⁽¹⁾子欲居九夷, 未敢必天下之无邦, 或夷狄有道,
於今海上之國儘有仁厚之治者.⁷⁰

|번역| 위와 아래가 교감하지 않으니 천하에 나라가 없다는 말은 나라가
있어도 나라가 없는 것이나 마찬가지라는 뜻이니, 나라의 체통을
이루지 못하기 때문이다. 천하에 다른 나라들이 다 무도하지만 한
나라라도 다스려진다면 천하가 무도하다고는 말할 수 없을진대, 모
두 다 다스려지지 않아야 천하가 무도한 것이다. 비(否)의 상황일 때
는 천하에 나라다운 나라가 없다. 옛사람들은 한 나라가 다스려지
지 않으면 다른 나라로 갔거니와, 천하에 갈 만한 나라다운 나라가
하나도 없게 되면 숨을 따름이었다. 무도하여 숨으면 오직 친구와
지내는 즐거움만 있을 뿐이다. 공자께서는 아홉 오랑캐 땅에서 살
려고 하셨지, 천하에 나라다운 나라가 없다고 단정하지 않으셨다.
혹여 오랑캐에 도가 있다고 하면 오늘날 해상의 나라에 인자하고
두터운 다스림이 있을 것이다.

70 (1)子欲居九夷, 『論語』, 「子罕」, "공자께서 아홉 오랑캐 땅에서 살고 싶어 하셨다. 어떤
사람이 말했다. '누추할 텐데 어쩌려고 그러십니까?' 공자께서 말씀하셨다. '군자가 가
서 사는데 무슨 누추함이 있겠습니까?'"(子欲居九夷. 或曰, "陋, 如之何? 子曰, 君子居之,
何陋之有.")

初六, 拔茅茹, 以其彙, 貞吉亨. 「象」曰: "拔茅貞吉", 志在君也.

초육은 띠의 엉켜 있는 뿌리를 뽑는 것이니, 그 무리와 함께하되 바르면 길하고 형통한다. 「상전」에서 말했다. "띠의 엉켜 있는 것들을 뽑는데 바르면 길하다"는 것은 뜻이 훌륭한 군주를 기다리는 데 있음을 의미한다.

12.2 柔順處下, 居否以靜者也. 能以類正, 吉而必亨, 不事苟合, 志在
得主者歟!

|번역| 유순하게 아랫자리에 머무르니, 소통이 막힌 시기에 머물 때 고요함으로 처신하는 자이다. 같은 부류들과 함께하면서 바르게 할 수 있다면 길하고 틀림없이 형통할 것이다. 구차하게 영합하는 일을 하지 않으니 뜻이 군주를 얻는 데 있는 자이다.

|해설| 비(否)는 소통이 막힌 시기이니, 이때 초육은 아랫자리에서 조용히 친구들과 지내며 바름을 유지해야 한다. 그러면서 훌륭한 군주가 출현하기를 기다린다.

六二, 包承, 小人吉, 大人否, 亨. 「象」曰: "大人否, 亨", 不亂羣也.

육이는 포용하여 받드니 소인은 길하고 대인은 막히지만 형통한다. 「상전」에서 말했다. "대인은 막히지만 형통한다"는 말은 무리에 의해 어지럽혀지지 않는다는 뜻이다.

處二陰之間, 上順下容, 衆不可異, 故其道否乃亨.

|번역| 초육과 육삼의 두 음 사이에 처하여 윗사람에게 순종하고 아랫사람
은 포용하여 무리가 다르다고 여겨서는 안 된다. 그러므로 그 도는
막혀 있지만 형통한다.

|해설| 소통이 막힌 시기에 육이는 위로 순종하고 아래를 포용하며 상황에 순응함으로
써 다른 무리들이 그를 이상한 자로 여기지 않도록 해야 한다. 그래야 끝내는 형
통할 수 있다.

六三, 包羞. 「象」曰: "包羞", 位不當也.

육삼은 품고 있는 것이 부끄럽다. 「상전」에서 말했다. "품고 있는 것
이 부끄러운" 것은 위치가 합당하지 않기 때문이다.

12.4 處否而進, 履非其位, 非知恥者也.

|번역| 막힌 비(否)의 시기에 처하여 나아가지만 밟고 있는 위치가 바르지
않으니, 부끄러움을 아는 자가 아니다.

|해설| 육삼은 중도 아니고 바르지도 않은 소인을 상징한다. 그래서 소통이 막힌 시기
에 부끄러움을 모르고 나아가려고만 한다.

九四, 有命无咎, ⁽¹⁾疇離祉. 「象」曰: 有命无咎, 志行也.⁷¹

구사는 명한 바가 있으나 허물이 없어서 무리가 복을 받는다. 「상전」에서 말했다. "명한 바가 있으나 허물이 없다"는 것은 뜻이 행해지기 때문이다.

12.5 居否之世, 以陽居陰, 有應於下, 故雖有所命無咎也.

|번역| 막힌 비(否)의 시기에 처하여 양으로서 음의 위치에 머무니 아래 초구에서 응하는 것이 있다. 그래서 명하는 것이 있어도 허물이 없다.

|해설| 有命无咎에 대해서는 여러 가지 해석이 있다. 대표적으로 '천명에 따라 행동하면 허물이 없다'는 뜻으로 이해될 수 있다. 장재의 경우에는 이 구절을 비록 소통이 막힌 시기이지만, 구사의 위치에 있는 자가 초육에게 명령해도 크게 허물이 없다는 뜻으로 해석했다.

九五, 休否, 大人吉, 其亡其亡, (1)繫于苞桑. 「象」曰: "大人之吉", 位正當也. 上九, 傾否, 先否後喜. 「象」曰: 否終則傾, 何可長也!72

구오는 막힘이 그치니 대인의 길함이다. 망할까, 망할까 하며 뿌리가 더부룩한 뽕나무에 매달아 놓듯 단단히 방비한다. 「상전」에서 말했다. "대인의 길함이다"라고 한 것은 위치가 바르고 합당하기 때문이다. 상구는 막힌 것을 뒤집는 것이니 먼저 막혔으나 나중에는 기쁘다. 「상전」에서 말했다. 막힌 것이 끝나면 전복되니 어찌 오래갈 수 있겠는가!

---

71 (1)疇離祉: 疇, 儔와 같음. 동류. 離, 麗와 같음. 붙음. 같은 무리에 복이 붙음.
72 (1)繫于苞桑: 苞, 더부룩이 나다. 苞桑, 뿌리가 더부룩이 많이 나 있는 뽕나무.

12.6 以亡爲懼, 故能休其否.

|번역| 망할까 하는 것으로 두려워하므로 그 막힌 것을 그치게 할 수 있다.

|해설| 구오는 소통이 막힘이 계속되다가는 망할 것이라는 위기감이 극한에 달해 단단히 대책을 세우고 방비를 한다. 그래서 그 막힌 상황을 돌파할 수 있게 된다.

12.7 包桑, 從下叢生之桑, 叢生則其根牢.『書』云(1)"厥草惟包", 如竹叢蘆葦之類. 河朔之桑, 多從根斬條取葉, 其生叢然.[73]

|번역| 포상(包桑)은 아래에서부터 무더기로 생장하는 뽕나무로, 무더기로 생장하므로 그 뿌리가 튼튼하다.『상서』에 이르기를 "그 풀들이 무성하다"고 했는데, 대나무와 갈대 따위 같은 것들이다. 황하 북쪽의 뽕나무는 많은 경우에 뿌리에서부터 가지를 베고 잎을 취하는데, 그 생장하는 것이 무성하기 때문이다.

|해설| 구오 효사에 나오는 苞桑, 즉 뿌리가 더부룩한 뽕나무에 대해 설명하였다.

---

[73] (1)厥草惟包,『尚書』,「夏書」,「禹貢」, "厥草惟繇." "그 풀들이 무성하다." 원문은 繇인데, 장재는 인용문에서 包라고 했다. 모두 '무성하다'는 뜻이다.

13

동인
同人 ☰

同人于野, 亨, 利涉大川, 利君子貞.「彖」曰: "同人", 柔得位得中而應
乎乾, 曰同人. ⁽¹⁾同人曰"同人于野, 亨, 利涉大川", 乾行也. 文明以健,
中正而應, 君子正也. 唯君子爲能通天下之志.「象」曰: 天與火, 同人,
君子以類族辨物.⁷⁴

    들에서 사람들과 함께하면 형통한다. 큰 내를 건너는 데 이롭고 군자
가 바른 것이 이롭다.「단전」에서 말했다. '동인'은 부드러운 육이가 중
의 위치를 얻어 상괘의 건에 응하니, 동인이라고 한다. "들에서 사람들
과 함께하면 형통한다. 큰 내를 건너는 데 이롭다"고 했는데 이는 강건
함의 행함이다. 문채로 밝히고 강건하며 중정으로 응하는 것은 군자의
바름이다. 오직 군자만이 천하의 뜻에 통할 수 있다.「상전」에서 말했
다. "하늘과 불이 동인이니, 군자는 무리끼리 모으고 사물을 변별한다."

---

74 (1)同人曰, 이 세 글자는 보통 衍文으로 본다.

13.1 不能與人同, 未足爲正也.

|번역| 사람과 함께할 수 없다면 바르게 하기에 부족하다.

|해설| 동인(同人)괘는 사람들과 함께하고 단결한다는 뜻이므로 위와 같이 말했다.

13.2 天下之心, 天下之志, 自是一物, 天何常有如此間別!

|번역| 천하의 마음, 천하의 뜻은 자연히 하나이니, 하늘이 어찌 늘 그렇게 분별하겠는가!

|해설| 하늘은 자연이어서 만물을 생육할 때 이것과 저것을 분별하는 일이 없다. 천하 사람들의 마음과 뜻 역시 본래는 하나인데, 현실은 분열되어 있다. 오직 덕을 닦은 군자만이 이 분열된 마음과 뜻을 하나로 통일시킬 수 있다.

初九, 同人于門, 无咎. 「象」曰: 出門同人, 又誰咎也! 六二, 同人于宗, 吝. 「象」曰: "同人于宗", 吝道也. 九三, 伏戎于[1]莽, 升其高陵, 三世不興. 「象」曰: "伏戎于莽", 敵剛也, "三世不興", 安行也? 九四, 乘其[2]墉, 弗克攻, 吉. 「象」曰: "乘其墉", 義弗克也, 其"吉", 則困而反則也. 九五, 同人, 先號[3]咷, 而後笑, 大師克相遇. 「象」曰: [4]同人之先, 以中直也, 大師相遇, 言相克也. 上九, [5]同人于郊, 无悔. 「象」曰: "同人于郊", 志未得也.[75]

75 (1)莽, 우거진 풀숲. (2)墉, 담, 보루. (3)咷(도), 울다. (4)同人之先, 同人之先號咷而後笑의 준말. (5)同人于郊, '교외에서 사람들과 함께함'은 '들에서 사람들과 함께함(同人于野)'처

초구는 문에서 사람들과 함께하니 허물이 없다. 「상전」에서 말했다. 문을 나서서 사람들과 함께하니 누가 탓하겠는가! 육이는 집안에서 집안사람들하고만 함께하니 부끄럽게 된다. 「상전」에서 말했다. "집안에서 집안사람들하고만 함께한다"는 것은 부끄럽게 되는 길이다. 구삼은 군사를 풀숲에 매복시켜 놓고 높은 언덕에 올라 살피나 삼 년이 되어도 군사를 일으키지 못한다. 「상전」에서 말했다. "군사를 풀숲에 매복시켜 놓는 것"은 적이 강하기 때문이다. "삼 년 동안 군사를 일으키지 못하니" 어찌 행하겠는가? 구사는 담벼락에 올랐으나 공격하지 못하니 길하다. 「상전」에서 말했다. "담벼락에 오른 것"은 의리상 이기지 못했기 때문이다. 그것이 "길한 것"은 곤란을 당하여 원칙으로 돌아왔기 때문이다. 구오는 사람들과 함께하되 먼저 울부짖고 나서야 웃으니, 큰 군사를 일으켜 이겨야 서로 만난다. 「상전」에서 말했다. 사람들과 함께할 때 먼저 울부짖고 나중에 웃는 것은 중으로 곧기 때문이다. 큰 군사로 서로 만난다는 것은 서로 이겨 냄을 말한다. 상구는 교외에서 사람들과 함께하니 후회는 없다. 「상전」에서 말했다. "교외에서 사람들과 함께하는 것"은 사사로움이 남아 있어 아직 완전한 대동의 뜻을 얻지는 못한 것이다.

13.3 二與五應而爲他間, 己直人曲, 望之必深, 故號咷也. 師直而壯, 義同必克, 故遇而後笑.

|번역| 육이와 구오는 상응하지만 구삼과 구사의 다른 것들이 간섭한다.

럼 대동단결하지 못하고, 사사로움이 남아 있는 상태에 있다. 그래서 「상전」에서 아직 완전한 대동의 뜻을 얻지 못했다고 했다.

자신은 곧고 타인은 비뚤어졌으니 육이를 바라는 마음이 틀림없이 깊을 것이다. 그러므로 울부짖는다. 군사는 곧고 강성하니 뜻이 같으면 반드시 이긴다. 그러므로 만난 후에는 웃는다.

|해설| 구오의 상황에 대한 설명이다. 구오는 육이와 상응하여 함께할 수 있다. 하지만 중간에 다른 세력이 간섭하기 때문에 결합하기가 쉽지 않다. 그래서 처음에 구오는 육이와 만나기를 바라며 울부짖는다. 간섭하는 세력들을 물리치기 위해 군사를 일으키는데, 세력이 강하기 때문에 이기고 마침내 육이와 만나 웃게 된다.

14

대유

大有䷍

大有, 元亨. 「彖」曰: “大有”, 柔得尊位, 大中而上下應之, 曰大有. 其德
剛健而文明, 應乎天而時行, 是以元亨.

　　대유(大有)는 크게 형통한다. 「단전」에서 말했다. “대유”는 육오의 부
드러운 것이 존귀한 위치를 얻고 크게 중의 위치에 있으니 위와 아래가
그것에 응하므로 대유라고 한다. 그 덕은 강건하고 꾸며 밝혀 하늘에
응하며 시의적절하게 행하므로 크게 형통한다.

14.1 柔得盛位, 非所固有, 故曰大有.

| 번역 | 부드러운 것이 성한 위치를 얻는 것은 고유한 것이 아니므로 대유
라고 한다.

| 해설 | 일반적으로는 강한 양이 성한 위치인 오효에 위치해야 좋은 일로 평가된다. 그
러나 대유괘, 즉 '크게 지님'을 뜻하는 괘에서는 부드러운 음이 오효에 위치하는

것이 좋은 것으로 평가된다. 원래 지니지 않던 것을 크게 지닌다는 의미를 갖기 때문이다.

14.2 剛健故應乎天, 文明故時行.

|번역| 강건하므로 하늘에 응하고 꾸며 밝히므로 시의적절하게 행동한다.

|해설| 육오가 성한 위치에서 강건하므로 하괘의 하늘에 응하고 상괘인 이(離)는 불처럼 밝은 지혜를 가진 사람을 상징하므로 시의적절하게 행동한다.

「象」曰: 火在天上, "大有", 君子以遏惡揚善, 順天休命.

「상전」에서 말했다. 불이 하늘 위에 있으니 "대유"이다. 군자는 이를 본받아 악을 막고 선을 높여 하늘의 아름다운 명을 따른다.

14.3 柔能大有, 非天道也, 乃天命也, 故曰"順天休命." 遏惡揚善, ⁽¹⁾勉□也.⁷⁶

|번역| 부드러운 것이 크게 지닐 수 있는 것은 천도가 아니라 천명이다. 그러므로 "하늘의 아름다운 명을 따른다"고 했다. 악을 막고 선을 높이니 힘쓰는 것이다.

---

⁷⁶ (1)勉□也, 원문에 빠져 있는 것으로 추정되는 글자를 『장재집』에서 □로 표시했다. 번역은 어쩔 수 없이 勉 한 글자만 가지고 했다.

|해설| 천도가 아니라 천명이라는 말의 정확한 의미가 무엇인지 알기 어렵다. 추정하
자면 강자가 많이 가져야 하늘의 운행 원칙, 즉 천도에 부합되나, 뜻하지 않게
운명적으로 유약한 자가 많이 가질 수도 있으므로 천명이라 한 것 같다.

初九, 无交害, 匪咎, 艱則无咎. 「象」曰: 大有初九, 无交害也.

초구는 해로운 것과 교제가 없으니 허물이 아니다. 어렵게 여기면 허
물이 없다. 「상전」에서 말했다. 대유의 초구에서는 해로운 것과 교제가
없다.

14.4 二應於五, 三能自通, 四匪其旁, 惟初无交故有害, 然非其咎.

|번역| 구이는 육오와 상응하고 구삼은 스스로 소통하며, 구사는 옆에 있
는 구삼을 비판한다. 오직 초구만이 교제가 없으므로 해가 있으나
그의 허물이 아니다.

|해설| 초구만 빼고 나머지는 모두 소통한다는 뜻이다. 구이는 육오와 음과 양으로 상
응한다. 구삼이 스스로 소통한다는 말은 구삼이 스스로 천자에게 조공을 바쳐
소통한다는 뜻이다. 구사는 옆에 있는 구삼을 비방하지만 허물이 없다고 했다.

九二, 大車以載, 有攸往, 无咎. 「象」曰: "大車以載", 積中不敗也. 九
三, 公用[(1)]亨于天子, 小人弗克. 「象」曰: 公用亨于天子, 小人害也.[77]

77 (1)亨, 享과 같다. 여기서는 조공을 바친다는 뜻.

구이는 큰 수레에 실었으니 갈 곳이 있어야 허물이 없다. 「상전」에서 말했다. "큰 수레에 실었다"는 것은 가운데에 실어도 무너지지 않는다는 뜻이다. 구삼은 왕공이 천자에게 조공을 바치나 소인은 그러지 못한다. 「상전」에서 말했다. 왕공은 천자에게 조공을 바쳤으나 소인은 그러지 못하니 해롭다.

14.5 非柔中文明之主不能察, 非剛健不私之臣不能通, 故曰"小人弗克".

|번역| 부드럽고 중의 위치에 있으면서 꾸며 밝히는 군주가 아니라면 살필수 없고, 강건하면서 사사롭지 않은 신하가 아니라면 소통할 수 없다. 그래서 "소인은 그러지 못한다"고 했다.

|해설| 구삼은 강건하고 사사로운 마음이 없는 신하로서 주동적으로 육오의 부드러우면서 밝은 지혜를 가진 군주와 소통할 수 있다. 소인은 그러지 못한다.

九四, [(1)]匪其彭, 无咎. 「象」曰: "匪其彭无咎", 明辯晢也. 六五, 厥孚交如, 威如, 吉. 「象」曰: "厥孚交如", 信以發志也, "威如之吉", 易而无備也.[78]

구사는 그 곁에 있는 자를 비판하나 허물이 없다. 「상전」에서 말했

---

[78] (1)匪其彭: 彭은 지나치게 많음, 성대함을 뜻하니, 일반적으로는 '지나치게 성대하지 않음'이라고 풀이한다. 그러나 장재는 14.4에서 보듯 匪其旁, 즉 '곁에 있는 자를 비판한다'는 뜻으로 풀이했다.

다. "그 곁에 있는 자를 비판하나 허물이 없다"는 것은 밝게 분별하는 지혜로 하기 때문이다. 육오는 그 진실함으로 교제하되 위엄이 있으면 길하다. 「상전」에서 말했다. "그 진실함으로 교제한다"는 것은 신실함으로 뜻을 표현하는 것이다. '위엄이 있는 길함'이란 친근하면서 방비함이 없는 것이다.

14.6 人威重有德望, 則人自畏服, 『易』曰: "厥孚交如威如吉", 君子以至誠交人, 然後有威重. "威如之吉, 易而無備也", 君子至平易, 有何[(1)]關防擬備? 惟以[(2)]抑抑威儀爲德之隅. 儼然人望而畏之, 既易而無備, 則威如乃吉也.[79]

|번역| 사람이 위엄이 대단하고 덕망이 있으면 사람들은 자연히 두려워하면서 복종한다. 『주역』에서는 "그 진실함으로 교제하되 위엄이 있으면 길하다"고 했다. 군자는 지극정성으로 남과 교제해야 위엄이 대단해진다. "위엄이 있는 길함이란 친근하여 방비함이 없기 때문이다"라고 했다. 군자는 지극히 겸손하고 친근하니 무슨 닫고 막고 헤아려 방비할 것이 있겠는가? 오직 풍채가 당당하고 우아하면 인품이 바르다. 장중하여 사람들이 바라보면 두려워한다. 친근하며 방비함이 없을진대 위엄이 있어 길하게 된다.

|해설| "위엄이 있는 길함"이 무엇을 뜻하는지 설명하였다. 이 구절에 대한 이해는 「상전」의 설명인 "易而无備也"를 어떻게 해석하느냐에 따라 달라진다. 일반적으로

---

79 (1)關防擬備, 문을 닫고 막으며 미리 헤아려 대비한다는 뜻. (2)抑抑威儀爲德之隅, 『詩經』, 「大雅」, 「抑」, "抑抑威儀, 維德之隅." "풍채가 당당하고 우아하며 인품이 바르네." 抑抑, 주의 깊고 세심한 모양. 隅, 모서리. 여기서는 품행이 방정함을 뜻함.

이 설명은 "육오가 위엄이 없으면 다른 이들이 그를 쉽게 보아(易) 경계함이 없다"로 해석된다. 그러나 장재는 이 구절을 그렇게 해석하지 않고 "육오가 친근하여(易) 방비함이 없다"로 해석하였다. 친근하여 남이 자신을 혹 속이지 않을까 하고 대비하는 일이 전혀 없어도 사람들은 그의 인품이 묻어나오는 행위를 보며 자연스럽게 함부로 대하지 않는다는 설명이다.

上九, 自天祐之, 吉无不利.「象」曰: 大有上吉, 自天祐也.

상구는 하늘이 도우니 길하여 이롭지 않음이 없다.「상전」에서 말했다. 대유의 상구가 길한 것은 하늘이 돕기 때문이다.

14.7 以剛而下柔, 居上而志應於中, 故曰履信思順, 又以尚賢, 蓋五陽一陰, 又無物以間焉耳. 剛柔相求, 情也, 信也.

|번역| 상구의 강함으로 부드러운 육오의 아래에 있으며, 위에 머물면서 뜻은 육오의 가운데와 응한다. 그러므로 행동이 신실하고 생각이 순조로우며 또 육오의 현자를 숭상한다. 이는 양이 다섯이고 하나가 음이며 또한 어떤 것도 거기에 간섭하지 않기 때문이다. 강한 것과 부드러운 것이 서로를 구하는 것이 정리이고 진실이다.

|해설| 상육은 양의 강한 덕을 지니고도 음의 부드러운 육오, 즉 군주보다 지위가 낮다. 그렇지만 그는 부드러운 덕을 지닌 군주와 뜻이 서로 맞아 생각과 행동이 모두 통한다. 대유괘는 양이 다섯 개이고 음은 육오 하나이지만, 다른 어떤 것도 간섭하지 않는다. 다섯 양이 하나의 음을 향해 받드는 형상이다. 장재는 이렇게 음과 양, 강한 것과 부드러운 것이 서로 의존하고 서로 협력하는 것을 인심의 정리에 맞는 것, 진실에 부합하는 것이라 말하고 있다.

15

겸

謙

謙, 亨, 君子有終. 「象」曰: 謙, 亨. 天道下濟而光明,

　겸은 형통하니 군자는 그런 태도를 종신토록 지닌다. 「단전」에서 말했다. 하늘의 도가 아래로 베풀어져 밝게 빛난다.

15.1 止於下, 故光明.

|번역| 아래에서 머문다. 따라서 밝게 빛난다.

|해설| 하괘 간(艮)에는 머문다(止)는 뜻이 있다. 그래서 장재는 아랫자리에서 겸손하게 머물기 때문에 그 겸손한 덕이 밝게 빛난다고 했다.

地道卑而上行. 天道虧盈而益謙, 地道變盈而流謙, 鬼神害盈而福謙, 人道惡盈而好謙. [(1)]謙尊而光, 卑而不可踰, 君子之終也.[80]

땅의 도는 낮지만 위로 올라가 행한다. 하늘의 도는 가득 찬 것을 이지러지게 하여 겸손한 것에 보태 주고, 땅의 도는 가득 찬 것을 변하게 하여 겸손한 데로 흐르게 한다. 귀신은 가득 찬 것을 해쳐 겸손한 것에 복을 주고 인간의 도는 가득 찬 것을 싫어하고 겸손한 것을 좋아한다. 겸은 높여도 빛나고 낮춰도 아무도 넘어설 수 없으니, 군자는 종신토록 지켜야 할 것이다.

15.2 人樂尊之, 故光而不揜, 志下於人, 故人不能加. 天以廣大自然取貴, 人自要尊大, 須意·我·固·必, 欲順己尊己, 又悅己之情, 此所以取辱取怒也. "謙尊而光, 卑而不可踰", 夫尊者謙則更光, 卑者已謙, 又如何踰之! 此天德至虛者焉. 以其能謙, 故尊而益光, 卑又無人可踰, 蓋已謙矣, 夫如何踰越也! 謙, 天下之良德.

|번역| 사람들이 즐거이 존숭하므로 빛나 가려지지 않으며, 뜻이 사람들에게 내려 주는 데 있으므로 사람들은 더 보탤 수가 없다. 하늘은 광대하고 자연스러움으로 귀함을 얻으나, 사람들은 스스로 존귀하고 크게 되려고 하니, 사려하고(意), '내'가 있고(我), 고집하고(固), 기필하며(必), 자기를 따르고 자기를 높이려 하며, 자기 감정을 즐겁게 하려 하니, 이것이 치욕을 취하고 노기를 취하는 까닭이다. "겸은 높이니 빛나고 낮추니 넘어설 수 없다"고 했다. 존숭받는 자가 겸손하면 더욱 빛나고 낮추는 자는 이미 겸손할진대 어떻게 넘어서겠는가!

80 (1)謙尊而光, 卑而不可踰. 일반적으로 이 구절은 "겸은 상대를 높여도 자신이 빛나고, 자신이 낮아도 아무도 넘어설 수 없다"로 해석된다. 그러나 아래에서 장재는 이 구절을 "겸손함은 사람들이 (나를) 존숭하니 (겸손하여 더욱) 빛나고 (내가 자기를) 낮추니 (다른 사람들이) 넘어설 수 없다"는 뜻으로 풀이했다.

이는 하늘의 덕의 지극히 허함이다. 그가 겸손할 수 있기 때문에 높이면 더욱 빛나고 낮추어도 아무도 넘어설 수 없다. 이미 겸손할진대 어떻게 넘어서겠는가! 겸손은 천하의 훌륭한 덕이다.

|해설| 하늘은 자연스럽게 만물을 생육하는 일을 하니, 사람들이 그것을 존귀하게 여기지, 하늘 스스로 자신을 존귀하고 위대하다고 하지 않는다. 하늘은 지극히 겸허한 자에 비유할 수 있다. 그에 반해 보통 사람은 자신을 높이려 한다. '나'를 중심으로 생각하고 행동하기 때문이다. 이에 겸손의 덕이 중요하다. 존숭을 받는 자가 겸손하면 그 사람은 더욱 빛나고 자신을 낮추는 자라면 그는 이미 겸손하기 때문에 아무도 그를 함부로 대하지 못한다.

「象」曰: 地中有山, 謙, 君子以⁽¹⁾裒多益寡, 稱物平施.⁸¹

「상전」에서 말했다. 땅 속에 산이 있으니, 겸이다. 군자는 이에 많은 것을 덜어 내고 적은 것을 보태 주며, 사물을 저울질해 공평하게 베푼다.

15.3 隱高於卑, 謙之象也.

|번역| 높은 것을 낮은 데 숨기고 있는 것이 겸의 형상이다.

|해설| 높은 산이 낮은 땅 밑에 있는 것 같은 것이 곧 겸손이다. 겸손의 덕은 높지만 자신을 낮추는 것이다.

---

81 (1)裒多: 裒(부), 덜다, 줄다. 裒多, 많은 것을 덜어 내다.

15.4 『易』⁽¹⁾大象皆是實事, 卦爻小象則容有寓意而已. 言⁽²⁾"風自火出
家人", 家人之道必烹飪始; 風, 風也, 教也, 蓋言教家人之道必自
此始也. 又如言⁽³⁾"木上有水井", 則明言井之實事也. 又言"地中有
山謙", 夫山者崇高之物, 非謙而何! 又如言"雲雷屯", 雲雷皆是氣
之聚處, 屯, 聚也.⁸²

| 번역 | 『주역』의 대상(大象)은 모두 실제의 일인 데 비해, 괘효의 소상(小象)
은 깃들어 있는 뜻을 포함할 따름이다. "바람이 불에서부터 나오니
가인(家人)이다"라고 한 것은 집안사람의 도가 반드시 요리를 하는
데서 시작됨을 뜻한다. 풍(風)은 바람이요, 가르침이니, 집안사람을
가르치는 도가 반드시 여기에서 시작되어야 함을 말한다. 또 예컨
대 "나무 위에 물이 있는 것이 정(井)이다"라고 하니, 우물을 긷는 실
제의 일을 분명히 말하고 있다. 또 "땅속에 산이 있으니, 겸이다"라
고 했다. 산이란 높은 것이니, 겸손이 아니면 무엇이겠는가! 또 예컨
대 "구름과 우레로 이루어진 것이 둔(屯)이다"라고 했다. 구름과 우
레는 모두 기가 모이는 지점이니, 둔(屯)은 모이는 것이다.

| 해설 | 『주역』의 대상전이 모두 실제의 일을 반영한 것임을 예를 들어 설명하였다. 가
인괘의 불을 붙여 요리를 함을, 정괘에서는 우물에서 물을 길음을, 겸괘에서는
겸손함을, 둔괘에서는 기의 모임을 뜻한다고 하여 모두가 실제적인 일을 반영
하고 있음을 밝혔다.

---

⁸² (1)大象: 대상은 괘상을, 소상은 효상을 가리킨다. (2)風自火出家人, 『周易』, 「家人」, 「象
傳」, "바람이 불에서부터 나오니 가인이다." 가인괘의 괘상은 ䷤이다. 상괘, 손(巽)은 바
람이고, 하괘 이(離)는 불이다. 불이 크게 타오르면 바람을 내듯, 집안에서 바깥으로 영
향을 주는 것을 상징한다. (3)木上有水井, 『周易』, 「井」, 「象傳」, "木上有水, 井" "나무 위
에 물이 있으니 정이다." 정괘의 괘상은 ䷯이다. 하괘 손(巽)은 나무이고, 상괘 감(坎)은
물이다. 물이 우물 위에 있어서 그것을 끌어올리는 것을 뜻한다.

15.5 多者寡者皆量宜下之.

|번역| 많은 것이든 적은 것이든 다 적합한 만큼 헤아려 아래로 베푼다.

初六, 謙謙君子, 用涉大川, 吉. 「象」曰: “謙謙君子”, 卑以自牧也.

초육은 겸손하고 겸손한 군자이니, 큰 내를 건너더라도 길하다. 「상전」에서 말했다. “겸손하고 겸손한 군자이다”라고 한 것은 낮추어 스스로 힘쓴다는 뜻이다.

15.6 牧, 逸[83]也.

|번역| 목(牧)은 힘쓴다는 뜻이다.

六二, [(1)]鳴謙, 貞吉. 「象」曰: “鳴謙貞吉”, 中心得也.[84]

육이는 겸손함이 드러나 울리니 바르고 길하다. 「상전」에서 말했다. “겸손함이 드러나 울리니 바르고 길하다”는 것은 마음속으로 얻은 것이다.

---

[83] 〈중화 주석〉 逸은 勉의 오류인 것 같다.
[84] (1)鳴謙: 안에 있는 소리가 밖으로 울려 나오듯, 겸손한 덕이 쌓여 자연스럽게 밖으로 드러난다.

15.7 體柔居正, 故以謙獲譽, ⁽¹⁾與上六之鳴異矣, 故曰"貞吉", [中心安之也].⁸⁵

|번역| 몸이 부드럽고 바름에 머물기 때문에 겸손함으로 영예를 획득하니, 상육의 울림과는 다르다. 그래서 "바르고 길하다"고 했으니, 마음속으로 그것에 편안한 것이다.

|해설| 육이는 중의 자리에 위치하고 바름으로써 겸손하게 행동하기 때문에 영예를 얻는다. 반면 상육은 음효의 미약한 자리에 있어 겸손해도 작은 범위를 다스리는 데 머문다.

九三, 勞謙, 君子有終, 吉. 「象」曰: 勞謙君子, 萬民服也.

구삼은 공로가 있으면서 겸손하니, 군자가 종신토록 이런 태도를 지니면 길하다. 「상전」에서 말했다. 공로가 있으면서 겸손한 군자는 만민이 복종한다.

15.8 (中心安之也.) 有終則吉, 人所難能.

|번역| 종신토록 이런 태도를 지니면 길하니, 사람이 그렇게 하기 어려운

---

85 (1)與上六之鳴異矣, 육이는 겸손한 덕이 제대로 발휘되어 영예를 얻는다. 이와는 달리 상육은 겸손의 덕은 발휘하지만 적합한 위치에 있지 못하기 때문에 작은 범위 안에서 현재의 상태를 유지하는 데 머문다. 〈중화 주석〉 이 다섯 글자는 원래 구삼효 아래에 잘못 배치되어 있었다.

것이다.

六四, 无不利, (1)撝謙. 「象」曰: "无不利撝謙", 不違則也.[86]

육사는 겸손함을 분산해 발휘함에 이롭지 않음이 없다. 「상전」에서
말했다. "겸손함을 발휘함에 이롭지 않음이 없다"는 것은 법도에 어긋
나지 않는 것이다.

15.9 裒多益寡, 無不盡道, 舉措皆謙.

|번역| 많은 것에서 취해 적은 것에 보태 주니 도를 다하지 않음이 없고, 조
치가 모두 겸손하다.

|해설| 육사는 위험한 자리이다. 그래서 특히 겸손함이 더욱 요구된다. 육오에 대해서
도 겸손해야 하고 아래에 대해서도 교만해서는 안 된다.

六五, 不富以其鄰, 利用侵伐, 無不利. 「象」曰: 利用侵伐, 征不服也.
上六, 鳴謙, 利用行師征邑國. 「象」曰: "鳴謙", 志未得也, 可用行師, 征
邑國也.

육오는 부유하지 않으면서 이웃과 함께하며, 군대로 정벌해도 이로
우니 이롭지 않음이 없다. 「상전」에서 말했다. 군대로 정벌해도 이롭다
는 것은 복종하지 않는 것을 정복한다는 뜻이다. 상육은 겸손함을 드러

---

86 (1)撝謙: 撝(휘), 찢다, 분산하다, 발휘하다. 겸손한 덕을 위아래로 잘 분산해 발휘한다.

내 울림이니, 군대를 움직여 읍국을 정벌하는 것이 이롭다. 「상전」에서 말했다. "겸손함이 드러나 울린다"는 말은 뜻을 아직 얻지 못한 것이고, 군대를 움직여서 읍국을 정벌할 수 있다.

15.10 下應於三, 其跡顯聞, 故曰"鳴謙", 最上用謙, 爲衆所服, 故"利用
行師". 然聲鳴其謙, 必志有求焉, 非如六二之正也, 三止於下, 如
邑國之未[(1)]賓也.[87] 一云: 鳴謙則師有名.

|번역| 상육은 아래로 구삼에 응하니, 그 자취가 드러나 알려지므로 "겸손함이 드러나 울린다"고 했다. 가장 위에 있으면서 겸손한 덕을 사용하여 대중들이 복종하므로 "군대를 움직이는 것이 이롭다." 그러나 그 겸손함을 소리 내어 울릴 때 반드시 뜻으로 구하는 일이 있어야하니, 상육이 육이의 바름과 같지 않은 점은 마치 읍국이 복종하지 않듯이 구삼이 아래에서 저지하기 때문이다. 어떤 곳에서는 "겸손을 드러내울리면 군대가 이름이 난다"고 했다.

|해설| 겸괘의 상육은 육이와 마찬가지로 겸손함을 밖으로 표출해 사람들에게 알려진다. 하지만 육이와는 달리 바른 위치에 있지 않고 구삼이 상육에 복종하지 않으므로, 군대를 봉읍을 지키기 위해 움직이는 데 사용하는 데 그칠 따름이다.

---

[87] (1)賓, 복종함, 귀순함.

16

예

豫

豫, 利建侯行師.「彖」曰: 豫, 剛應而志行, 順以動, 豫. 豫順以動, 故天
地如之, 而況建侯行師乎?

　예(豫)는 제후를 세우고 군대를 움직이는 것이 유리하다.「단전」에서
말했다. 예는 구사의 강한 것이 응하여 뜻이 행해지니, 때에 순응하여
움직이는 것이 예(豫)이다. 예는 때에 순응하여 움직이니, 천지도 그와
같은데 하물며 제후를 세우고 군대를 움직이는 일이랴?

16.1　上動而下不順, 非建侯行師之利也.

|번역| 위에서 움직이는데 아래에서 순응하지 않는 것은 제후를 세우고 군
　　　대를 움직이는 데 이로운 것이 아니다.

|해설| 예(豫)괘는 상괘가 움직임을 상징하는 진(震)이고, 하괘는 무리의 순응함을 상
　　　징하는 지(地)이다. 이에 근거해 장재는 위에서 움직이고, 아래에서 순응하면

제후를 세우고 군대를 움직이는 데 이롭지만, 아래에서 순응하지 않으면 제후를 세울 수도 없고 군대를 움직일 수도 없다고 했다.

天地以順動, 故日月不過, 而四時不忒, 聖人以順動, 則刑罰淸而民服. 豫之時義大矣哉. 「象」曰: 雷出地奮, 豫, 先王以作樂崇德, [(1)]殷薦之上帝, 以配祖考.[88]

천지가 때에 순응하여 움직이니 일월이 규칙을 어기지 않고 사계절이 어긋나지 않으며, 성인이 때에 순응하여 움직이니 형벌이 분명하고 백성이 복종한다. 예괘의 때의 의미는 중대하다. 「상전」에서 말했다. 우레가 땅속에서 나와 분출하는 것이 예이니, 선왕은 이를 본받아 악(樂)을 만들고 덕을 높여, 성대하게 상제에게 제사 지내고 조상도 함께 제사 지낸다.

16.2 王者之樂, 莫大於是.

|번역| 왕 노릇하는 자의 음악으로 이보다 더 중대한 것은 없다.

|해설| 상제와 조상에게 제사 지낼 때 연주하는 음악은 매우 성대한 것이었으니, 군주에게 이는 매우 중요하였다.

初六, 鳴豫, 凶. 「象」曰: 初六"鳴豫", 志窮凶也.

---

[88] (1)殷薦之上帝: 殷, 성함. 성대함. 薦, 제사 지냄. 상제에게 성대하게 제사 지낸다.

초육은 기쁨을 드러내어 울리니 흉하다. 「상전」에서 말했다. "기쁨을 드러내어 울린다"는 것은 뜻이 궁하여 흉한 것이다.

16.3 知幾者上交不諂, 今得應於上, 豫獨著聞, 終凶之道也. 故凡豫之理, 莫若安其分, 動以義也.

|번역| 기미를 아는 자는 윗사람과 교제할 때 알랑대지 않는데, 지금 위로 상응함을 얻었다고 하여 기뻐함이 드러나 알려지는 것은 종국에는 흉하게 되는 길이다. 그러므로 모든 기뻐하는 이치는 그 본분에 편안해하면서 시의에 맞게 움직이는 것이 가장 좋다.

|해설| 초육은 위로 구사와 상응한다. 그러나 낮은 위치에 있으면서 구사의 힘만 믿고 알랑대며 기쁨을 드러내고 다니면 결국은 흉한 일을 당하게 된다.

六二, [(1)]介于石, 不終日, 貞吉. 「象」曰: "不終日貞吉", 以中正也. 六三, [(2)]盱豫悔, 遲有悔. 「象」曰: "盱豫有悔", 位不當也. 九四, [(3)]由豫, 大有得, 勿疑, [(4)]朋盍簪. 「象」曰: "由豫大有得", 志大行也. 六五, 貞疾, 恒不死. 「象」曰: 六五"貞疾", 乘剛也, "恒不死", 中未亡也. 上六, [(5)]冥豫成, 有渝无咎. 「象」曰: "冥豫"在上, 何可長也?[89]

육이는 견고함이 돌 같아 종일 기다릴 필요도 없이 바르니 길하다.

---

[89] (1)介于石: 介, 절개, 견고함. 于, 如. 견고함이 돌 같다. (2)盱(우), 눈을 크게 치켜 뜸. (3)由豫, 구사 자신으로 말미암아 다른 이들이 기뻐한다. (4)朋盍簪: 盍, 합침, 모음. 비녀로 흩어진 머리를 모으듯 친구를 모은다. (5)冥豫, 어두운 즐거움에 빠짐.

「상전」에서 말했다. "종일 기다릴 필요도 없이 바르니 길하다"고 한 것은 중정하기 때문이다. 육삼은 눈을 위로 치켜 떠 눈치를 보며 즐거워하니 뉘우침이 있을 것이고 더딜수록 더욱 뉘우침이 있을 것이다. 「상전」에서 말했다. "눈을 위로 치켜 떠 눈치를 보며 즐거워하니 뉘우침이 있을 것이다"라고 한 것은 위치가 합당하지 않기 때문이다. 구사는 자신으로 말미암아 즐거워하니 크게 얻는 것이 있을 것이고, 의심하지 않으면 벗이 마치 비녀로 머리를 묶듯이 모일 것이다. 「상전」에서 말했다. "자신으로 말미암아 즐거워하니 크게 얻는 것이 있을 것"이라고 한 것은 뜻이 크게 행해지는 것이다. 육오는 바르되 병들었으나 늘 죽지 않는다. 「상전」에서 말했다. 육오가 "바르되 병들었다"는 것은 구사의 강함을 타고 있음이요, "늘 죽지 않는다"는 것은 중의 위치를 잃지 않았음을 뜻한다. 상육은 즐거움에 빠져 어두운 것이 되었으나 변화하면 허물이 없다. 「상전」에서 말했다. "즐거우면서 어두운 것"이 위에 있으니 어찌 오래갈 수 있겠는가?

16.4 "不終日貞吉", 言疾正吉也. 六二以陰居陰, 獨無累於四, 故其介如石, 雖體柔順, 以其在中而靜, 何俟終日, 必知幾而正矣. 體順用中, 以陰居陰, 堅介如石, 故在理則悟, 爲豫之吉莫甚焉, 不以悅豫而流也.

|번역| "종일 기다릴 필요도 없이 바르니 길하다"는 것은 재빨리 바르면 길함을 말한다. 육이는 음으로서 음에 머무르니 홀로 구사에 얽매이는 일이 없었다. 그래서 그 견고한 것이 돌 같다. 비록 체질은 유순하지만 그는 중의 위치에 있으면서 고요하다. 어찌 종일토록 기다

리겠는가? 틀림없이 기미를 알아 바르게 된다. 몸이 유순하고 중을 사용하여 음으로서 음에 머무르니, 견고한 것이 돌 같다. 그래서 이치에 있으면 깨닫는다. 미리 대비함(豫)이 길한 것이 이보다 더한 것이 없으니, 기뻐하여 한쪽으로 흐르지 않는다.

|해설| 이 단락의 대부분 내용은 『정몽』「대역편」 14.48에 중첩되어 나온다. 다른 점은 『정몽』에서는 육이를 공자로 대체하고 있다는 것이다. 해설은 14.48을 참조하라.

17

수

隨

隨, 元亨, 利貞, 无咎. 「彖」曰: 隨, 剛來而下柔, 動而說. 隨, 大亨, 貞无
咎, 而天下隨時. 隨時之義大矣哉! 「象」曰: 澤中有雷, 隨, 君子以⁽¹⁾嚮
晦入宴息.⁹⁰

수(隨)는 크게 형통하니 바르게 하는 것이 이롭고 허물이 없다. 「단
전」에서 말했다. 강한 것이 와서 부드러운 것에 낮추니, 움직이고 기뻐
하는 것이 수이다. 크게 형통하여 바르게 하여 허물이 없으니, 천하가
때를 따른다. 때를 따른다는 의미는 중대하다! 「상전」에서 말했다. 못
속에 우레가 있는 것이 수이니, 군자는 날이 저물어가면 들어가 편안히
쉰다.

17.1 上九, 下居於初也, 故曰"剛來下柔".

---

90 (1)嚮晦入宴息: 嚮은 向. 嚮晦는 어둠으로 향해 감. 날이 어둠으로 향해 가면 집에 들어
가 쉰다.

| 번역 | 상구가 내려와 초구에 머물기 때문에 "강한 것이 와서 부드러운 것에 낮춘다"고 했다.

| 해설 | "강한 것이 와서 부드러운 것에 낮춘다"는 말을 괘변설(卦變說)에 따라 설명했다. 隨괘䷐는 否괘䷋가 변한 것이다. 즉 비괘의 상구가 내려와 초구가 되고, 초육이 올라가 상육이 되었다는 것이다.

初九, [1]官有渝, 貞吉, 出門交有功. 「象」曰: "官有渝", 從正吉也, "出門交有功", 不失也.[91]

　　초구는 주장에 변화가 생긴 것으로 바르면 길하다. 문을 나가 교제하면 공이 있을 것이다. 「상전」에서 말했다. "주장에 변화가 생겼다"는 것은 바른 것을 따라 길함을 말한다. "문을 나가 교제하면 공이 있다"는 것은 바름을 잃지 않음이다.

17.2 言凡所治務能變而任正, 不[1]膠柱也. 處隨之初, 爲動之主, 心無私係, 故能動必則義, 善與人同者也.[92]

| 번역 | 무릇 정무에 능히 변통해야 맡은 일이 바르게 되지 한 가지 원칙만 고집하지 않음을 말한다. 수(隨)괘의 초구에 처하여 움직임의 주인이 되고 마음에 사사로이 묶임이 없다. 그래서 움직이면 틀림없이

91　(1)官, 마음으로 지키는 생각이나 주장.
92　(1)膠柱: 膠柱鼓瑟에서 나온 말. 비파나 현금의 기러기발에 아교를 붙이면 한 가지 소리밖에 내지 못하듯이 한 가지 원칙만 고집하며 융통성이 없음.

의를 따를 수 있고 타인과 잘 지내는 자이다.

|해설| 수(隨)괘 역시 여러 다른 괘들과 마찬가지로 시의(時義)를 강조하고 있는데, 이
는 장재 철학이 전체적으로 중시하는 것이기도 하다. 이로 인해 따르는 일에 대
해 논할 때도 원칙을 지키되 때에 적절하게 변통할 것을 강조하고 있다.

六二, 係小子, 失丈夫.「象」曰: "係小子", 弗兼與也. 六三, 係丈夫, 失
小子, 隨有求得, 利居貞.「象」曰: "係丈夫", 志舍下也.

　육이는 젊은 남자에 얽매여 남편을 잃는다.「상전」에서 말했다. "젊
은 남자에 얽매이면" 두루 함께하지 못한다. 육삼은 남편에 매여 젊은
남자를 잃으니, 수의 시기에 구하는 것이 있어 얻지만 바름에 머물러야
이롭다.「상전」에서 말했다. "남편에 매인다"는 것은 뜻이 아래에 있는
젊은 남자를 버리는 데 있다.

17.3 舍小隨大, 所求可得, 必守正不邪乃吉.

|번역| 작은 것을 버리고 큰 것을 따라야 구하는 것을 얻을 수 있으니, 반드
시 바른 것을 지키고 삿되지 않아야 길하다.

|해설| '작은 것'이란 젊은 남자를, '큰 것'이라 자신의 남편을 상징한다. 남편을 따르고
젊은 남자를 버리는 것이 바름을 지키는 일이다.

九四, 隨有獲, 貞凶, 有孚在道, 以明, 何咎!「象」曰: "隨有獲", 其義凶

也, "有孚在道", 明功也.

　　구사는 민심이 그를 따라 얻는 것이 있으나 바르더라도 구오로 인해 흉하다. 진실한 마음으로 도에 근거해 밝히면 무슨 허물이 있겠는가! 「상전」에서 말했다. "민심이 따라 얻는 것이 있다"는 것은 그 의미가 흉하고, "진실한 마음으로 도에 근거한다"는 것은 공을 밝히는 것이다.

17.4 以陽居陰, 利於比三則凶也. 處隨之世, 爲衆所附, 苟利其獲, 凶之道也. 能以信存道, 則功業可明, 無所咎矣.

|번역| 육사는 양으로 음에 머물며 육삼을 가까이함을 이롭게 여기면 흉하다. 수(隨)의 때에 처하여 대중이 붙어 그 얻은 것을 이롭게 여긴다면 그것은 흉한 도이다. 신실함으로 도를 보존할 수 있다면 공과 업적이 밝아져 허물로 여길 만한 것이 없게 된다.

|해설| 육사는 군주 바로 밑에 있는 신하를 상징하는 경우가 많다. 육삼 혹은 백성이 그를 따르는데, 이를 좋은 일로만 여긴다면 흉한 일이 닥칠 수 있다. 구오인 군주가 이를 위태롭게 생각할 수 있기 때문이다. 그래서 신실함으로 원칙을 지키며 공과 업적을 밝혀야만 허물이 없게 된다.

九五, 孚于嘉, 吉. 「象」曰: "孚於嘉吉", 位正中也. 上六, 拘係之, 乃從 (1)維之, 王用亨于西山. 「象」曰: "拘係之", 上窮也.93

---

93 (1)維, 끈으로 얽어맴.

구오는 훌륭한 것에 믿음이 있으니 길하다. 「상전」에서 말했다. "훌륭한 것에 믿음이 있으니 길하다"고 한 것은 위치가 바르고 중에 있기 때문이다. 상육은 구속하여 묶어 놓고 이에 좇아 얽매니 왕이 서산에서 제사 지낸다. 「상전」에서 말했다. "구속하고 묶어 놓는다"는 것은 수의 도가 상육에서 궁해졌음을 뜻한다.

17.5 處隨之世而剛正宅尊, 善爲衆信, 故吉. 或曰: 孚於二則吉.

|번역| 구오는 수의 때에 처하여 강하고 바르며 높은 자리에 기거하니 선함을 대중이 믿어 길하다. 혹자는 육이에 대해 믿음이 있으니 길하다고 했다.

18

고

蠱

⁽¹⁾蠱, 元亨, 利涉大川,⁹⁴

　고(蠱)는 크게 형통하여 큰 내를 건너는 데 이로우니,

18.1　元亨然後利涉大川.

|번역| 크게 형통한 후에 큰 내를 건너는 것이 이롭다.

|해설| 고(蠱)는 오래 사용하지 않아 벌레가 생기듯 폐단이 생김을 뜻한다. 그 폐단을 개혁해 형통한 후에야 비로소 큰 내를 건너듯 큰일을 할 수 있다.

⁽¹⁾先甲三日, 後甲三日.「象」曰: 蠱, ⁽²⁾剛上而柔下, 巽而止蠱.⁹⁵

94　(1)蠱, 벌레가 생김. 이로부터 부패한 상황, 나쁜 일이라는 뜻이 파생함.
95　(1)先甲三日: 甲은 天干 가운데 첫째로, 여기서는 폐단을 개혁하기 시작하는 첫 번째 날

일을 하기 사흘 전부터 생각하고 일을 한 후 사흘 동안 살핀다. 「단전」에서 말했다. 고는 강한 것이 위로 올라가고 부드러운 것이 아래로 내려와 공손함으로 멈추니, 고이다.

18.2 憂患內萌, 蠱之謂也. 泰終反否, 蠱之體也, 弱[96]而止, 待能之時也.

|번역| 우환이 안에서 싹트는 것이 고(蠱)이다. 태평함이 끝나고 막힘으로 되돌아가는 것이 고의 형태이다. 공손함으로 멈추어 할 수 있을 때를 기다린다.

|해설| 고(蠱)는 우환이 싹트는 때이다. "태평함이 끝나고 막힘으로 되돌아간다"는 것은 괘변설에 따라 태泰괘䷊의 상육이 초육으로 내려오고, 초구가 상육으로 올라가 고蠱괘䷑가 되고 나중에는 비否괘䷋가 되는 것을 뜻한다.

蠱, 元亨而天下治也. "利涉大川", 往有事也. "先甲三日, 後甲三日", 終則有始, 天行也. 「象」曰: 山下有風, 蠱, 君子以振民育德.

고는 크게 형통하여 천하가 다스려진다. "큰 내를 건너는 것이 이롭다"는 것은 가서 할 일이 있는 것이다. "일을 하기 사흘 전부터 생각하고 일을 한 후 사흘 동안 살핀다"는 것은 일이 끝나면 시작이 있는 것이니, 하늘의 행위이다. 「상전」에서 말했다. 산 아래에 바람이 있으니, 고이

을 가리킨다. (2)剛上而柔下: 괘변설에 따라 태괘의 초구인 강효가 위로 올라가고 유효인 상육이 아래로 내려오는 것을 가리킨다. 해설을 참조하라.
96 〈중화 주석〉 약(弱) 자는 아마도 「단전」을 따라 손(巽)이라고 해야 할 것 같다.

다. 군자는 그것으로 백성을 진작시키고 덕을 기른다.

18.3 (1)"後甲三日", 成前事之終; "先甲三日", 善後事之始也. 剛上柔下,
故可爲之唱, 是故先甲三日以(2)蠲其法, (3)後甲三日以重其初, 明
終而復始, 通變不窮也. 至於(4)巽之九五, 以其上下皆柔, 故必無
初有終, 是故(5)先庚後庚, 不爲物首也. 於甲取應物而動, 順乎民
心也.[97] 一本爲事之唱. 法一作治.

|번역| "갑일(甲日) 사흘 후에 한다"는 것은 앞일의 끝맺음을 이루는 것이
고, "갑일 사흘 전에 한다"는 것은 뒷일의 시작을 잘하는 것이다. 강
한 것이 올라가고 부드러운 것이 내려오니 그 일을 위해 선창할 만
하다. 그런 까닭에 갑일 사흘 전에 공표해 그 법을 분명히 밝히고,
갑일 사흘 후에 그 처음 공표했던 법을 반복해서 알려 준다. 끝맺음
을 명확하게 하고 다시 시작하여 변통이 궁하지 않도록 한다. 손괘
(巽卦)의 구오의 경우는 그 상괘와 하괘가 모두 유순하니, 처음은 좋

---

[97] (1)後甲三日: 甲, 천간天干, 즉 갑, 을, 병, 정… 가운데 첫 번째이다. 첫 번째이기 때문에
어떤 일이 끝나고 다시 시작되는 때를 뜻한다. 따라서 後甲三日이란 어떤 일이 시작되
고 난 3일 후를 뜻한다. (2)蠲其法, 蠲(견)은 분명히 밝힌다는 뜻. 蠲其法은 법을 공표해
분명히 밝힘을 뜻함. (3)後甲三日以重其初, 새로운 일이 시작되는 갑일 사흘 후에 공표
했던 법을 다시 반복해 알려 주는 것을 가리킨다. (4)巽之九五, 以其上下皆柔, 故必無初
有終: 巽卦☴는 하나의 음이 두 개의 양 아래에 엎드려 있는 형상이 상괘와 하괘에서 반
복되어 있다. 그 점에서 주효主爻인 구오는 "상괘와 하괘가 모두 유순하다"고 했다. 손
괘 구오에서는 이렇게 말했다. "九五, 貞吉, 悔亡, 无不利, 无初有終." "구오는 바르면 길
하니 후회가 없어져 이롭지 않음이 없다. 처음에는 좋지 않으나 끝에는 좋게 된다." 일
이 시작될 때는 비록 유순해도 잘 소통하지 못했으나 종국에는 좋은 결과를 낳는다는
뜻이다. (5)先庚後庚: 손괘 구오의 효사에 "先庚三日, 後庚三日, 吉" "경일 사흘 전에 하
고, 경일 사흘 후에 하면 길하다"고 했다. 경일 사흘 전이나 경일 사흘 후에 겸손한 덕을
발휘하여 앞장서지 않으면 길하다는 뜻이다.

지 않으나 끝은 틀림없이 좋게 된다. 그런 까닭에 경일(庚日)에 앞서 하고 경일 뒤에 할 때 다른 것들의 우두머리가 되지 않는다. 갑일을 택해 사물에 응하여 움직이니, 민심에 순응함이다. 어떤 판본에는 일을 위해 선창한다고 되어 있다. 또 법法은 어떤 판본에는 치(治)로 되어 있다.

| 해설 | 「단전」의 "갑일 사흘 전에 하고 갑일 사흘 후에 한다"는 구절을 풀이하였다. 고(蠱)괘는 부패한 과거를 청산하고 새로운 일을 시작한다는 뜻을 지니고 있다. 장재는 위 구절이 새로운 일을 시작할 때 그 전후 일 처리가 주도면밀해야 한다는 뜻임을 밝히고 있다. 새로운 법령을 사흘 전에 미리 공표하고 사흘 후에 다시 반복해서 알려 주는 것이 그 일례이다. 또 이 구절을 손(巽)괘 구오의 "경일 사흘 전에 먼저 하고, 경일 사흘 후까지 한다"는 구절과 연결지어 보충 설명하기도 했다. 손괘는 공손함을 뜻한다. 그리고 이 괘의 주효인 구오에서는 공손한 태도로 일의 전후에 나서지 말아야 함을 강조하고 있다.

初六, ⁽¹⁾幹父之蠱, 有子, 考无咎, 厲終吉. 「象」曰: "幹父之蠱", 意承考也.⁹⁸

초육은 아버지가 잘못한 일을 바로잡는 것이니, 아들이 있으면 아버지는 허물이 없을 것이다. 위태롭게 여기면 마침내 길하다. 「상전」에서 말했다. "아버지가 잘못한 일을 바로잡는다"고 하니, 뜻은 아버지를 받드는 것이다.

18.4 ⁽¹⁾處下不係應乎上, 如子之專制, 雖意在承考, 然亦危厲, 以其柔

---

98 (1)幹, 줄기의 곧은 속성에서 바르다, 바로잡는다는 뜻이 파생된다. 여기서는 바로잡는다는 뜻이다.

巽故終吉.[99]

|번역| 아래에 있으면서 위와 상응하는 데 매여 있지 않아 마치 자식이 독
재하는 것 같다. 비록 뜻은 아버지를 받드는 데 있지만, 위태롭다.
그가 유순하기 때문에 마침내 길하다.

九二, 幹母之蠱, 不可貞. 「象」曰: “幹母之蠱”, 得中道也.

구이는 어머니가 잘못한 일을 바로잡되 지나치게 바름을 고집해서는
안 된다. 「상전」에서 말했다. “어머니가 잘못한 일을 바로잡는다”는 것
은 중도를 얻는 것이다.

18.5 處中用巽, 以剛係柔, 幹母之蠱, 得剛柔之中也.

|번역| 중에 있으면서 공손함을 사용하니, 강함으로 부드러운 이를 얽매는
것이다. 어머니가 잘못한 일을 바로잡을 때 강함과 부드러움의 중
을 얻는다.

|해설| 비록 강한 위치에서 어머니의 잘못을 바로잡지만, 어머니이기 때문에 강하게만
해서는 안 되고 강함과 더불어 공손한 태도를 견지해야 한다는 뜻이다.

99 (1)處下不係應乎上, “아래에 있으면서 위와 상응하는 데 매여 있지 않다”는 말은 자식이
초육의 아랫자리에 있지만 육사인 아버지에게 응하는 데 얽매이지 않는다는 뜻이다.

九三, 幹父之蠱, 小有悔, 无大咎. 「象」曰: "幹父之蠱", 終无咎也.

구삼은 아버지가 잘못한 일을 바로잡는데, 조그만 후회는 있으나 큰 허물은 없다. 「상전」에서 말했다. "아버지가 잘못한 일을 바로잡는 것"이니 끝내는 허물이 없다.

18.6 義如初六, 小有悔者, 以其剛也.

|번역| 의미는 초육과 같다. 조그만 후회가 있다는 것은 그것이 강하기 때문이다.

|해설| 하괘의 제일 높은 위치에서 강한 기를 발휘한다는 점에서 아버지의 잘못을 다소 지나치게 바로잡으려 하므로 조그만 후회가 있다고 했다.

六四, 裕父之蠱, 往見吝. 「象」曰: "裕父之蠱", 往未得也.

육사는 아버지가 잘못한 일을 너그럽게 대함이니, 그렇게 계속 나아가면 창피를 당할 것이다. 「상전」에서 말했다. "아버지가 잘못한 일을 너그럽게 대하는 것"은 그렇게 계속 나아가면 성과를 얻지 못할 것이라는 뜻이다.

18.7 "裕父之蠱", 不能爲父除患, 能寬裕和緩之而已. 以柔居陰, 失之太柔, 故吝. 貞固乃可幹事, 以柔致遠, 往未得也.

|번역| "아버지가 잘못한 일을 너그럽게 대한다"고 하였으니, 아버지를 위해 근심을 제거하지 못하고, 너그럽게 하여 완화할 수 있을 뿐이다. 부드러움으로 음의 자리에 있으니, 지나치게 부드러움으로 인해 나중에 창피를 당하게 된다. 바르면 물론 일을 바로잡을 수 있으나, 부드러움으로 멀리까지 이르면 계속 가도 성과를 얻지 못한다.

|해설| 아버지의 잘못을 아버지라 하여 너그럽게만 대한다면 좋은 결과를 얻을 수 없다. 아들이 부드러운 자세로만 일관한다면 아버지의 잘못은 결코 고쳐지지 않기 때문이다.

六五, 幹父之蠱, 用譽. 「象」曰: "幹父用譽", 承以德也.

육오는 아버지가 잘못한 일을 바로잡는 데 아버지의 명예를 활용한다. 「상전」에서 말했다. "아버지가 잘못한 일을 바로잡는 데 아버지의 명예를 활용한다"는 것은 덕으로 이어받는다는 뜻이다.

18.8 雖天子必有繼也, 故亦云"幹父之蠱".

|번역| 비록 천자이더라도 틀림없이 계승하는 것이 있다. 그래서 "아버지가 잘못한 일을 바로잡는다"고 했다.

|번역| 천자가 선왕의 잘못을 바로잡으려 할 경우, 아버지이기 때문에 맹렬히 비판할 수도 없고 그래서도 안 된다. 선왕이 한 일 가운데 영예로운 일들을 계승하는 방식으로 아버지의 일을 바로잡는다.

上九, 不事王侯, 高尙其事.「象」曰: “不事王侯”, 志可則也.

　상구는 왕후를 섬기지 않고 그 일을 높이 숭상한다.「상전」에서 말했다. “왕후를 섬기지 않는다”고 하니, 뜻을 본받을 만하다.

18.9 隱居以求其志, 故可則也.

|번역| 은거하여 그 뜻을 추구하므로 본받을 만하다.

|해설| 상구는 양의 강함으로 제일 끝, 즉 일의 밖에 있으므로 왕후를 섬기지 않고 은거하며 자신의 뜻을 추구한다.

19

임

臨 ䷒

臨, 元亨, 利貞, 至于八月有凶.「彖」曰: “臨”, 剛浸而長, 說而順, 剛中
而應. 大亨以正, 天之道也. “至于八月有凶”, 消不久也.「象」曰: 澤上
有地, 臨, 君子以敎思无窮, 容保民无疆.

임(臨)은 크게 형통하니 바르면 이롭다. 8월에 이르면 흉한 일이 있을
것이다.「단전」에서 말했다. 임은 강한 것이 점차 자라나 기뻐하며 유
순하니, 강한 구이가 중에 있으면서 육오와 상응한다. 크게 형통하여
바르니, 하늘의 도이다. “팔월에 이르러 흉한 일이 있다”는 것은 양이 줄
어드는 일이 오래가지 않을 것이라는 뜻이다.「상전」에서 말했다. 못 위
에 땅이 있으니 임이다. 군자는 이에 가르치려는 생각이 무궁하고 백성
을 포용해 보살핌이 끝이 없다.

19.1 臨言“有凶”者, 大抵『易』之於爻, 變陽至二, 便爲之戒, 恐有過滿
之萌. 未過中已戒, 猶“履霜堅冰”之義, 及「泰」之三曰: “無平不陂,

無往不復", 皆過中之戒也.

| 번역 | 임(臨)괘에서 "흉한 일이 있다"고 한 것은 대체로 『주역』이 효에서 양이 변하여 둘이 됨에 이르면 그것으로 인해 경계하여 지나치게 가득 차는 싹이 있지나 않을까 한다. 중을 지나치지 않았는데 이미 경계하는 것은 "서리를 밟으니 단단한 얼음이 된다"는 의미와 같다. 「태」괘 구삼의 경우에도 "평평하기만 하고 기울어지지 않는 것은 없고, 가기만 하고 돌아오지 않는 것은 없다"고 했으니, 모두 중을 지나침을 경계하는 것이다.

初九, ⁽¹⁾咸臨, 貞吉. 「象」曰: "咸臨貞吉", 志行正也.[100]

초구는 감응하여 임하니 바르게 해야 길하다. 「상전」에서 말했다. "감응하여 임하니 바르게 해야 길하다"는 것은 뜻이 바름을 행하는 것이다.

19.2 臨爲剛長, 己志應上, 故雖感而行正也.

| 번역 | 임(臨)은 강함이 자라나는 것으로서, 자신의 뜻이 윗사람과 상응하므로, 교감하더라도 행실이 바르다.

| 해설 | 임괘(臨卦)는 아래에서부터 양의 기가 점차 자라나는 형상이다. 이를 인간사에

---

100 (1)咸, 感과 같다.

적용하면 강한 기를 지닌 사람이 육사의 윗사람과 감응하되 올바른 뜻을 갖고 행하는 것을 의미한다.

九二, 咸臨, 吉, 无不利. 「象」曰: “咸臨吉无不利”, 未順命也.

　구이는 감응하여 임하니, 길하여 이롭지 않음이 없다. 「상전」에서 말했다. “감응하여 임하니, 길하여 이롭지 않음이 없다”고 하니, 명령에 무조건 따르지 않기 때문이다.

19.3 非咸則有上下之疑, 有所不利.

|번역| 감응이 아니라면 윗사람과 아랫사람 사이의 의심이 있어 이롭지 않은 바가 있게 된다.

|해설| 구이는 육오와 교감하고 소통하지, 무조건 명령을 받지 않는다. 그래야 의심이 없고, 서로 믿어 이롭게 된다.

六三, 甘臨, 无攸利, 旣憂之, 无咎. 「象」曰: “甘臨”, 位不當也, “旣憂之”, 咎不長也.

　육삼은 달콤하게 임하여 이로운 바가 없으나, 이미 근심하였으므로 허물이 없다. 「상전」에서 말했다. “달콤하게 임하는 것”은 위치가 합당하지 않기 때문이고, “이미 근심하였으니” 허물이 오래가지 않는다.

19.4 體說乘剛故甘, 邪說⁽¹⁾求容而以臨物, 安有所利! 能自憂懼, 庶可
免咎.¹⁰¹

|번역| 말재주를 체득하고 강한 기를 타고 있으니 말이 달콤하고, 사악한
말로 환심을 사 사람들에게 임하니 무슨 이로울 것이 있겠는가! 하
지만 스스로 근심하고 두려워할 수 있다면 거의 허물을 면할 수 있
을 것이다.

|해설| 육삼은 바르지 않고 중도를 행할 수 없는 자리에 있다. 다만 자신은 유약하면서
도 아래에 초구, 구이의 두 강한 기가 있다. 이에 달콤한 말을 하고 사악한 말을
해 환심을 사려는 사람을 상징한다. 하지만 이를 근심할 수 있다면 허물은 면할
수 있다.

六四, 至臨, 无咎. 「象」曰: "至臨无咎", 位當也.

육사는 지극한 마음으로 임하니 허물이 없다. 「상전」에서 말했다. "지
극한 마음으로 임하니 허물이 없다"는 것은 위치가 합당하기 때문이다.

19.5 以陰居陰, 體順應正, 盡臨之道, 雖在剛長, 可以無咎.

|번역| 음으로서 음에서 지내니 몸이 유순하고 응함이 바르다. 임의 도를
다하므로 비록 강한 것이 자라나는 데 있지만 허물이 없을 수 있다.

---

101 (1)求容, 환심을 삼.

|해설| 육사는 음의 기로 음의 자리에 있어 부드럽고 위치도 합당하다. 아래에 있는 초
　　　구, 구이의 자라나는 양기와 상응하여 임하는 도를 다한다.

六五, 知臨, 大君之宜, 吉. 「象」曰: 大君之宜, 行中之謂也.

　육오는 지혜로 임하니 군주의 마땅한 도리로서 길하다. 「상전」에서
말했다. 군주의 마땅한 도리란 중용을 행하는 것을 말한다.

19.6 順命行中, 天子之宜.

|번역| 천명을 따르고 중용을 행하는 것이 천자의 마땅함이다.

上六, 敦臨, 吉, 无咎. 「象」曰: "敦臨之吉", 志在內也.

　상육은 돈독하게 임하니 길하고 허물이 없다. 「상전」에서 말했다.
"돈독하게 임하는 것이 길함"은 뜻이 안에 있기 때문이다.

19.7 體順則無所違, 極上則無所進, 不以無應而志在於臨, 故曰敦臨志
　　　在內也.

|번역| 몸이 유순하면 거스르는 일이 없고, 위의 극한에 이르면 나아가는
　　　일이 없다. 응하는 것이 없기 때문이 아니라 뜻이 임하는 데 있기 때

문이다. 그래서 "돈독하게 임하니 뜻이 안에 있다"라고 했다.

|해설| 상육은 최상위의 위치에 있으면서 몸이 유순하여 더 위로 나아가지 않고 초구, 구이의 내괘에 임한다. 그래서 뜻이 안에 있다고 했다.

20

관

觀▤▤

觀, ^(1)盥而不^(2)薦, 有孚^(3)顒若.^102

　관(觀)은 손을 씻고 아직 제수를 올리지 않았을 때처럼 하면 백성들이 진실해져 우러러볼 것이다.

20.1 盥求神而薦褻也.

|번역| 손을 씻는 것은 신을 부르는 일이고 제수를 올리는 것은 가까운 일이다.

「彖」曰: 大觀在上, 順而巽, 中正以觀天下. "觀盥而不薦, 有孚顒若",

102　(1)盥(관), 세숫대야. 제사를 지내기 전에 손을 씻는 것. (2)薦, 제사를 지낼 때 제수를 진열함. (3)顒(옹), 공경함, 우러러봄.

下觀而化也. 觀天之神道, 而四時不忒, 聖人以神道設教, 而天下服矣.
「象」曰: 風行地上, 觀, 先王以省方觀民設教.

「단전」에서 말했다. 크게 보이는 것으로 윗자리에 있어 유순하고 공
손하니, 중정으로 천하를 본다. "관은 손을 씻고 제수를 올리지 않았을
때처럼 하면 백성들이 진실한 마음으로 우러러볼 것이다"라고 했으니,
아랫사람들이 보고 교화되는 것이다. 하늘의 신묘한 도를 보면 사계절
이 어긋나지 않으며, 성인은 신묘한 도로 가르침을 베푸니 천하가 복종
한다. 「상전」에서 말했다. 바람이 땅 위에서 부니 관(觀)이다. 선왕은 사
방을 살피며 백성을 살펴보아 가르침을 베풀었다.

20.2 內順外巽, 示民以順而外從巽, 此祭所以爲教之本, 故盥而不薦.
"中正以觀天下", 又曰"大觀在上"皆謂五也, 凡言"觀我生",[103] 亦
皆謂五也. 天不言, 藏其用而四時行. 神道, 如"盥而不薦"之類, 盥
簡潔而神, 薦褻近而煩也.

| 번역 | 안은 유순하고 밖은 공손하니, 백성들에게 유순함을 내보이고 밖으
로는 공손함을 따른다. 이것이 제사가 가르침의 근본이 되는 까닭
이다. 그리하여 손을 씻되 제수를 올리지 않는다. "중정으로 천하를
본다"고 했고, "크게 보이는 것으로 윗자리에 있다"고 했는데, 이는
모두 구오를 가리킨다. "'내'가 행한 것을 살핀다"("그 행한 것을 살핀
다")는 말들 또한 구오를 가리킨다. 하늘은 말을 하지 않고 그 작용
을 감추되 사계절이 행해진다. 신묘한 도란 예컨대 "손을 씻되 제수

103 〈중화 주석〉 이 아래에 "觀其生"이라는 세 글자가 빠진 것 같다.

를 올리지 않는 것"과 같은 부류이니, 손을 씻는 것은 간결하되 신묘하나, 제수를 올리는 것은 가까운 일이지만 번잡하다.

|해설| 관괘는 하괘, 즉 안은 곤으로 유순함을 뜻하고, 상괘, 즉 밖은 손으로 공손함을 뜻한다. 그래서 이 괘의 주효인 구오, 즉 군주는 내면의 덕이 유순하고 밖으로 드러나는 모습은 공손하다고 했다. 이 유순하고 공손함은 백성들을 대할 때 갖는 원칙이지만, 원래는 신에게 제사를 지낼 때 지니는 태도였다. 그래서 장재는 이런 제사가 교육의 근본 원칙이 된다고 했다. 「단전」의 '중정의 태도로 천하를 살피거나' 백성들에게 '크게 보이며 윗자리에 있는' 자는 모두 이 태도를 견지하는 군주이다. 또 구오와 상구 등의 효사에 나오는 '나의 행한 것'과 '그 행한 것'을 살피는 주체도 군주이다. 나아가 군주의 이 유순하고 공손한 태도를 하늘이 사계절에 걸쳐 일하면서도 그 공을 감추는 것과 상응한다고 했다. 군주 역시 제수를 올리듯 번잡하게 일일이 간섭하지 않고, 마치 손을 씻어 신을 부르듯, 유순하고 공손함이라는 간결한 원칙을 지키는 것만으로 신묘한 교화의 작용을 일으킨다.

20.3 有兩則須有感, 然天之感有何思慮? 莫非自然, 聖人則能用感, 何謂用感? 凡敎化設施, 皆是用感也, 作於此化於彼者, 皆感之道, 聖人以神道設敎是也.

|번역| 둘이 있으면 반드시 교감하는 일이 있다. 하지만 하늘의 감응에 무슨 사려하는 일이 있겠는가? 자연이 아님이 없다. 반면 성인은 교감을 할 수 있다. 교감함은 무엇을 말하는가? 교화하고 베푸는 일이 모두 교감하는 것이다. 여기에서 행하면 저기에서 교화되는 것이 모두 교감의 방법이다. 성인이 신묘한 도로 가르침을 베푸는 것이 그러하다.

|해설| 둘, 즉 상대되는 양측이 있으면 반드시 교감이 있다. 하늘 즉 대자연도 이 교감

을 통해 일한다. 하지만 자연은 일할 때 인간처럼 사려하는 것은 아니다. 그에 반해 성인은 사려를 하면서 교감을 하는 게 차이점이다. 그러면서도 하늘이든 성인이든 신묘한 방법으로 타자와 원활하게 소통할 수 있다는 점에서는 같다.

20.4 天不言而四時行, 聖人[神道]設教而天下服, 誠於此, 動於彼, 神之道歟!

|번역| 하늘은 말을 하지 않지만 사계절이 운행되고, 성인은 신묘한 방법으로 가르침을 베풀어 천하가 복종한다. 여기에서 진실하면 저기에서 움직이니, 신묘한 도이로다!

初六, 童觀, 小人无咎, 君子吝.「象」曰: 初六"童觀", 小人道也.

초육은 어린아이가 보는 것이니, 소인이라면 허물이 없으나, 군자라면 창피를 당한다. 「상전」에서 말했다. 초육은 "어린아이가 보는 것"이라고 한 것은 소인의 도이다.

20.5 所觀者末, 小人之道, 施於君子則吝.

|번역| 본 것이 말단이니 소인의 도이다. 군자에게서 행해지면 창피를 당한다.

|해설| 초육은 주효인 구오에서 가장 멀리 떨어져 있어 보는 것이 마치 어린아이처럼

흐릿하다. 그래서 그것은 소인의 도라고 했다.

六二, ⁽¹⁾闚觀, 利女貞. 「象」曰: "闚觀女貞", 亦可醜也.¹⁰⁴

　육이는 문틈으로 보는 것이니, 여자가 바르면 이롭다. 「상전」에서 말했다. "문틈으로 보는 것이니 여자가 바르면 이롭다"고 한 것은 부끄러워할 만한 일이다.

　20.6 *得婦人之道, 雖正可羞.*

| 번역 | 부인의 도를 얻은 것이니, 비록 바르지만 부끄러워할 만하다.

| 해설 | 이는 여인이 문 안에서 문틈을 통해 밖을 보는 것이니, 고대사회에서 여성으로서는 바른 행위이지만, 부끄러워할 만한 행위이기도 하다.

六三, 觀⁽¹⁾我生, 進退. 「象」曰: "觀我生進退", 未失道也.¹⁰⁵

　육삼은 '내'가 행한 것을 살펴서 나아가고 물러난다. 「상전」에서 말했다. "'내'가 행한 것을 살펴서 나아가고 물러난다"고 했으니, 아직 도를 잃지 않은 것이다.

104 (1)闚(규), (문틈으로) 엿본다.
105 (1)我生: '나'로부터 생겨난 행위. 즉 내가 행한 행위.

20.7 觀上所施而進退, 雖以陰居陽, 於道未失, 以其在下卦之體而應於
上, 故曰"進退".

|번역| 위에서 베푼 것을 살펴서 나아가고 물러나니, 비록 음으로 양의 자
리에 있지만 도를 잃지는 않았다. 그것은 하괘의 몸에 있으면서 위
와 상응하므로 "나아가고 물러난다"고 한다.

|해설| 觀我生는 '내'가 행한 것을 살핌을 뜻한다. 육삼의 "'내'가 행한 것을 살핀다"고 할
때의 '나'를 장재는 육삼과 상응하는 구오의 군주로 본 듯하다. "'내'가 행한 것을
살핌"을 "위에서 베푼 것을 살핌"이라고 해설하고 있기 때문이다. 육삼은 구오
에 가깝기 때문에 초육이나 육이와는 살펴보고 판단하는 것이 도, 즉 원칙을 잃
지 않는다.

六四, ⁽¹⁾觀國之光, 利用賓于王. 「象」曰: "觀國之光", 尙賓也.¹⁰⁶

　육사는 나라의 빛남을 보는 것이니, 왕의 빈객이 되는 것이 유리하다.
「상전」에서 말했다. "나라의 빛남을 본다"고 한 것은 왕의 빈객이 되는
것을 영예롭게 생각하는 것이다.

20.8 體柔巽而以陰居下賓之, 必無過也, 故利. 下一作陰

|번역| 몸이 유순하고 공손하여 음으로 아래에 머물며 빈객 노릇을 하니,

틀림없이 잘못이 없을 것이고, 따라서 이로울 것이다. 하(下)는 어떤 곳에서는 음(陰)으로 되어 있다.

九五, ⁽¹⁾觀我生, 君子无咎. 「象」曰: "觀我生", 觀民也.¹⁰⁷

구오는 '내'가 생겨난 바를 살피면 군자는 허물이 없을 것이다. 「상전」에서 말했다. "'내'가 생겨난 바를 살핀다"는 것은 백성을 본다는 것이다.

20.9 觀我所自出者.

|번역| '내'가 나온 바를 보는 것이다.

|해설| 군주인 '나'의 근원은 백성에게 있다. 그런 의미에서 백성을 본다는 말을 '내'가 나온 바를 본다는 뜻이다.

上九, 觀其生, 君子无咎. 「象」曰: "觀其生", 志未平也.

상구는 그 행한 것을 살펴보니, 군자라면 허물이 없을 것이다. 「상전」에서 말했다. "그 행한 것을 살펴본다"는 것은 마음이 아직 평안하지 않은 것이다.

---

107 (1)觀我生, 초육과는 달리 여기서 觀我生은 장재의 아래 해설 내용으로 미루어 '내가 생겨난 바를 살핌'을 뜻한다. 군주인 '나'는 백성이 없으면 존재할 수 없으므로, '나'는 백성에게서 생겨났다고 설명했다.

20.10 以剛陽極上之德, 居不臣不任之位, 以觀國家之政, 志有所未平
也, 有君子循理之心則可免咎. 俯視九五之爲, 故曰, "觀其生."

|번역| 강한 양의 가장 위에 있는 덕으로 신하 노릇도 하지 않고 책임지지
도 않는 위치에 머물면서 국가의 정치를 살펴보는 것이니, 마음에
평안하지 않은 바가 있을 것이다. 군자에게 이치를 따르는 마음이
있으면 허물을 면할 수 있다. 구오가 하는 것을 굽어보기 때문에 "그
가 행하는 것을 살펴본다"고 했다.

21

서합

噬嗑䷔

(1)噬嗑, 亨, 利用獄. 「彖」曰: 頤中有物, 曰噬嗑. 噬嗑而亨,[108]

서합(噬嗑)은 형통하니 형법을 사용하면 이롭다. 「단전」에서 말했다. 턱 사이에 물건이 있으니 서합이라고 일컫는다. 씹어서 합해야 형통한다.

21.1 子路禮樂文章未足盡爲政之道, 以其重(1)然諾, 言爲衆信, 故(2)片言可以折獄. 如『易』"利用獄"·"利用刑人", 皆非卦爻盛德, 適能是而已焉.[109]

---

108 (1)噬嗑: 噬(서), (어떤 것을) 씹다. 嗑(합), 위아래 턱이 교합하다. 噬嗑은 어떤 것을 씹은 다음에야 합쳐지듯이, 어떤 문제가 해결되어야 화합할 수 있음을 뜻한다.
109 (1)然諾, 그렇게 하겠다고 약속하다. (2)片言可以折獄, 『論語』, 「顏淵」, 子曰, "片言可以折獄者, 其由也與." 子路無宿諾. 공자께서 말씀하셨다. "몇 마디 말을 듣고 사건을 판결할 수 있는 사람은 아마 중유일 것이다." 자로는 약속한 것을 묵혀 두는 일이 없었다.

| 번역 | 자로는 예악과 문장으로는 정치의 도를 다하기에 부족했다. 그는 약속한 것을 중시하고 말을 대중이 믿었기 때문에 몇 마디 말을 듣고도 판결을 내릴 수 있었다. 예컨대 『주역』의 "형법을 사용하는 것이 이롭다"는 말, "사람에게 형벌을 가하는 것이 이롭다"는 말은 모두 괘효의 성덕이 아니니, 우연히 옳을 수 있을 따름이다.

| 해설 | 서합괘가 형법을 쓰는 일의 이로움에 대해 말하였으나, 자로가 판결을 잘 내렸다는 『논어』의 사례를 인용하며 형벌로 하는 정치보다는 덕치가 훨씬 더 중요하다는 유가의 일관된 원칙을 말하였다.

剛柔分, 動而明, 雷電合而章,

강한 것과 부드러운 것으로 나뉘고 움직이고 밝아서, 우레와 번개가 합하여 빛나고

21.2 九五分而下, 初六分而上, 故曰"剛柔分". "合而章", 合而成文也.

| 번역 | 구오가 나뉘어 내려오고, 초육이 나뉘어 올라가므로 "강한 것과 부드러운 것이 나뉜다"고 했다. "합쳐져 빛난다"고 했으니, 합쳐져 문채를 이루는 것이다.

| 해설 | 「단전」의 "강한 것과 부드러운 것이 나뉜다"는 말을 장재는 비괘(否卦☷)의 구오가 내려와 초구가 되고, 초육이 올라가 육오가 되어 서합괘(☲)를 형성한 것이라고 설명했다.

柔得中而上行, 雖不當位, 利用獄也.「象」曰: 雷電, 噬嗑, 先王以明罰
[1]勅法.[110]

　부드러운 것이 중을 얻어 위로 올라가 행하니, 비록 위치가 합당하지
않지만 형법을 쓰는 것이 이롭다.「상전」에서 말했다. 우레와 번개가
서합이니, 선왕은 형벌을 밝히고 법령을 정돈한다.

21.3　六自初而進之於五, 故曰"上行".

|번역| 육(六)이 초육에서 육오로 나아가므로 "위로 올라가 행한다"고 한다.

初九, [1]屨校滅趾, 无咎.「象」曰: "屨校滅趾", 不行也.[111]

　초구는 발에 형틀을 신겨 발을 보이지 않으니 허물이 없다.「상전」에
서 말했다. "발에 형틀을 신겨 발이 보이지 않는다"는 것은 다니지 못하
게 함이다.

21.4　戒之在初, 小懲可止, 故無咎.

|번역| 최초에 경계하는 것으로 작은 징벌로도 멈추게 할 수 있는 까닭에

110　(1)勅法: 勅은 가지런히 할 憨(정)의 속자로, 법령을 가지런히 정돈한다는 뜻이다.
111　(1)屨校: 屨(구), 신발. 校, 발에 묶는 형틀.

허물이 없다.

┃해설┃ 발에 형틀을 신기는 것은 가장 가벼운 형벌이므로, 작은 징벌이라고 했다.

六二, 噬⁽¹⁾膚, 滅鼻, 无咎.「象」曰: "噬膚滅鼻", 乘剛也.[112]

육이는 고기를 깨물 때 코가 푹 들어갈 정도로 하니 허물이 없다.「상
전」에서 말했다. "고기를 깨물 때 코가 푹 들어갈 정도로 한다"는 것은 강
한 것을 타고 있기 때문이다.

21.5 六三居有過之地而己噬之, 乘剛而動, 爲力不勞, 動未過中, 故無咎.

┃번역┃ 육삼이 지나침이 있는 곳에 있어 자신이 그것을 깨물어 버린다. 강
　　　한 것을 타고 움직여 힘을 쓰는 것이 힘들지 않고 움직이는 것도 중
　　　도를 벗어나지 않으니, 허물이 없다.

┃해설┃ 육삼이 잘못을 하여 육이가 그것을 단호하게 처결함을 뜻한다. 강한 것이란 육
　　　이가 타고 있는 초구를 가리킨다. 육이가 초구의 힘을 빌려 처결하는데, 일처리
　　　가 적절함을 벗어나지 않는다.

六三, 噬腊肉, 遇毒, 小吝, 无咎.「象」曰: "遇毒", 位不當也.

112　(1)膚, 피부 밑에 있는 고기 부위.

육삼은 말린 고기를 씹다가 독을 만났으니 약간 부끄러우나 허물은 없다. 「상전」에서 말했다. "독을 만나는 것"은 위치가 합당하지 않기 때문이다.

21.6 *所聞在四, 四爲陽剛, 故曰"腊肉"; 非禮傷義, 故曰"遇毒". 能以爲毒而舍之, 雖近不相得, 小有吝而無咎也.*

|번역| 간여하는 일은 구사에 있고, 구사는 양의 강함이므로 "말린 고기"라고 했다. 예가 아니어서 의를 훼손했으므로 "독을 만난다"고 했다. 독이라고 여겨 버릴 수 있으니, 비록 가까이하지만 서로 얻지 못하니 다소 부끄럽지만, 허물은 없다.

|해설| 구사가 간여하는 일은 육삼과 얽혀 있다. 그런데 구사는 매우 강해, 말린 고기가 쉽게 씹히지 않는 것처럼 처리하기 어렵다. 다행히 육삼은 구사가 의를 훼손하는 자라는 점을 인식하여 버릴 수 있어, 크게 보면 허물은 없다.

九四, 噬(1)乾胏, 得金矢, 利艱貞, 吉.「象」曰: "利艱貞吉", 未光也.[113]

구사는 뼈가 많이 붙어 있는 고기를 씹다가 쇠로 된 화살을 얻으니, 어렵지만 바르면 이롭고 길하다.「상전」에서 말했다. "어렵지만 바르면 이롭고 길하다"는 것은 아직 밝게 빛나지 못한 것이다.

---

[113] (1)乾胏, 胏(치)는 뼈가 많이 붙은 고기. 따라서 乾胏는 뼈가 많이 붙은 마른고기이다. 앞의 말린 고기보다 훨씬 더 상대하기 어려운 상대 혹은 처리하기 어려운 일을 뜻한다.

|번역| 육오가 음으로 부드러우므로 뼈가 많이 붙은 마른고기에 비유했다. 바름을 지켜 강직한 옳음을 얻으므로 어렵지만 바르고 길하다. 그 덕이 빛나 크면 그 바르게 함이 어려운 일이 아닐 것이다.

|해설| 육오의 군주는 우유부단하여 구사의 형법을 관장하는 관리가 어려움을 겪는 것을 "뼈가 많이 붙은 마른고기를 씹는 것"에 비유했다. 비록 어렵지만 "쇠로 된 화살처럼" 강직하고 올바른 원칙을 견지함으로써 그 어려움을 극복한다.

六五, 噬乾肉, 得黃金, 貞厲, 无咎. 「象」曰: "貞厲无咎", 得當也. 上九, [(1)]何校滅耳, 凶. 「象」曰: "何校滅耳", 聰不明也.[114]

육오는 말린 고기를 씹다가 황금을 얻으니 바르되 위태롭지만 허물은 없다. 「상전」에서 말했다. "바르되 위태롭지만 허물은 없다"는 것은 합당함을 얻었기 때문이다. 상구는 형틀을 머리에 써서 귀를 가리니 흉하다. 「상전」에서 말했다. "형틀을 머리에 써서 귀를 가린다"는 것은 귀가 밝지 못함이다.

---

114 (1)何校: 何, 荷와 같음. (어떤 물건을 어깨, 머리 등에) 지다.

|번역| 구사와 상구는 굴복하는 자에게서 어려움을 겪으므로 "말린 고기"라고 했다. 중에 머물고 굳건한 원칙을 견지하는 의로움을 얻으니, 바르되 위태롭지만 허물이 없을 수 있다.

22

비

賁 ䷕

⁽¹⁾賁. 亨, 小利有攸往.「彖」曰: 賁亨, ⁽²⁾柔來而文剛, 故亨. ⁽³⁾分剛上而
文柔, 故小利有攸往, 天文也; 文明以止, 人文也. 觀乎天文以察時變,
觀乎人文以化成天下.「象」曰: 山下有火, 賁, 君子以明庶政, 无敢折
獄.¹¹⁵

비(賁)는 형통하지만, 가는 것이 있음에 약간 이롭다.「단전」에서 말
했다. 비가 형통한다는 것은 부드러운 것이 내려와서 강한 것을 꾸미기
때문이다. 그래서 형통한다. 강한 것을 나누어 올라가 부드러운 것을
꾸미므로 가는 것이 있음에 조금 이롭다. 이것이 천문이다. 꾸미고 밝
힘으로써 머무르니 사람의 꾸밈이다. 천문을 관찰하여 사계절의 변화
를 살피고, 인문을 관찰하여 천하를 교화하고 완성한다.「상전」에서 말
했다. 산 아래에 불이 있는 것이 비이니, 군자는 이로써 여러 정사를 밝
히되 감히 옥사를 판결하지 않는다.

---

115 (1)賁, 장식, 꾸밈의 뜻. (2)柔來而文剛, 상괘는 원래 곤괘인데, 그중의 부드러운 음 하나
   가 아래로 내려와 강한 양을 꾸밈. (3)分剛上而文柔, 하괘는 원래 건괘인데, 그중의 강한
   양 하나가 위로 올라가 부드러운 음을 꾸며 줌.

无敢折獄者, 明不兼於下, 民未孚也, 故止可明政以示民耳.

| 번역 | 감히 옥사를 판결하지 않는다는 것은 밝음이 아래로 두루 미치지 못해 백성들이 믿지 못하기 때문이다. 그래서 단지 정사를 밝혀 백성들에게 내보일 수 있을 뿐이다.

| 해설 | 비괘는 하괘의 이(離), 즉 불이 번져 나가는 것을 상괘의 간(艮)이 산처럼 가로막고 있는 형세이다. 이에 근거해 밝음이 아래로 두루 미치지 못한다고 했고, 그것으로 옥사를 감히 판결하지 않고, 단지 정사를 밝힐 뿐이라고 했다.

初九, 賁其趾, 舍車而徒.「象」曰:"舍車而徒", 義弗乘也.

초구는 그 발을 꾸미니, 수레를 버리고 도보로 간다.「상전」에서 말했다. "수레를 버리고 도보로 간다"는 것은 옳은 길을 걷지 타지 않는다는 뜻이다.

22.2 文明之德, 以貴居賤, 修飾於下, 故曰"賁其趾"; 義非苟進, 故曰 "舍車而徒".

| 번역 | 꾸며 밝히는 덕은 귀한 것으로 천한 자리에 머물며 아래를 꾸민다. 그래서 "그 발을 꾸민다"고 했다. 의(義)는 구차하게 전진하는 것이 아니다. 그래서 "수레를 버리고 도보로 간다."고 했다.

| 해설 | 꾸며 밝히는(文明) 덕이란, 내면의 순수한 마음을 상황마다 적절하게 꾸미는 것

을 가리킨다. 인의의 마음을 바탕으로 언행을 예법대로 올바르게 꾸미는 것이다. 그런 일을 아랫자리에서 행하는 것을 "그 발을 꾸미는 것"이라고 했다. 또 이에 근거해 "수레를 버리고 도보로 가는" 까닭을 수레를 타듯 어떤 편안한 것에 편승하면서 나아가는 것을 옳지 않다고 생각하고, 이는 힘들지만 정도를 걸으려 하기 때문이라고 했다.

六二, 賁其須.「象」曰: "賁其須", 與上興也.

육이는 그 수염을 꾸미는 것이다.「상전」에서 말했다. "그 수염을 꾸민다"는 것은 위의 구삼과 함께 움직이는 것이다.

22.3 賁其須, 起意在上也.

|번역| 그 수염을 꾸민다는 것은 생각을 일으키는 것이 위에 있는 것이다.

|해설| 육이의 수염을 꾸미는 일은 구삼의 아래턱을 아름답게 하는 데 그 목적이 있듯이, 육이에 위치한 사람은 위에 있는 구삼을 위해 일할 생각을 한다는 뜻이다.

九三, 賁如, [(1)]濡如, 永貞吉.「象」曰: "永貞之吉", 終莫之陵也.[116]

구삼은 꾸며서 촉촉하니, 영원히 바르면 길하다.「상전」에서 말했다. "영원히 바른 길함"이란 끝내 업신여기는 자가 없을 것이라는 뜻이다.

---

116 (1)濡如: 濡, 젖다, 윤택이 나다. 濡如, 촉촉한 모양, 윤택이 나는 모양.

22.4 上下皆柔, 無物陵犯, 然不可邪妄自肆, 故永貞然後終保無悔.

| 번역 | 위와 아래가 다 부드러우니 어떤 것도 침범하는 일이 없다. 하지만 거짓되고 제멋대로 해서는 안 된다. 그러므로 영원히 발라야 끝내 후회가 없음이 보장된다.

| 해설 | 구삼은 위와 아래가 모두 음효이다. 이 점에 착안해 장재는 그것을 침범하는 자는 없다고 설명했다. 하지만 육이, 구삼, 육사는 합쳐 보면 빠진다는 뜻을 지닌 감(坎)괘이다. 그렇게 위험하기 때문에 영원히 발라야 후회함이 없다고 했다.

六四, 賁如[1]皤如, 白馬[2]翰如, 匪寇婚媾. 「象」曰: 六四當位, 疑也, "匪寇婚媾", 終无尤也.[117]

　육사는 꾸몄다가 희게 되듯이 원 바탕을 따르니, 백마가 날 듯이 달려가거니와 도적이 아니라면 청혼할 것이다. 「상전」에서 말했다. 육사는 정당한 위치이나 의심을 받는데, "도적이 아니면 청혼을 하므로" 끝내는 허물이 없다.

22.5 以陰居陰, 性爲艮止, 故志堅行潔, 終無尤累.

| 번역 | 음으로 음에서 지내니 멈추는 성질이다. 그러므로 뜻이 굳건하고 행동이 깨끗해야 마침내 허물이 없을 것이다.

117　(1)皤如: 皤, 원래는 머리가 희다는 뜻이지만, 여기서는 바탕을 뜻함. (2)翰如, 높이 날아가는 모습.

|해설| 육사는 강한 기로 나아가는 면이 부족하므로, 의지를 굳건하게 세우고 흔들림 없이 깨끗하게 전진해야 초구와 상응할 수 있다는 뜻이다.

六五, 賁于$^{(1)}$丘園, 束帛$^{(2)}$戔戔, 吝, 終吉.「象」曰: 六五之吉, 有喜也.^{118}

육오는 언덕의 채소밭을 꾸미니, 비단 묶음이 적어 부끄럽지만 끝내는 길하다.「상전」에서 말했다. 육오의 길함은 기쁜 일이 있는 것이다.

22.6 陰陽相固, 物所$^{(1)}$阜生, 柔中之德比於上九. 上九敦素, 因可恃而致富, 雖爲悔吝, 然獲其吉也. 其道上行, 故曰"丘園."^{119} 悔一作陰.

|번역| 음과 양이 서로 결합하여 사물이 생장하니, 부드럽고 중용인 덕으로 상구와 가까이한다. 상구는 돈후하고 소박하여 그에 의지해 부유해질 수 있으니, 비록 후회되고 부끄럽더라도 그 길함을 얻는다. 그 도는 위로 행하므로 "언덕의 채소밭"이라고 했다. 悔는 어떤 곳에서는 陰로 되어 있다.

|해설| 육오와 상구가 협력해 일하여 생명을 기르니, 육오는 상구와 가까이하고, 상구는 육오에 의존해 부유해진다.

118 (1)丘園, 일반적으로는 그냥 언덕과 채소밭이라고 푼다. 그러나 장재는 육오가 가까이 할 더 위에 있는 상구를 가리킨다고 여겨 '언덕의 채소밭'이라고 풀이했다. (2)戔戔 (잔), 적다.
119 (1)阜生, 사물이 생장함.

上九,⁽¹⁾白賁, 无咎.「象」曰: "白賁无咎", 上得志也.¹²⁰

상구는 희게 꾸미면 허물이 없을 것이다.「상전」에서 말했다. "희게
꾸미면 허물이 없다"는 것은 위에서 뜻을 얻었다는 것이다.

22.7 上而居高, 潔無所累, 爲物所貴, 故曰"上得志也".

|번역| 위로 올라가 높은 곳에서 머무르니 깨끗하여 걸리는 것이 없고 다
른 이들에 의해 귀하게 여겨진다. 그러므로 "위에서 뜻을 얻었다"고
했다.

---

¹²⁰ (1)白賁, 희게 꾸밈. 비(賁)는 꾸밈이니, 색으로 말하면 여러 색깔로 채색하는 것이다.
흰색은 이런 꾸밈과는 반대되는 것이니, 상구는 꾸밈이 극한에 이르렀음을 나타낸다.

23

박

剝☷☶

剝. 不利有攸往.「彖」曰: 剝, 剝也, ⁽¹⁾柔變剛也. "不利有攸往", 小人長
也. 順而止之, 觀象也, 君子尙消息盈虛, 天行也.「象」曰: 山附於地,
剝, 上以厚下安宅.¹²¹

박(剝)은 나아가는 일이 있으면 이롭지 않다.「단전」에서 말했다. 박
은 깎이는 것이다. 부드러운 것이 강한 것을 변화시킨다. "나아가는 일
이 있으면 이롭지 않다"는 것은 소인이 자라나기 때문이다. 순종하여
멈추는 것은 형상을 관찰하는 것이다. 군자는 잦아들고 불어나며 차고
텅 비는 것을 중시하니, 하늘의 행함이 그러하다.「상전」에서 말했다.
산이 땅에 붙어 있으니, 박이다. 위의 군주는 이로써 아래를 두텁게 하
고 집을 편안하게 한다.

23.1 處剝之時, 順上以觀天理之消息盈虛.

---

¹²¹ (1)柔變剛: 부드러운 음의 세력이 강해 강한 양을 밀어내는 형세이다.

|번역| 박(剝)의 때에 처해 있을 때는 위에 순종하여 천리의 잦아들고 불어나며 차고 텅 비는 것을 살핀다.

|해설| 박은 상구만이 양이고 나머지는 모두 음이다. 따라서 위에 있는 상구에 순종할 때이다.

初六, 剝(1)牀以足, 蔑貞凶. 「象」曰: "剝牀以足", 以滅下也. 六二, 剝牀以(2)辨, 蔑貞凶. 「象」曰: "剝牀以辨", 未有與也.122

초육은 발부터 상을 깎아 바른 것을 없애니 흉하다. 「상전」에서 말했다. "발로부터 상을 깎는다"는 것은 아래를 없애는 것이다. 육이는 침상 발의 윗부분을 깎아 바른 것을 없애니 흉하다. 「상전」에서 말했다. "상의 언저리를 깎는다"는 것은 육오와 함께함이 없다는 뜻이다.

23.2 三雖陰類, 然志應在上, 二不能進剝陽爻, 徒用口舌間說, 力未能勝, 故「象」曰"未有與也". 然志在滅陽, 故亦云"蔑貞凶".

|번역| 육삼은 음의 부류이지만, 뜻은 상구에서 응하는 데 있어, 육이는 양효를 나아가 깎아 내지 못하고 단지 입으로만 말하되 힘으로는 이겨 내지 못한다. 그래서 「상전」에서는 "함께함이 없다"고 했다. 하지만 뜻은 양을 멸하는 데 있으므로 "바른 것을 없애니 흉하다"고

---

122 (1)牀, 상 혹은 침상. (2)辨, 왕필은 변을 침상 '발의 윗부분(足之上也)'이라고 했고, 정현은 "발의 윗부분은 변이라 칭하는데, 무릎 근처의 아랫부분이다(足上稱辨, 近膝之下)"라고 했다.

했다.

|해설| 박괘는 음의 세력이 강해 양을 소진시키는 형세이다. 육이 또한 그런 기 가운데 하나이지만, 위의 육삼이 상구와 상응하고, 육이는 상응하는 것이 없어 힘으로는 당해 내지 못하고 그저 입으로만 말을 한다고 했다.

六三, 剝, 无咎. 「象」曰: “剝之无咎”, 失上下也.

육삼은 깎이지만 허물이 없다. 「상전」에서 말했다. “깎이지만 허물이 없다”는 것은 위아래와 단절되어 있기 때문이다.

23.3 獨應於陽, 故反爲衆陰所剝, 然無所咎.

|번역| 육삼은 홀로 상구의 양과 상응한다. 그리하여 도리어 여러 음에 의해 깎아내려지나 허물이 되는 바는 없다.

六四, 剝牀以膚, 凶. 「象」曰: “剝牀以膚”, 切近災也.

육사는 침상을 깎되 피부까지 미치니, 흉하다. 「상전」에서 말했다. “침상을 깎되 피부까지 미친다”는 것은 절박하게 재앙에 가까워졌다는 뜻이다.

迫近君位, 猶自下剝床, 至床之膚, 將及於人也. 不言“蔑貞”, 剝道
成矣. 一云: 五於陰陽之際, 義必上比, 故以喻膚.

|번역| 군주의 위치에까지 다가온 것이 마치 아래에서 침상을 깎던 데서
침상에 있는 피부에까지 이르러 장차 사람에게 미치는 것과 같다.
“바른 것을 없앤다”고 말하지 않은 것은 깎는 도가 완성되었기 때문
이다. 일설에 의하면 육오는 음양의 사이에 있어 의리상 틀림없이
상구와 가까이할 것이므로 피부에 비유했다고 했다.

|해설| 육사는 육오인 군주의 바로 아래에 위치해 군주를 위협하는 존재를 상징한다.
그러나 이에 이르러 양을 깎아 대는 박(剝)의 상황은 거의 끝나 가므로 ‘바른 것
을 없앤다’고 말하지 않았다. 또 육오는 상구를 가까이할 것이라는 생각에서 상
구의 피부에 비유한 것이라 했다.

六五, 貫魚以宮人寵, 无不利. 「象」曰: “以宮人寵”, 終无尤也.

　육오는 물고기를 꿰듯 궁인들을 이끌어 총애를 받게 하니 이롭지 않
음이 없다. 「상전」에서 말했다. “궁인들을 이끌어 총애를 받게 한다”는
것은 끝내 허물이 없는 것이다.

23.5 六五爲上九之膚, 能下寵衆陰, 則陽獲安而無不利矣. 異於六三
者, 以其居尊制裁, 爲卦之主, 故不云“剝之”也. 終無尤怨者, 以小
人之心不過圖寵利而已, 不以宮人見畜爲恥也. 陰陽之際, 近必相
比, 六五能上附於陽, 反制群陰不使進逼, 方得處剝之善, 下無剝

之之憂, 上得陽功之庇, 故曰"无不利".

|번역| 육오는 상구의 피부가 되어 아래로 뭇 음들의 총애를 받게 되니, 상구의 양은 평안함을 얻어 이롭지 않음이 없다. 육삼과 다른 점은 그것이 존귀한 위치에 머무르며 제재하여 괘의 주인이 된다는 것이다. 그래서 "깎아 댄다"고 말하지 않았다. 끝내 원망하는 일이 없다는 것은 소인의 마음은 총애와 이득을 바랄 뿐이고 궁인에 의해 길들여지는 것을 수치로 여기지 않기 때문이다. 음과 양의 사이에 있으면 가까운 것이 반드시 가까이하니, 육오는 위로 양에 붙어 뭇 음들을 제재해 나아가 핍박하지 못하도록 해야, 비로소 박(剝)의 상황에 잘 대처하여 아래로는 깎아내리는 근심이 없고, 위로는 양의 비호를 받을 수 있다. 그러므로 "이롭지 않음이 없다"고 했다.

|해설| 육오는 일반적으로 황후를 상징하는 것으로 이해된다. 황후가 여러 음들, 즉 비빈들을 잘 통솔해 총애를 받게 하고 상구인 군주가 평안함을 얻게 하는 것이 육오의 효사가 갖는 함의이다. 장재는 이 육오가 전체 박괘의 주효이므로 음효임에도 '깎아 댄다'고 말하지 않았다고 했다. 황후에 의해 통솔되는 이들은 모두 소인들이지만 물고기처럼 꿰어져 잘 제어되므로 위와 아래가 모두 평안한 상태에 있다.

上九, 碩果不食, 君子得輿, 小人剝廬. 「象」曰: "君子得輿", 民所載也, "小人剝廬", 終不可用也.

상구는 큰 과실이 먹히지 않으니, 군자는 수레를 얻고 소인은 오두막집을 허물어뜨린다. 「상전」에서 말했다. "군자가 수레를 얻는다"는 것은 백성들이 추대하는 것이고, "소인이 오두막집을 허물어뜨린다"는 것은 결국은 쓰일 수 없다는 것이다.

23.6 處剝之世, 有美實而不見辨, 然其德備, 猶爲民所載. 小人處下則
剝床, 處上則反傷於下, 是終不可用之也.

|번역| 박의 시대에 처하면 훌륭한 열매가 있어도 분별되지 않는다. 하지
만 그 덕이 갖추어지면 백성에 의해 추대된다. 소인은 아래에 처하
면 침상을 깎아 대고, 위에 처하면 아래에 의해 상해를 입으니, 결국
은 쓰일 수 없다.

24

복

復䷗

復. 亨, 出入无疾, 朋來无咎. 反復其道, 七日來復, 利有攸往.

　복(復)은 형통한다. 드나듦에 병드는 일이 없으니, 친구가 옴에 허물이 없다. 그 도를 반복하여 7일이면 돌아와 회복되니 가는 일이 있음에 이롭다.

24.1 靜之動也無休息之期, 故地雷爲卦, 言反又言復, 終則有始, 循環無窮, 入, 指其化而裁之耳. 深其反也, 幾其復也, 故曰"反復其道", 又曰"出入無疾".

|번역| 고요한 움직임은 쉬는 기간이 없다. 그러므로 상괘의 땅과 하괘의 우레로 괘를 이룬다. 되돌아감(反)이라 말하고 또 회복됨(復)이라 말하니, 끝을 맺으면 시작됨이 있어 순환이 무궁하다. 들어간다(入)는 것은 그 점진적으로 변화하다가 그것을 재단하는 것을 가리킨다.

깊어짐은 되돌아감이요, 기미를 보임은 회복됨이다. 그러므로 "그 도로 되돌아가 회복된다"고 했고, 또 "드나듦에 병드는 일이 없다"고 했다.

| 해설 | 장재의 복괘에 대한 해설은 비교적 상세하다. 무엇보다 이 괘는 자연 생명 운동의 시작을 상징하기 때문이다. 기의 운동은 한시도 쉼이 없다. 음기의 고요함이 극한에 이르면 다시 양기가 되살아나는 시기로 되돌아간다. 이는 양의 기가 회복됨이다. 절기로 보면 겨울이 가고 봄의 따스한 기가 움트기 시작하는 때이다. 장재는 출입(出入)의 입(入)이 한겨울에 음의 기로 가득했다가 다시 점진적으로 양의 기가 생기는 방향으로 변화하다가 그것이 현저한 모습으로 나타나는 것이라 했다. 양의 기가 생기는 방향으로 점진적으로 변화하는 운동이 깊어지면 곧 봄으로 되돌아감이고, 그 양의 기가 싹트는 것이 곧 양기를 회복함이다. 양기가 회복되므로 만물은 병들지 않고 새로운 생명력을 키워 나가게 된다.

「象」曰: 復亨, 剛反動而以順行, 是以"出入无疾, 朋來无咎". "反復其道, 七日來復", 天行也. "利有攸往", 剛長也. 復, 其見天地之心乎!

「단전」에서 말했다. 복괘가 형통한다는 것은 강한 것이 되돌아와 움직여 순조롭게 행하기 때문이다. 이에 "드나듦에 병드는 일이 없으니, 친구가 오면 허물이 없다"고 했다. "그 도를 반복하여 7일이면 돌아와 회복된다"는 것은 하늘의 운행이다. "가는 일이 있음에 이롭다"는 것은 강한 것이 자라나는 것이다. 복괘에서 천지의 마음을 볼 수 있도다!

24.2 復言"天地之心", ⁽¹⁾咸·恒·大壯言"天地之情". 心, 內也, 其原在內時, 則有形見, 情則見於事也, 故可得而名狀. 自姤而剝, 至於上九, 其數六也. 剝之與復, 不可容線. 須臾不復, 則乾坤之道息也, 故適盡即生, 更無先後之次也. 此義最大. [(2)]臨卦"至於八月有凶"; 若復則不可須臾斷, 故言"七日". 七日者, 晝夜相繼, 元無斷續之時也. 大抵言"天地之心"者, 天地之大德曰生, 則以生物爲本者, 乃天地之心也. 地雷見天地之心者, 天地之心惟是生物, 天地之大德曰生也. 雷復於地中, 卻是生物. 「象」曰: "終則有始, 天行也." 天行何嘗有息? 正以靜, 有何期程? 此動是靜中之動, 靜中之動, 動而不窮, 又有甚首尾起滅? 自有天地以來以迄於今, 蓋爲靜而動. 天則無心無爲無所主宰, 恒然如此, 有何休歇? 人之德性亦與此合, 乃是己有, 苟心中造作安排而靜, 則安能久! 然必從此去, 蓋靜者進德之基也.[123]

|번역| 복괘에서는 "천지의 마음"이라고 하고, 함(咸)괘, 항(恒)괘, 대장(大壯)괘에서는 "천지의 정"이라고 한다. 마음은 내적인 것으로, 그것은 원래 안에 있을 때 형태가 보인다. 한편 정(情)의 경우에는 일에

---

[123] (1)咸·恒·大壯言"天地之情": 「咸」, 「象傳」, "천지가 감응하여 만물이 화생하고, 성인이 사람의 마음을 감동시켜 천하가 화평하니, 그 감응하는 것을 보면 천지만물의 정을 볼 수 있다."(天地感而萬物化生, 聖人感人心而天下和平, 觀其所感, 而天地萬物之情可見矣!) 「恒」, 「象傳」, "일월이 하늘을 얻어 오래 비출 수 있고, 사계절이 변화하여 오래 이룰 수 있으며, 성인이 그 도를 오래 실천하여 천하가 교화되어 이루어지니, 그 항구적인 것을 보면 천지만물의 정을 볼 수 있다."(日月得天而能久照, 四時變化而能久成, 聖人久於其道而天下化成, 觀其所恒, 而天地萬物之情可見矣!) 「大壯」, 「象傳」, "대장은 바르게 하는 것이 이롭다는 것은 크고 바른 것이다. 바르고 큰 것을 통해 천지의 정을 볼 수 있다."('大壯, 利貞', 大者正也. 正大而天地之情可見矣!) (2)臨卦"至於八月有凶", 임(臨䷒)괘는 두 개의 양이 아래에서 불어나는 형상이다. 이에 반해 8월에 해당하는 관(觀䷓)괘는 임괘가 뒤집어진 도전(倒轉)괘로 음 넷에 의해 양 둘이 밀려나는 형상이다. 이에 8월에 이르러 흉한 일이 있을 거라고 했다. 장재가 여기서 이 괘를 언급한 이유는 임괘에서 관괘에 이르는 상황은 그래도 일정한 시간이 경과하면서 일어나지만 박괘에서 복괘로의 전환은 아주 신속하게 이루어짐을 설명하기 위해서이다.

보이므로 묘사할 수 있다. 구(姤☰☰)에서 박(剝☰☰)의 상구에 이르기까지 그 수는 여섯이요, 박(剝☰☰)은 복(復☰☰)과 함께함에 선 하나도 용납하지 않는다. 잠시라도 회복하지 않으면 하늘과 땅의 도는 쉬게 된다. 따라서 딱 다했을 때 곧 생겨나니, 더는 선후의 차서는 없다. 이 의미가 가장 중대하다. 임(臨)괘에서는 "8월에 이르면 흉한 일이 있을 것이다"라고 했다. 복괘의 경우는 조금이라도 단절되어서는 안 된다. 그래서 7일이라고 말했다. 7일이란 주야로 서로 잇는 것이니, 본디 끊어지거나 계속될 때는 없다. 대개 "천지의 마음"이라 말하는 것은 천지의 큰 덕을 생이라 하는 측면에서 말한 것이다. 그렇다면 만물을 낳음을 근본으로 여기는 것이 곧 천지의 마음이다. 땅과 우레로 이루어진 복괘에서 천지의 마음을 본다는 것은 천지의 마음은 오직 만물을 낳는 것으로, 천지의 큰 덕을 낳음이라고 말하는 것이다. 우레가 땅속에서 회복되는 것이 만물을 낳는 것이다. 「단전」에서는 "끝을 맺으면 시작됨이 있으니 하늘의 운행이다"라고 했다. 하늘이 운행할 때 어찌 쉴 적이 있었겠는가? 바름으로써 고요함에 무슨 기간이 있었겠는가? 이 움직임은 고요함 가운데의 움직임이라, 고요함 가운데 움직여, 움직임이 무궁한데, 무슨 처음과 끝, 시작과 소멸이 있겠는가? 천지가 생긴 후 오늘날에 이르기까지 대개 고요하면서 움직여 왔다. 하늘은 무심하고 무위이며 주재하는 바가 없이 늘 그래 왔으니 무슨 쉼이 있었겠는가? 사람의 덕성 또한 이와 합치된다면 자신이 지닌 것이 된다. 만약 마음속에서 조작하고 계획하여 고요하다면 어찌 오래 지속될 수 있으리오! 그러니 반드시 고요함으로부터 나아가야 한다. 대개 고요함이란 덕을 진전시키는 기반이다.

| 해설 | 전체적으로 볼 때 위 글은 『주역』 복괘에서 말하는 '천지의 마음'이란 「계사전」

에서 말하는 천지의 만물을 낳는 큰 덕을 뜻함을 밝힌 것이다. 서두에서 장재는 우선 복괘에서는 '천지의 마음'이라는 말을 쓰면서도 다른 여러 괘에서는 '천지의 정'이라는 다른 표현을 쓰고 있음을 지적하면서, 마음은 내적인 것이라 그것은 안에 들어가야 마음이 어떤지 알 수 있는 데 반해, '정'은 밖으로 표출되는 것이기 때문에 묘사할 수 있다고 하여 양자를 구별했다. 다음으로 "구(姤☰)에서 박(剝☷)의 상구에 이르기까지 그 수는 여섯이다"라는 말은 음이 점차 불어나 양을 잠식하는 것에 해당하는 괘들이 모두 여섯 개 있다는 뜻이다. 그에 비해 박(剝☷)에서 복(復☷)으로의 전환, 즉 음에 의해 양이 거의 소멸에 가까워졌다가 다시 땅 밑에서부터 양이 생겨나는 전환이 이루어지는 일은 연속적으로 이루어진다. 장재는 이것이 하늘과 땅은 한시도 쉼 없이 일함을 뜻한다고 했다. 다음으로 밝힌 것은 서두에서 말했듯, '천지의 마음'이라는 것이 실질적으로는 '천지의 만물을 낳는 덕'을 뜻한다는 것이다. 마지막으로 이야기한 것은 움직임과 고요함, 즉 천지의 동정 문제이다. 천지는 쉼 없이 일한다고 했으므로, 천지의 움직임과 고요함 또한 기계적으로 이해되어서는 안 된다. 그것은 상대적인 개념일 뿐이다. 고요함이란 쉼 없이 일하는 가운데, 상대적인 고요함일 따름이다. 고요함 가운데에도 여전히 움직임이 있다. 장재는 이 고요한 것 같지만 쉼 없이 일하는 것이 천지의 특징이라고 말한다. 그리고 그것은 천지가 일을 할 때 무심, 무위의 원칙을 따르기 때문이라고 한다. 인간 또한 천지를 본받아 무심, 무위할 수 있다면 천지로부터 부여받은 덕을 자신의 것으로 완전히 체화할 수 있다고 했다.

「象」曰: 雷在地中, 復, 先王以至日閉關, 商旅不行, 后不省方.

「상전」에서 말했다. 우레가 땅속에 있는 것이 복이다. 선왕은 그것을 본받아 동지에 관문을 걸어 잠그고 상인과 여행객이 다니지 못하게 하며 군주도 사방을 시찰하지 않는다.

24.3 凡言"后"者, 大率謂[1]繼體守成之主也. 復言"先王以至日閉關, 商旅不行, 后不省方", 以此校之, 則后爲繼承之主明矣. "先王以至日閉關"者, 先王所重於至日, 以其順陰陽往來, "閉關"者, 取其靜也, 閉關則商旅不行. 先王無放過事, 順時以示法, 亦以示民. "后不省方", 如言富庶[2]優暇, 不甚省事, 又明是繼文之主.[124]

| 번역 | "후(后)"라고 하는 것은 대체로 왕위를 계승하고 선대의 업적을 지켜 나가는 군주를 말한다. 복괘에서는 "선왕은 그것을 본받아 동지에 관문을 걸어 잠그고 상인과 여행객이 다니지 못하게 하며 군주도 사방을 시찰하지 않는다"라고 했는데, 이 말을 가지고 살펴보건대, 후(后)가 계승하는 군주라는 점은 명백하다. "선왕은 그것을 본받아 동지에 관문을 걸어 잠근다"는 것은 선왕이 동지에 중시하던 것이 음양의 왕래를 따르는 것이었기 때문이다. "문을 걸어 잠근다"는 것은 그 고요함을 취함이니, 문을 걸어 잠그면 상인과 여행객들이 다니지 않는다. 선왕은 놓치는 일이 없이 때를 따라 모범을 보이고, 백성들에게 보여 주었다. "군주가 사방을 시찰하지 않는다"는 것은 물산이 풍부하고 인구가 많으며 여유가 있어 그다지 일을 살피지 않는 것이니, 이 또한 분명히 문왕을 계승한 군주이다.

初九, 不遠復, 无[1]祗悔, 元吉. 「象」曰: "不遠之復", 以脩身也.[125]

---

124 (1)繼體, 적장자가 왕위를 계승함. (2)優暇, 여유가 있음.
125 (1)祗悔: 祗, 일반적으로 適과 같은 뜻으로 이른다고 풀이하나, 장재는 아래에서 이 글자를 受로 풀었다.

초구는 멀리 가지 않고 돌아오는 것으로 뉘우치게 되는 일은 없었으니 크게 길하다. 「상전」에서 말했다. "멀리 가지 않고 돌아온다"는 것은 수신을 했기 때문이다.

|번역| 지(祗)는 받들 승(承)과 같으니, 받아들이는 것이다. 일설에는 지회(祗悔)의 지(祗)를 천신(神)과 지신(祗)의 지(祗)라고 했다. 지(祗)의 뜻은 내보이는 것, 드러내는 것, 보이는 것이다. 뉘우치는 일이 없게 할 수는 있지만, 그런 일이 이루어져 나타나게 해서는 안 됨을 말한 것이다.

六二, 休復, 吉. 「象」曰: "休復之吉", 以下仁也.

육이는 아름답게 돌아오니 길하다. 「상전」에서 말했다. "아름답게 돌아오는 길함"은 어진 사람에게 몸을 낮추기 때문이다.

24.5 下比於陽, 故樂行其善.

|번역| 아래로 양과 친하기 때문에 그 선을 즐거이 행한다.

|해설| 육이는 초구의 양기와 친하게 지낸다. 그래서 선을 즐겁게 실천한다.

六三, (1)頻復, 厲无咎. 「象」曰: "頻復之厲", 義无咎也.[126]

육삼은 얼굴을 찌푸리며 돌아오니 위태롭지만 허물은 없다. 「상전」
에서 말했다. "얼굴을 찌푸리며 돌아오는 위태로움"이지만 의리상 허물
은 없다.

24.6 所處非位, 非頻蹙自危, 不能無吝. 吝一作咎.

| 번역 | 처한 곳이 바른 위치가 아니나 얼굴을 찌푸림이 아니면 자연히 위
태로워 어려움이 없을 수 없다. 부끄러울 인(吝)은 어떤 곳에서는 허물 구(咎)로 되
어 있다.

| 해설 | 육삼은 바른 위치가 아니다. 그 때문에 장재는 얼굴을 찌푸리며 돌아온다고 했
다. 그래야 위태로워도 허물은 없을 것이기 때문이다.

六四, 中行獨復. 「象」曰: "中行獨復", 以從道也.

육사는 중도로 행하여 홀로 돌아온다. 「상전」에서 말했다. "중도로
행하여 홀로 돌아온다"는 것은 도를 따르기 때문이다.

---

126 (1)頻, 장재는 빈(頻)을 얼굴을 찌푸린다는 빈축(顰蹙)으로 이해하고 있다. 반면 빈頻을
글자 그대로 '자주'라는 뜻으로 풀기도 한다. 그러면 "육삼은 자주 잘못을 하고 돌아오
니, 위태롭지만 허물이 없다"는 뜻이 된다.

|번역| 부드러운 것이 위태로울 때 중도로 바른 것과 합쳐 응한다. 그러므로 여러 효와 같지 않다.

|해설| 육사는 육이, 육삼, 육오, 상육의 다른 음효 가운데에 위치해 있으며, 아래의 초구와 상응한다. 그래서 다른 음효들과는 다르게 중용의 도를 행할 수 있다.

六五, 敦復, 无悔.「象」曰: "敦復无悔", 中以自考也.

　육오는 돈독하게 돌아오니 후회가 없다.「상전」에서 말했다. "돈독하게 돌아오니 후회가 없다"는 것은 중도로 스스로를 살폈기 때문이다.

24.8 性順位中, 無它應援, 以敦實自求而已. 剛長柔危之世, 能以中道
　　　自考, 故可無悔, 不然, 取悔必矣.

|번역| 성질이 유순하고 위치가 중이되 달리 응원하는 것이 없기 때문에 돈독하고 성실하게 스스로 구할 따름이다. 강한 것이 자라나 부드러운 것이 위태로울 때 중도로 스스로 살필 수 있으니 후회가 없을 수 있다. 그러지 않는다면 반드시 후회하게 될 것이다.

|해설| 육오는 음의 부드러운 기로 상괘의 중간에 위치하고 있지만, 하괘에서 상응하는 것이 없다. 그래서 오직 스스로 돈독하고 성실한 태도로 올바른 것이 무엇인지 판단하고 행동할 수 있을 따름이다.

上六, 迷復, 凶, 有災眚. 用行師, 終有大敗, 以其國君凶, 至于十年不克征. 「象」曰: "迷復之凶", 反君道也.

상육은 돌아오는 일에 혼미하니 흉하고 재앙이 있다. 군사를 동원하면 끝내 대패하고, 한 나라로 말하면 군주가 흉하여 10년이 되도록 출정하지 못한다. 「상전」에서 말했다. "돌아오는 일에 혼미하니 흉하다"고 하니 임금의 도에 반하는 것이다.

24.9 君道過亢反常, 無施而可, 故天災人害, 師敗君凶, 久衰而不可振也.

|번역| 임금의 도가 지나쳐 정상에 반하면 시행 가능한 일이 없게 된다. 그래서 하늘의 재앙과 인위적인 재해가 생겨나고 군대는 패배하고 임금은 흉하게 되니, 오랫동안 쇠약해 떨쳐 일어날 수 없게 된다.

25

무망
无妄 ䷘

无妄. 元亨利貞. 其匪正有眚, 不利有攸往.「彖」曰: 无妄, (1)剛自外來
而爲主於內, 動而健, 剛中而應, 大亨以正, 天之命也. "其匪正有眚, 不
利有攸往", 无妄之往何之矣? 天命不祐, 行矣哉![127]

    무망(无妄)은 크게 형통하고 바름에 이롭다. 그 하는 일이 바르지 않
으면 재앙이 있게 되고, 나아가는 일이 있으면 이롭지 않다.「단전」에
서 말했다. 무망은 강한 것이 바깥에서 와서 안에서 주인이 된 것이다.
움직여 굳세고 강한 구오가 중에 있으면서 육이와 상응하여 크게 형통
하고 바르니, 하늘의 명이다. "그 하는 일이 바르지 않으면 재앙이 있게
되고, 나아가는 일이 있으면 이롭지 않다"고 하니, 무망한 자가 가는데
어디로 가겠는가? 천명이 돕지 않는데, 가겠는가!

---

[127] (1)剛自外來而爲主於內: 하괘는 원래 곤괘였는데, 건괘와 교류하는 가운데 양 하나가 밖
에서 들어와 하괘의 주효가 됨.

25.1 无妄四德, 无妄而後具四德也. 其曰"匪正有眚", 對无妄雷行天動
也, 天動不妄, 故曰"无妄". 天動不妄則物亦无妄, 乾道變化各正
性命也.

|번역| 무망의 네 가지 덕은 무망한 후에 네 가지 덕을 갖추는 것을 뜻한다.
"그 하는 일이 바르지 않으면 재앙이 있게 된다"고 한 것은 무망하게
우레가 치고 하늘이 움직이는 것에 상대되는 것을 뜻하니, 하늘의
움직임은 거짓되지 않으므로 "무망하다"고 했다. 하늘이 움직일 때
거짓되지 않으면 만물 또한 거짓됨이 없으니, 하늘의 도가 변화하
면 각기 성명(性命)을 바르게 한다.

|해설| 원형이정(元亨利貞)의 사덕은 거짓됨이 없어야 갖출 수 있다. 사람의 행동이 바
르지 않다는 것은 거짓됨이 없는 자연의 운동과는 상반된 것이다. 대자연의 운
행에는 거짓됨이 없다. 따라서 자연 안의 개별 존재 또한 거짓됨이 없다.

「象」曰: 天下雷行, 物與无妄, 先王以茂對時育萬物.

　「상전」에서 말했다. 하늘 아래에서 우레가 움직여 만물에 거짓됨 없
음을 주니, 선왕은 이를 본받아 왕성함으로 때에 맞게 만물을 기른다.

25.2 物因雷動, 雷動不妄則物亦不妄, 故曰"物與无妄". 育不以時, 害
莫甚焉.

|번역| 만물은 우레로 인해 움직인다. 우레가 움직이는 것이 거짓되지 않

으면 만물 또한 거짓되지 않다. 그래서 "만물에 거짓됨 없음을 준다"
고 했다. 때에 맞게 기르지 않으면 해가 극심해진다.

|해설| 옛날 사람들은 봄이 되면 양기가 땅속에서 분출되어 나와 우레가 되어 만물을
진동시킨다고 생각했다. 만물이 우레로 인해 움직인다는 말은 이런 관념을 반
영하고 있다. 또 우레, 즉 자연이 거짓되지 않으니, 그 자연의 생명이 부여된 만
물 또한 거짓되지 않다고 했다.

初九, 无妄, 往吉. 「象」曰: "无妄之往", 得志也.

초구는 거짓됨이 없으니 나아가면 길하다. 「상전」에서 말했다. "거짓
됨이 없이 나아가는 것"은 뜻을 얻는 것이다.

25.3 『易』所謂"得志"者, 聖賢獲其願欲者也. ⁽¹⁾得臣無家, 堯之志也. ⁽²⁾貞
吉升階, 舜之志也.¹²⁸

|번역| 『주역』에서 "뜻을 얻는다"는 것은 성현이 그 원하는 바를 얻음을 말
한다. 신하를 얻어 사사로운 집이 없게 되는 것은 요의 뜻이었다. 바
르고 길하여 계단을 오르는 것같이 되는 것은 순의 뜻이었다.

128 (1)得臣無家, 『周易』, 「損」, 上九, "得臣無家." "신하를 얻는다"는 것은 많은 사람이 모두
신하가 되기를 원한다는 뜻이고, "집이 없게 된다"는 것은 천하가 다 자신의 집처럼 여
겨져 사사로운 집은 없게 됨을 말한다. (2)貞吉升階, 『周易』, 「升」, 六五, "바르면 길하니,
계단을 오르는 것 같다." 승괘의 괘상은 ䷭이다. 부드러운 덕을 지닌 육오의 군주가 하
괘의 강하고 중도를 지키는 신하를 만나 계단을 오르는 것처럼 편하게 뜻을 이룸을 나
타낸다.

六二, 不耕穫, 不⁽¹⁾菑畬, 則利有攸往. 「象」曰: "不耕穫", 未富也.¹²⁹

육이는 밭 갈 때 수확을 바라지 않고 개간한 지 1년이나 3년 된 밭을 좋은 밭으로 생각하지 않으니, 나아가는 일이 있으면 이롭다. 「상전」에서 말했다. "밭을 갈 때 수확을 바라지 않는다"고 했으니, 부유해지지 않는다.

25.4 柔之爲道不利遠者, 能遠利不爲物首則可, 乘剛處實則凶.

|번역| 부드러운 도는 먼 것을 이롭게 여기지 않는 것으로, 이익을 멀리하여 다른 이들의 우두머리가 되지 않을 수 있으면 된다. 강한 것에 편승해 실에 처하면 흉하다.

|해설| 육이는 유순한 자세로 임하는 자이니, 욕심을 내어 이익을 취하려 하지 않고, 앞장서 남의 우두머리가 되려 하지도 않으며, 강자에 편승하지도 않는다. 오직 거짓되지 않게 행동할 뿐이다.

六三, 无妄之災, 或繫之牛, 行人之得, 邑人之災. 「象」曰: 行人得牛, 邑人災也.

육삼은 무망의 재앙을 당하니, 혹 소를 묶어 놓았는데 행인이 그것을 가져간 것은 마을 사람들의 재앙이다. 「상전」에서 말했다. 행인이 소를

---

129 (1)菑畬: 菑(치), 개간한 지 1년 된 밭. 畬(여), 개간한 지 3년 된 밭. 菑畬는 개간한 지 몇 년이 되어 토질이 좋은 것을 뜻한다.

가져간 것은 마을 사람들의 재앙이다.

25.5 妄災之大, 莫大於妄誅於人, 以陰居陽, 體躁而動, 遷怒肆暴, 災
之甚者也. 繫牛爲說, 緣耕獲生詞.

|번역| 허망한 재앙 가운데 큰 것으로 남에게 허망하게 베어지는 것보다
큰일은 없다. 음으로 양의 자리에 머물며 몸이 조급하게 움직이고
화를 옮기고 멋대로 난폭하게 구는 것은 재앙이 심해지는 것이다.
소를 묶어 놓음을 말함은 밭을 갈아 수확하려는 데서 생겨난 말이다.

|해설| 육삼은 거짓이 없지만 허망하게 재앙을 당하는 경우이다. 묶어 놓은 소를 누군
가 끌고 갔는데, 마을 사람들이 소를 훔쳐 간 것으로 의심을 받는 상황이다. 장
재는 이런 상황에서 조급하게 굴고, 난폭하게 행동하면 허망하게 죽임을 당하
는 재앙이 있게 된다고 했다.

九四, 可貞, 无咎. 「象」曰: "可貞无咎", 固有之也. 九五, 无妄之疾, 勿
藥有喜. 「象」曰: "无妄之藥", 不可試也.

구사는 바름을 지킬 수 있으면 허물이 없다. 「상전」에서 말했다. "바
름을 지키면 허물이 없다"는 것은 굳게 바름을 지니고 있기 때문이다.
구오는 무망한 질병에 걸린 것이니 약을 쓰지 않아도 기쁜 일이 있다.
「상전」에서 말했다. "무망에 대한 약은" 써서는 안 된다.

25.6 體健居尊, 得行其志, 故以无妄爲疾.

|번역| 몸이 건강하고 존귀한 위치에 머무니 그 뜻을 행할 수 있다. 그래서 거짓됨이 없음을 질환으로 여긴다.

25.7 "无妄之疾", 疾无妄之謂也. 欲妄動而不敢妄, 是則以无妄爲疾者也, 如孟子言有[(1)]"法家拂士", 是疾无妄者也. 以无妄爲病而醫之, 則妄之意遂矣, 故曰"勿藥有喜", 又曰"不可試也", 言不可用藥治之.[130]

|번역| "무망한 질환"은 거짓됨이 없는 질환을 앓는 것을 말한다. 거짓되게 움직이려 해도 감히 거짓되지 못한다면, 이는 거짓됨이 없는 것을 질환으로 삼는 것이다. 예컨대 맹자가 말한 "법도를 지키는 대신과 보필하는 선비"가 거짓됨이 없는 질환을 앓는 자들이다. 거짓됨이 없음을 질병으로 여겨 치료하려 하면 거짓된 마음이 이루어진다. 그래서 "약을 쓰지 않아도 기쁜 일이 있다"고 했고, "약을 써서는 안 된다"고도 했다. 약을 써서 치료하려 해서는 안 됨을 말한다.

上九, 无妄行, 有眚, 无攸利.「象」曰: 无妄之行, 窮之災也.

---

130 (1)法家拂士, 『孟子』, 「告子下」, "入則無法家拂士 出則無敵國外患者 國恒亡. 然後知生於憂患而死於安樂也." "국내에 법도를 지키는 신하와 보필하는 선비가 없고, 국외에 대적하는 나라와 외침의 우환이 없다면, 이런 나라는 곧잘 멸망하기 마련이다." 法家, 법도를 지키는 신하. 拂士, 보필하는 선비. 拂은 보필함.

상구는 무망한데 행하니 재앙이 있고 이로운 일이 없다. 「상전」에서 말했다. 무망한데 행하는 것은 궁함에 이른 재앙이다.

25.8 進而過中, 是無妄而行也.

|번역| 전진하되 중을 넘어섰으니, 이는 무망한데 행함이다.

|해설| 무망하지만 상구의 높은 위치에 있어 위태로운데, 여전히 전진하면 중용을 넘어서 지나친 행위가 된다.

26

대축

大畜

大畜, 利貞, 不家食吉, 利涉大川.「彖」曰: 大畜, 剛健篤實輝光, 日新
其德, 剛上而尙賢, 能止健, 大正也. "不家食吉", 養賢也. "利涉大川",
應乎天也.「象」曰: 天在山中, 大畜, 君子以多識前言往行, 以畜其德.

대축은 바름에 이롭다. 집에서 밥을 먹지 않으니 길하고 큰 내를 건
넘에 이롭다.「단전」에서 말했다. 대축은 강건하고 독실하고 빛이 나,
날로 그 덕을 새롭게 한다. 강한 상구가 위에 있어 현자인 육오를 숭상
하고, 하괘의 강건한 것을 저지할 수 있으니 크게 바르다. "집에서 밥을
먹지 않으니 길하다"는 것은 현자를 기르는 것이다. "큰 내를 건넘에 이
롭다"는 것은 하늘에 응하는 것이다.「상전」에서 말했다. 하늘이 산 가
운데에 있으니 대축이다. 군자는 선대의 말과 과거의 행동을 많이 기억
해 그 덕을 기른다.

26.1 剛健篤實, 日新其德, 乃天德也.

|번역| 강건하고 독실하며 날로 그 덕을 새롭게 하니 하늘의 덕이다.

|해설| 대축(大畜)괘는 상괘가 간(艮)으로 산을 상징하고, 양이 하나인 양괘이고, 하괘는 건(乾)의 하늘을 상징한다. 상하가 모두 강한 기이니, 강한 힘을 날마다 새롭게 기르고 강한 것을 제지함을 뜻한다. 이는 강건한 하늘의 덕과 같다..

26.2 陽卦在上, 而上九又在其上, 故曰"剛上而尚賢". 強學者往往心多好勝, 必無心處(一)[之]¹³¹乃善也. 定然後始有光明, 惟能定已是光明矣, 若常移易不定, 何(求)[來]¹³²光明! 『易』大抵以艮爲止, 止乃光明. 時止時行, "動靜不失其時, 其道光明", "謙, 天道下濟而光明", "天在山中, 大畜", 君子以"剛健篤實輝光, 日新其德", 定則光明, 故⁽¹⁾『大學』定而至於能慮. 人心多則無由光明. (蒙雜而著著古著字雜著於物所以爲蒙蒙昏蒙)¹³³

|번역| 양괘가 위에 있고 상구가 또 그 위에 있다. 그래서 "강한 것이 위에 있어 현자를 숭상한다"고 했다. 힘써 배우는 자는 마음속으로 종종 이기는 것을 많이 좋아하니, 반드시 무심하게 처해야 선하게 된다. 안정된 후에야 빛이 나기 시작하니, 오직 안정될 수 있으면 이미 빛이 난다. 만약 항상 마음이 변하여 안정되지 못한다면 어찌 빛나겠

---

131 〈중화 주석〉 '之'라는 글자는 글의 의미에 따라 고쳤다.
132 〈중화 주석〉 '來'라는 글자는 글의 의미에 따라 고쳤다.
133 (1)『大學』定而至於能慮, 『大學』 1장, "知止而后有定, 定而后能靜, 靜而后能安, 安而后 能慮, 慮而后能得." "머무를 곳을 안 후에야 정해지는 것이 생기게 되고, 정해진 후에야 마음이 고요해질 수 있으며, 마음이 고요해진 후에야 편안해질 수 있고, 편안해진 후에야 사려할 수 있으며, 사려한 후에야 얻을 수 있다." 〈중화 주석〉 이 구절들은 「몽蒙」괘의 착간이다.

는가!『주역』에서는 대체로 간(艮)을 머묾으로 여기니, 머물면 빛난다. 제때에 머물고 제때에 행하여 "움직이고 고요함이 그 제때를 잃지 않으면 그 도가 빛난다." "겸(謙)은 하늘의 도가 아래로 베풀어져 밝게 빛난다"고 했고, "하늘이 산 가운데에 있으니 대축이다"라고 했다. 군자는 그것을 본받아 "강건하고 독실하며 빛나 날로 그 덕을 새롭게 한다." 안정되면 빛난다. 그래서『대학』에서는 안정되면 사려할 수 있는 데 이른다고 했다. 사람이 생각이 많으면 빛날 방법이 없다.

┃해설┃ 상괘 간☶은 양괘이고 상구 또한 양이다. 그래서 "강한 것이 위에 있다"고 했고, 육오가 이 상구를 떠받치고 있으므로 "현자를 숭상한다"고 했다. 장재는 이 강한 것이 위에 있는 형상에서 힘써 배우는 사람을 연상했다. 그래서 힘써 배우는 사람은 마치 육오가 상구를 떠받드는 것처럼 욕심을 버리고 무심하게 대처해야 한다고 했다. 그래야 마음이 안정되어 덕이 빛난다. 상괘인 간(艮)에는 머문다(止)는 뜻이 있다. 강한 것이 적절하게 머물게 함으로써 행하고 머무는 일이 중도를 지켜야 덕이 빛난다.

初九, 有厲, 利已. 「象」曰: "有厲利已", 不犯災也.

초구는 위태로움이 있으니 그만두는 것이 이롭다. 「상전」에서 말했다. "위태로움이 있으니 그만두는 것이 이롭다"는 것은 재앙을 초래하지 않기 때문이다.

26.3 趨其應則有二三之阻, 故不若已也.

|번역| 그 응하는 것으로 달려가지만 구이와 구삼의 저지함이 있으므로 그
만두는 것이 낫다.

|해설| 초구는 육사와 상응한다. 그래서 강한 기로 달려 나가려 하지만, 역시 강한 기인
구이와 구삼이 가로막아 제지한다. 그래서 그만두는 것이 낫다고 했다.

九二, ⁽¹⁾輿說輹. 「象」曰: "輿說輹", 中无尤也.¹³⁴

구이는 수레의 바큇살을 벗긴다. 「상전」에서 말했다. "수레의 바큇살
을 벗긴다"는 것은 중의 상태에 있어서 잘못이 없는 것이다.

> 26.4 不阻於三則見童於四, 不躁進者, 位中也.

|번역| 구삼에 의해 저지당하지 않으면 사(四)에서 어린 것을 보지만, 조급
하게 전진하지 않는 것은 위치가 중에 있기 때문이다.

|해설| 구이는 중의 위치에 있기 때문에 구삼만 넘으면 상대하기 쉬운 육사의 어린 소
를 만난다는 점을 알면서도 조급하게 전진하지 않는다.

九三, 良馬逐, 利艱貞, 曰閑輿衛, 利有攸往. 「象」曰: "利有攸往", 上合
志也.

---

134 (1)輿說輹: 說, 脫과 같음. 輹, 바큇살.

구삼은 좋은 말로 쫓아가는데, 어렵지만 바르면 이롭다. 수레 호위하는 일로 방비하면 가는 바가 있음에 이롭다. 「상전」에서 말했다. "가는 바가 있음에 이롭다"는 것은 상구와 뜻을 합하는 것이다.

26.5 不防輿衛而進歷二陰, 則或有⁽¹⁾童牿說⁽²⁾(輻)[輹]之害, 不利其往也. 本乎天者親上, 故上合志也.¹³⁵

| 번역 | 수레 호위로 방비하지 않고 전진하여 두 음을 겪으면 혹여 송아지에 댄 빗장에 바큇살이 빠지는 해가 있기도 하니, 그 나아감에 이롭지 않다. 하늘에 근본을 둔 자는 위와 친하기 때문에 상구와 뜻을 합한다.

| 해설 | 구삼 효사에서는 수레 호위하는 일을 잘해 방비하면 나아가도 이롭다. 만약 그렇게 하지 못한다면 육사의 송아지를 묶어 두는 빗장에 걸려 바큇살이 빠지는 것과 같은 해가 생겨난다. 또 구삼은 상구와 상응한다. 일반적으로는 음과 양이 상응하지만, 대축괘에서 음은 양이 나아가려 함을 저지하므로, 여기서는 오히려 양의 전진하려는 뜻이 다른 양과 합치된다.

六四, 童牛之牿, 元吉. 「象」曰: 六四"元吉", 有喜也. 六五, ⁽¹⁾豶豕之牙, 吉. 「象」曰: 六五之吉, 有慶也. 上九, 何天之⁽²⁾衢, 亨. 「象」曰: "何天之衢", 道大行也.¹³⁶

---

135 (1)童牿(곡), 어린 소에 가로 댄 빗장. 〈중화 주석〉 '輹' 자는 효사에 근거해 고쳤다.
136 (1)豶(분)豕: 豶, 기세한 돼지. (2)衢(구), 네거리.

육사는 송아지에 빗장을 대었으니 크게 길하다. 「상전」에서 말했다. 육사가 "크게 길하다"는 것은 기쁜 일이 있다는 뜻이다. 육오는 거세한 돼지의 어금니이니, 온순하여 길하다. 「상전」에서 말했다. 육오가 길하다는 것은 경사가 있다는 뜻이다. 상구는 어찌 하늘이 네거리이겠는가? 형통한다. 「상전」에서 말했다. "어찌 하늘이 네거리이겠는가?"라는 것은 도가 크게 행해진다는 뜻이다.

26.6 其道大行也, 升於天, 何待衢路而進? 言無所不通也. 衢字當爲絕句. 艮爲止, 止二陰也, 不以止其類也, 故亨.

|번역| 그 도가 크게 행해져 하늘의 위치에 올랐으니 어찌 네거리를 기다린 후에 전진하겠는가? 통하지 않는 것이 없음을 말한다. 구(衢)라는 글자는 마땅히 끊어 읽어야 한다. 간(艮)은 저지함이니, 아래의 두 음을 저지하고, 자신의 동류를 저지하지 않는다. 그래서 형통한다.

|해설| 상구에 대한 장재 나름의 설명이다. 오늘날 상구의 "何天之衢"에서 하(何)는 하(荷)의 뜻으로 풀이한다. 즉 어떤 짐 같은 것을 '지다', '싣다'의 뜻이다. 그렇게 보면, "何天之衢, 亨"은 "하늘의 막힘없는 대도를 싣고 있으니 형통한다"는 뜻이 된다. 이와는 달리 장재는 '何'를 글자 그대로 '어찌'로 이해했다. 그리하여 "何天之衢?"는 "어찌 하늘이 네거리이겠는가?"의 뜻이 된다. 즉 하늘, 그리고 이미 하늘과 같은 위치에 오른 성인은 네거리 같은 제한된 어떤 것에 의존하지 않는다. 그것의 운행 혹은 활동은 어디에도 제한되지 않는 무궁한 것이기 때문이다.

27

이

頤☰☰

⁽¹⁾頤. 貞吉, 觀頤, 自求口實. 「彖」曰: 頤, 貞吉, 養正則吉也. 觀頤, 觀其所養也, 自求口實, 觀其自養也. 天地養萬物, 聖人養賢以及萬民, 頤之時大矣哉!¹³⁷

이(頤)는 바르면 길하다. 길러 주는 것을 살피고 스스로 입을 채울 음식을 구한다. 「단전」에서 말했다. 이(頤)는 바르면 길하다고 하니, 기르는 것이 바르면 길하다는 뜻이다. 이(頤)를 살핀다는 것은 길러 주는 것을 살핀다는 뜻이요, 스스로 입을 채울 음식을 구한다는 것은 스스로 기를 것을 살핀다는 뜻이다. 천지는 만물을 기르고 성인은 현자를 길러 만민에게 미치게 한다. 이(頤)의 시의(時義)는 크다.

27.1 觀頤, 辨養道得失, 欲觀人處己之方.

---

137 (1)頤, 기른다는 뜻으로 자기를 기르는 것과 타인을 기르는 것을 포함한다.

|번역| 기르는 것을 살핌은 기르는 도의 득실을 변별하고 사람들이 처신하는 방법을 살피려 함을 뜻한다.

|해설| 이(頤)는 기른다는 뜻이다. 대자연이 만물을 어떻게 길러 주고, 사람이 어떻게 다른 사람을 잘 기르는지 살피는 것을 뜻한다.

「象」曰: 山下有雷, 頤, 君子以愼言語, 節飮食.

「상전」에서 말했다. 산 아래에 우레가 있으니, 이(頤)이다. 군자는 그로 인해 말을 조심하고 음식을 절제한다.

27.2 山下有雷, 畜養之象.

|번역| 산 아래에 우레가 있으니, 기르는 형상이다.

|해설| 산은 막는 것을 상징하고, 우레는 움직이는 것을 상징한다. 말하고 먹는 것은 입을 움직이는 행위인데, 그것이 과도하지 않도록 막아 절제해야 제대로 기르게 된다.

初九, 舍爾靈龜, 觀我[(1)]朵頤, 凶. 「象」曰: "觀我朵頤", 亦不足貴也.[138]

초구는 너의 신령한 거북을 버리고 나를 보고 턱을 벌리니 흉하다.

---

[138] (1)朵頤: 朵(타)는 원래 나뭇가지가 아래로 늘어짐을 뜻함. 頤는 아래턱. 따라서 朵其頤는 아래턱을 늘어뜨리듯 입을 크게 벌려 무엇인가를 먹으려는 것을 가리킴.

「상전」에서 말했다. "나를 보고 턱을 벌린다"고 하니 귀하다고 하기에
는 부족하다.

27.3 體躁應上, 觀我而朵其頤, 求養而無恥者也.

|번역| 몸이 조급하게 위로 응하여, 나를 보고 자신의 턱을 벌리니, 길러 달
라고 요구하는 부끄러움이 없는 자이다.

|해설| 초구는 양의 강한 것으로, 자신이 먹고살 수 있는 것이 있는데도 육사에게 자신
을 길러 달라고 요구하는 자이다.

六二, 顚頤, 拂經, 于丘頤, 征凶. 「象」曰: 六二"征凶", 行失類也.

육이는 거꾸로 기르면 상도(常道)에 어긋나는 것이요, 언덕에 길러 달
라고 하며 나아가면 흉하다. 「상전」에서 말했다. 육이는 "나아가면 흉
하다"고 한 것은 행하여 동류를 잃기 때문이다.

27.4 凡頤之正, 以貴養賤, 以陽養陰, 所謂經也. 頤卦群陰皆當聽養於
上, 六二違之, 反比於初, 以陰養陽, 顚頤者也. 群陰, 上所聚養者
也, 六二亂經於聚養之義, 失陰類之常, 故以進則凶.

|번역| 무릇 올바른 기름은 귀한 자가 천한 자를 길러 주고 양이 음을 길러
주는 것이니, 그것이 이른바 상도이다. 이(頤)괘의 여러 음은 모두

마땅히 위에 의해 길러져야 하는데, 육이는 그것을 거꾸로 거슬러 초구를 가까이하니, 이는 음이 양을 기르는, 거꾸로 기름이다. 여러 음은 위에서 모아 기를 자들인데, 육이는 모아 기르는 이치에서 상도를 어지럽혀, 음의 부류가 갖는 상도를 상실했다. 그래서 그렇게 전진하면 흉하다.

|해설| 육이, 육삼, 육사는 모두 위에 있는 상구에 의해 길러져야 하지만, 육이는 이런 보편적인 규범을 거슬러 초구와 가까이 지내니, 이는 양으로 음을 기르는 것이 아닌, 음으로 양을 기르는 것이다.

六三, 拂頤貞, 凶, 十年勿用, 无攸利. 「象」曰: "十年勿用", 道大悖也.

육삼은 기름의 바름을 거스르니 흉하다. 10년 동안 쓰이지 않으니 이로운 바가 없다. 「상전」에서 말했다. "10년 동안 쓰이지 않는다"는 것은 도가 크게 어그러졌기 때문이다.

27.5 履邪好動, 係說於上, 不但拂經而已, 害頤之正莫甚焉, 故凶. "係說於上"一作"係而說上".

|번역| 사악한 짓을 하면서 움직이기를 좋아하며 윗사람에게 매달려 말하는 것은 상도에 어긋날 뿐 아니라, 기름의 올바름을 대단히 심하게 해치는 것이다. 그러므로 흉하다. "係說於上"이 어떤 곳에서는 "係而說上"이라고 되어 있다.

|해설| 육삼은 올바르지 못한 움직임이 극한에 달한 자이다. 사악한 짓을 하고, 윗사람

에게 매달리니 상도에 어긋함이 대단히 심하다.

六四, 顚頤, 吉, 虎視眈眈, 其欲逐逐, 无咎. 「象」曰: 顚頤之吉, 上施光也.

　육사는 거꾸로 길러지지만 길하다. 호랑이가 아래를 주시하듯이 하고, 그 하고자 하는 것을 쫓고 쫓듯이 하면 허물이 없다. 「상전」에서 말했다. 거꾸로 길러지는 것이 길하다는 것은 위에서 베푸는 것이 빛나기 때문이다.

27.6 體順位陰, 得頤之正, 以貴養賤而得賢者, 雖反陽爻養陰之義, 以上養下, 其施光矣. 然以柔養剛, 非嚴重其德, 廣大其志, 則未免於咎.

|번역| 몸은 유순하고 위치는 음에 있어 올바른 기름을 얻는다. 귀한 자로서 천한 자를 길러 현자를 얻으니, 비록 양효가 음을 기르는 의미에 반하지만, 위에 있는 자로서 아래 사람을 기르니, 그 베풂이 빛난다. 그러나 부드러움으로 강함을 기르기 때문에 그 덕을 엄중하게 하고 그 뜻을 광대하게 하지 않는다면 허물을 면치 못한다.

|해설| 육사는 올바른 위치에 걸맞은 덕을 지니고 있다. 그래서 기름의 이치에 합당하게 행동한다. 비록 음이 초구인 양을 길러, 양이 음을 기르는 일반적인 상황에 어긋나지만, 윗사람이 아랫사람을 기르는 것임에는 분명하다. 하지만 윗사람이 약하고 아랫사람이 강하기 때문에, 그 덕을 엄하게 하고 뜻을 광대하게 해야 할 필요가 있다고 하여 이 말로 "호랑이가 아래를 주시하듯이 하고, 그 하고자 하는

것을 쫓고 쫓듯이 한다"는 구절을 풀이하였다.

六五, 拂經, 居貞吉, 不可涉大川. 「象」曰: "居貞之吉", 順以從上也.

　육오는 상도에 거스르지만 바름에 머무르면 길하되 큰 내를 건너서
는 안 된다. 「상전」에서 말했다. "바름에 머무르면 길하다"고 한 것은
순종하여 위를 따르기 때문이다.

27.7　聽養於上, 正也; 以陰居頤卦之尊, 拂經也.

|번역|　상구에 의해 길러지면 바르다. 음으로 이(頤)괘의 존귀한 위치에 있
　　　으니 상도에 어긋난다.

|해설|　육오는 약하여 상구의 강한 자에 의해 길러진다. 이 강한 자를 따르는 일은 상도
　　　에 어긋나지만, 올바른 태도를 유지하면 길하다.

上九, 由頤, 厲吉, 利涉大川. 「象」曰: "由頤厲吉", 大有慶也.

　상구는 기르는 일이 그로부터 말미암으니, 위태롭지만 길하고 큰 내
를 건너는 것이 이롭다. 「상전」에서 말했다. "기르는 일이 그로부터 말미
암으니, 위태롭지만 길하다"는 것은 큰 경사가 있다는 뜻이다.

27.8 由頤自危然後乃吉者, 下有衆陰順從之慶, 驕則有它吝. 此卦得養
之正者方利涉大川, 蓋養然後可動耳.

|번역| 기르는 일이 그로부터 말미암지만 위태롭게 여겨야 길하다는 것은
아래에 뭇 음이 순종하는 경사가 있지만, 교만하면 다른 부끄러울
일이 있기 때문이다. 이 괘에서는 올바른 기름을 얻은 자만이 큰 내
를 건넘에 이로우니, 길러진 후에야 움직일 수 있기 때문이다.

|해설| 이(頤)괘에서는 백성을 돌보는 일이 모두 상구에 힘입어 이루어진다. 따라서 이
는 경사이지만, 상구는 군주가 아니기 때문에 교만하면 위태롭게 된다. 그래서
늘 조심해야 길하다. "큰 내를 건넌다"는 말은 큰일을 할 수 있다는 뜻이다. 상구
에 의해 이 나라는 큰일을 도모할 수 있다는 뜻이다.

28

대과

大過 ䷛

⁽¹⁾大過. ⁽²⁾棟撓, 利有攸往, 亨. 「彖」曰: "大過", 大者過也, "棟撓", 本末弱也. 剛過而中. 巽而說行, 利有攸往, 乃亨. "大過"之時大矣哉! 「象」曰: 澤滅木, 大過, 君子以獨立不懼, 遯世无悶.¹³⁹

대과는 마룻대가 휘어지니 가는 바가 있으면 이롭고 형통한다. 「단전」에서 말했다. 대과는 큰 것이 지나친 것이요, "마룻대가 휘어지는 것"은 근본과 말단이 약하기 때문이다. 강한 것이 지나치지만 중에 있고, 공손하고 기뻐하며 행하니, 가는 바가 있으면 이롭고 형통한다. 대과의 시의는 크도다! 「상전」에서 말했다. 연못이 나무를 잠기게 하는 것이 대과이다. 군자는 이를 본받아 홀로 서도 두려워하지 않고 세상을 피해 있으면서도 근심함이 없다.

---

139 (1)大過, 잘못을 바로잡으려다가 지나쳐 더 나쁘게 됨을 뜻한다. (2)棟, 마룻대. 지붕의 서까래를 받치는 부분.

28.1 陽剛過實於中, 本末過弱於外, 故當過矯相與也.

|번역| 양의 강한 것이 가운데서 지나치게 실하고, 근본과 말단이 밖에서 지나치게 약하다. 따라서 마땅히 지나친 것을 바로잡아 함께해야 한다.

|해설| 대과괘의 괘상을 보면 구이에서 구오까지가 모두 양이다. 가운데가 지나치게 실하다. 그에 반해 초육과 상육은 모두 음이다. 근본과 말단은 지나치게 약하다.

初六, [(1)]藉用白茅, 无咎.「象」曰: 藉用白茅, 柔在下也. 九二, 枯楊[(2)]生稊, 老夫得其[(3)]女妻, 无不利.「象」曰: "老夫女妻", 過以相與也.[140]

초육은 자리를 까는 데 흰 띠풀을 쓰니 허물이 없다.「상전」에서 말했다. 자리를 까는 데 흰 띠풀을 쓴다는 것은 부드러운 것이 아래에 있는 것이다. 구이는 마른 버드나무에 새싹이 돋고 늙은 사내가 젊은 처를 얻으니 이롭지 않음이 없다.「상전」에서 말했다. "늙은 사내와 젊은 처"는 지나침으로써 함께하는 것이다.

28.2 扶衰於上, 使枯木生稊, 拯弱於下, 使微陰獲助, 此剛中下濟之功, 亦自獲助於物也.

|번역| 위에서 쇠약한 것을 부양하니 마른 나무에서 싹이 나게 한다. 아래

---

[140] (1)藉, 아래에 까는 것. 깔개. (2)生稊, 새싹이 돋는다. (3)女妻, 나이 어린 아내.

에서 약한 것을 구제하여 미약한 음이 도움을 얻도록 한다. 이 강하고 중의 자리에 있는 것이 아래로 내려가 구제하는 일은 또한 자신도 상대에게서 도움을 얻는다.

|해설| 구이는 강하고 바른 기로 초육의 약한 기가 자라나도록 돕는다. 마른 나무에서 새싹이 돋는 것이 그 일례이다. 그러나 그렇게 상대를 돕는 활동이 자기 자신에게도 도움이 된다.

九三, 棟撓, 凶.「象」曰: "棟撓之凶", 不可以有輔也. 九四, 棟隆, 吉, 有它, 吝.「象」曰: "棟隆之吉", 不橈乎下也.

구삼은 마룻대가 휘니 흉하다.「상전」에서 말했다. "마룻대가 휘니 흉하다"는 것은 도움이 있을 수 없음을 말한다. 구사는 마룻대가 솟아오르니 길하지만 다른 것에 마음이 있으면 부끄러울 일이 있다.「상전」에서 말했다. "마룻대가 솟아오르는 길함"은 아래로 휘어지지 않음을 뜻한다.

28.3 志在拯弱則棟隆而吉, 若私應爲心則撓乎下, 吝也.

|번역| 뜻이 약한 것을 구하는 데 있으면 마룻대가 솟아올라 길하지만, 만약 사사로이 상응하려는 것을 마음으로 삼으면 아래로 휘어져 부끄러울 일이 있게 된다.

|해설| 여기서 장재는 마룻대가 솟아오른다는 것을 구사가 초육과 상응하여 그것을 구제한다는 뜻으로 보았다. 또 "다른 것이 있으면 어려움이 있다"는 말을 육사가

"다른 것", 즉 사사로운 마음을 품고 초육과 상응하면 어려움이 생긴다는 뜻으로 풀었다.

九五, 枯楊生華, 老婦得其士夫, 无咎无譽. 「象」曰: “枯楊生華”, 何可久也? “老婦士夫”, 亦可醜也.

구오는 마른 버드나무에 꽃이 피고 늙은 부인이 젊은 남자를 얻는 것으로 허물은 없지만 영예로운 것도 없다. 「상전」에서 말했다. "마른 버드나무에 꽃이 핀다"고 하니 어찌 오래갈 수 있겠는가? "늙은 부인이 젊은 남자를 얻는다"는 것 또한 추한 일이다.

28.4 九五上係上六, 故不能下濟大事. 徒益其末耳, 無拯物之心, 所施者狹. 老婦士夫, 所與者不足道. 枯楊生華, 勢不能久, 故無譽; 未至長亂, 故無咎.

|번역| 구오는 위로 상육에 매여 있으므로 아래로 가 큰일을 할 수 없다. 단지 그 말단에 육익을 줄 따름이고, 상대를 구제하고자 하는 마음이 없으니 베푸는 것이 협소하다. 늙은 부인과 젊은 남자가 함께하는 것은 말할 것도 못 되고, 마른 나무에 꽃이 피나 기세는 오래가지 못하므로 영예도 없다. 하지만 장기간의 혼란에 이르지 않으므로 허물은 없다.

|해설| 구오는 아래에 상응하는 것이 없고 위에 있는 상육하고 친하다. 그래서 이를 구오가 아래로 내려가 구제하려는 마음이 없는 것이라고 했다. 구오가 하는 일은

오직 상육의 말단에 있는 존재와 관계하는 것이다. 마른 나무에 꽃이 피는 것이나 늙은 부인이 젊은 남자와 함께하는 것은 크게 허물할 일도 아니지만, 그렇다고 대단히 영예로운 일도 아니라고 하여 그것으로 "허물도 없고 영예도 없다"는 말을 풀이했다.

上六, 過涉滅頂, 凶, 无咎.「象」曰: 過涉之凶, 不可咎也.

　상육은 지나치게 건너다가 이마가 물속에 빠져 사라지니, 흉하지만 허물은 없다.「상전」에서 말했다. 지나치게 건너다가 당하는 흉사는 허물할 수 없다.

28.5 陰居上極, 雖過而不足涉難, 故凶. 大過之極, 故滅頂而無咎也.

|번역| 음이 위의 극한에 머무르니, 비록 지나치지만 어려움을 건너기에 부족하므로 흉하다. 대과(大過)의 극한에 있으므로 머리가 사라지지만 허물은 없다.

|해설| 상육은 그 크게 지나침의 극한에 있으므로 물에 빠져 머리가 사라지는 흉사가 있지만, 달리 어쩔 도리가 없으므로 허물은 없다고 했다.

29

습감
習坎 ䷜

習坎, 有孚, 維心亨, 行有尙.

습감은 진실함이 있으면 마음이 형통하여 행함에 높임이 있다.

29.1 習坎, 重襲之義. 八純卦惟此加“習”者, 余皆一字可盡其義, 坎取
其險, 故重之而其險乃著也.

|번역| 습감(習坎)이란 중첩된다는 뜻이다. 여덟 개의 순괘(純卦) 중에서 오
직 여기에만 “습(習)” 자를 보탠 것은 다른 것들의 경우 한 글자로도
그 의미를 다 표현할 수 있지만, 감(坎)은 그 험난하다는 의미를 취
하기 때문에 그것을 중첩하여 그 험난함을 드러낸다.

29.2 (1)色以離見, (2)聲以震聞, (3)臭以巽知, (4)味以坎達.[141]

|번역| 색은 이(離)인 눈에 의해 보이고, 소리는 진(震)인 우레에 의해 들리며, 냄새는 손(巽)인 바람에 의해 지각되고, 맛은 감(坎)인 물에 의해 전달된다.

29.3 坎離者, 天地之中二氣之正交. 然離本陰卦, 坎本陽卦, 以此見二氣其本如此而交性也, 非此二物則無易.

|번역| 감(坎)과 이(離)란 하늘과 땅 사이에서 두 기가 바르게 교감하는 것이다. 그러나 이(離)는 본래 음괘이고, 감(坎)은 본래 양괘이니, 이를 통해 두 기가 본디 이와 같지만 그 성질은 교감하는 것을 알게 된다. 이 두 가지가 없다면 변역은 없다.

|해설| 감==은 양 하나가 음 두 개 사이에 빠져 있는 형상이고, 이==는 음 하나에 양 둘이 붙어 있는 형상이다. 둘 다 음양이 바르게 교감하는 형상이지만, 이는 음이 하나인 음괘이고, 감은 양이 하나인 양괘이다. 본디 각각 음괘와 양괘이지만, 그것 자체가 음으로만 혹은 양으로만 구성되어 있지 않고, 음양이 교감하고 있다. 음양이 교감해야 변역이 일어난다.

「象」曰: 習坎, 重險也, 水流而不盈, 行險而不失其信, "維心亨", 乃以

---

[141] (1)色以離見, 『周易』, 「說卦」, "이괘는 눈이다."(離爲目.) 색은 이괘(離卦), 즉 눈에 의해 보인다. 또 「說卦」, "이(離)는 밝음이다. 만물이 모두 서로 보기 때문이다."(離也者, 明也, 萬物皆相見.) (2)聲以震聞, 「說卦」, "진(震)은 우레이다."(震, 爲雷.) 우레 소리를 듣고 만물이 움직인다고 생각하여 이렇게 말했다. (3)臭以巽知, 『周易』, 「說卦」, "巽…爲臭也." 손(巽)은 바람으로, 냄새는 바람을 타고 흩어지기 때문에, 냄새는 손(巽), 즉 바람에 의해 지각된다고 했다. (4)味以坎達, 「說卦」, "감은 통달함이다."(坎…爲通.) 감인 물에 의해 온갖 맛들이 막힘없이 전달된다.

剛中也, "行有尙", 往有功也. 天險不可升也, 地險山川丘陵也, 王公設
險以守其國, 險之時用大矣哉!「象」曰: 水⁽¹⁾洊至, 習坎, 君子以常德行,
習敎事.¹⁴²

「단전」에서 말했다. 습감은 위험이 중첩되어 있는 것이다. 물은 흘러
차지 않으면, 위험한 길을 걸으면서도 그 진실함을 잃지 않으니, "마음
이 형통한다"는 것은 강함으로 중에 있기 때문이다. "행함에 높임이 있
다"는 것은 나아감에 공이 있다는 것이다. 하늘의 위험은 오를 수 없다.
땅의 위험은 산천과 구릉이다. 왕공은 위험한 것을 설치하여 자기 나라
를 지키니, 위험의 때에 따른 이용은 위대하다!「상전」에서 말했다. 물
이 거듭 이르니 습감이다. 군자는 그것을 본받아 덕행을 변치 않도록
하고 교화의 일을 익힌다.

29.4 可盈則非謂重險也, 中柔則心無常, 何能亨也! 內外皆險, 義不可
止, 故行有尙也.

|번역| 가득 채울 수 있다면 위험이 중첩되어 있다고 말하지 않을 것이다.
속이 유약하다면 마음에 변치 않음이 없을 것인데, 어찌 형통할 수
있겠는가! 안팎이 모두 위험하여 이치상 멈추어서는 안 된다. 그러
므로 행함에 높임이 있다.

|해설| 물은 가득 차야 계속 아래로 흘러갈 수 있다. 그렇지 못하다는 것은 상황이 순조
롭지 못하고 위험으로 가득 차 있음을 뜻한다. 이런 상황에서는 마음을 굳세게

---

142 (1)洊至: 洊(천), 거듭, 연거푸. 거듭 이른다.

먹고 위험이 있더라도 앞으로 나아가야 한다.

29.5 坎維心亨故行有尚, 外雖積險, 苟處之心亨不疑, 則雖難必濟而往
有功也.[143] 今水臨萬仞之山, 要下即下, 無復凝滯(人)[之][144]在前,
惟知有義理而已, 則復何回避, 所以心通.

|번역| 감(坎)은 오직 마음이 형통하기 때문에 나아감에 높임이 있다. 밖에
비록 위험이 산적해 있지만, 마음이 형통하여 의심하지 않음으로
대처하면 어려워도 틀림없이 성공하고 나아감에 공이 있을 것이다.
지금 물이 만 길이나 되는 산에 가까이 있더라도 아래로 흘러가려
하면 바로 아래로 흐르지, 다시 앞에서 머뭇거림은 없다. 오직 의리
가 있음을 알 따름이면 다시 무엇을 회피하겠는가? 그러므로 마음
이 형통한다.

|해설| 감괘는 물을 상징하는데, 물이 흐르지만 가득 채울 수 없는 것은 위험이 중첩되
어 있는 상황이다. 장재의 설명에서 물은 산적한 위험에 처해 있는 사람을 상징
한다. 마치 천 길 낭떠러지 위에 서 있는 것처럼 위태로운 상황이지만, 오직 의
리가 있음을 알고 굳세게 나가면 마음이 형통할 것이라고 했다.

初六, 習坎, 入于坎[(1)]窞, 凶. 「象」曰: 習坎入坎, 失道凶也.[145]

---

143 〈중화 주석〉『張子抄釋』, 「語錄抄」에 근거해 다음 문장과 연결시켰다.
144 〈중화 주석〉'之' 자는 「語錄抄」에 근거해 고쳤다.
145 (1)窞(담), 깊은 웅덩이.

초육은 거듭된 위험에 깊은 구덩이 속으로 들어가니 흉하다. 「상전」
에서 말했다. 거듭된 위험에 구덩이로 들어간다는 것은 도를 상실해 흉
한 것이다.

29.6 比於二無出險之志, 故云"入於坎窞"也.

|번역| 구이와 친하게 지내며 위험에서 벗어나려는 의지가 없으므로 "깊은
구덩이 속으로 들어간다"고 했다.

|해설| 초육은 자신이 유약하며 육사와 상응하지도 않아 도와줄 이도 없다. 그래서 가까
운 구이하고 친하게 지내면서 위험에서 벗어나려는 의지가 전혀 보이지 않는다.

九二, 坎有險, 求小得. 「象」曰: "求小得", 未出中也.

구이는 구덩이에 위험이 있으나 구하여 조금 얻는다. 「상전」에서 말
했다. "구하여 조금 얻는다"는 것은 아직 위험 가운데에서 빠져 나오지
못한 것이다.

29.7 險難之際, 弱必附強, 上下俱陰, 求必見從, 故求則必小得, 然二
居險中而未出也.

|번역| 험난할 때 약한 것은 틀림없이 강한 것에 붙는다. 위와 아래가 모두
음으로 구하면 반드시 따른다. 그러므로 구하면 틀림없이 조금 얻

지만, 구이는 험난한 가운데에 머물며 아직 빠져 나오지 못했다.

|해설| 구이는 아래위로 음이 붙어 있는(☵) 형상이다. 험난한 가운데 자신은 강하고 중의 위치에 있으나 초육과 육삼은 자신에게 붙는다. 이에 약간 얻는 것은 있으나 자신이 위험에서 빠져 나온 것은 아니다.

六三, 來之坎坎, 險且⁽¹⁾枕, 入于坎窞勿用.「象」曰: “來之坎坎”, 終无功也.¹⁴⁶

　육삼은 오고 가는 것이 위험뿐이니, 위험하고 또 가로막혀 깊은 구덩이로 들어가니 쓰지 말아야 한다.「상전」에서 말했다. “오고 가는 것이 위험뿐이다”라고 하니, 끝내 공이 없다.

29.8 前之入險退(來)[求],¹⁴⁷ 枕險入窞, 與初六同.

|번역| 앞으로 나아가면 위험에 들어가니 물러나 구하되 위험에 가로막혀 구덩이로 들어가니 초육과 같다.

|해설| 육삼은 하괘의 위험이 끝나 가고 다시 상괘의 위험이 닥친다. 그래서 전진하건 물러나건 위험하기는 마찬가지이다.

六四, ⁽¹⁾樽酒⁽²⁾簋貳用缶, 納約自牖, 終无咎.「象」曰: “樽酒簋貳”, 剛柔

146　(1)枕(침), 가로막다, 방해하다.
147　〈중화 주석〉 '求'라는 글자는 효사에 근거해 고쳤다.

際也.[148]

　육사는 한 동이의 술과 두 그릇의 밥을 질그릇에 담아 간략하게 창문으로 드리니 끝내 허물이 없다.「상전」에서 말했다. "한 동이의 술과 두 그릇의 밥"은 강한 것과 부드러운 것이 교제함이다.

29.9 四五俱得陰陽之正, 險阻之際, 近而相得, 誠素旣接, 雖簡略於禮無咎也. 上比於五, 有進出之漸, 故無凶.

|번역| 육사와 구오는 같이 음과 양의 바름을 얻었으니, 험할 때 가까이하여 서로 얻는다. 진실함과 솔직함으로 접촉할진대 예를 간략히 하더라도 허물이 없다. 위로 구오와 친하게 지내며 점차 드나드는 일이 있으니, 흉함이 없다.

|해설| 비록 험난한 상황에 있지만 육사의 신하는 구오의 군주와 함께 진실하고 솔직한 태도로 교제하므로 설사 복잡한 의례를 생략하더라도 허물이 없다.

九五, 坎不盈, [(1)]祇旣平, 无咎.「象」曰: "坎不盈", 中未大也.[149]

　구오는 구덩이가 가득 차지 않았으니 이미 평평하면 허물이 없게 된다.「상전」에서 말했다. "구덩이가 가득 차지 않았다"는 것은 가운데에

148　(1)樽酒: 樽(준), 술단지. 樽酒, 술 한 동이. (2)簋(궤), 곡식을 담는 제기.
149　(1)祇에 대해서는 여러 의견이 있다. 우번은 편안함(安)이라고 하고, 왕필은 허사로 보았으며, 정이천은 이른다(抵)는 뜻으로 풀었다.

있는 것이 아직 크게 빛나지 않은 것이다.

> **29.10** 險難垂出而下比於四, 不能勉成其功, 光大其志, 故聖人惜之曰
> "祗既平無咎"而已矣, 不能往有功也. 一本云: 坎盈則進而往有
> 尚矣.

| 번역 | 험난함이 드리워져 있어 아래로 육사와 친하게 지내지만 그 일을
힘써 이루어 그 뜻을 크게 빛내지 못한다. 그래서 성인은 그것을 애
석해하며 "평평하면 허물이 없을 것이다"라고 말할 따름이니, 나아
가도 공이 없을 것이다. 어떤 판본에서는 구덩이가 가득 차면 전진
해 나아감에 높임이 있을 것이라고 했다.

| 해설 | 구오는 험난한 상황에서 육사와 친밀하게 지내지만 구이와는 상응하지 못해 노
력하지만 그 뜻을 빛내지는 못하니, 성인은 이를 애석해하며 구덩이가 가득 차
평평해지듯 위험한 상황이 지나가 평안해지면 허물이 없을 것이라고 했다.

上六, 係用⁽¹⁾徽纆, ⁽²⁾寘于叢棘, 三歲不得, 凶. 「象」曰: 上六失道, 凶三
歲也.[150]

상육은 밧줄로 묶어 가시나무 숲에 두었는데 3년이 지나도 면하지
못하니 흉하다. 「상전」에서 말했다. 상육은 도를 잃어 3년이 되어도 흉
하다.

---

150 (1)徽纆(휘묵), 세 가닥으로 꼰 밧줄과 두 가닥으로 꼰 밧줄로 죄인을 묶는 데 쓰였다.
(2)寘(치), 置와 같다.

29.11 上六過中, 逃險而失道者也, 不附比陽中, 幾於迷復之凶, 故爲所
係累也. 陰柔不能附比於陽, 處險之極乘剛, 宜其爲所拘戮也.

|번역| 상육은 중을 지나쳐 위험을 벗어나려다 도를 잃은 자이다. 양인 중
의 위치에 있는 구오를 따르지 않아 거의 길을 잃고도 잘못을 고치
지 않는 흉함에 가깝게 되므로 묶이게 된다. 음의 부드러운 것이 양
을 따르지 못하고 음의 극한에 처하여 강한 것을 타면 의당 그는 묶
여 죽임을 당해야 한다.

|해설| 상육은 위험의 극한에 처해 있는 자이다. 그런 상황에서 강한 구오를 따르지 않
고 혼자 위험을 벗어나려 하다가는 붙잡혀 감옥에 갇히게 된다.

30

이
離

離. 利貞亨. 畜牝牛, 吉.

이(離)는 바르면 이로우니 형통한다. 암소를 기르면 길하다.

30.1 以柔麗乎中正, 故利貞.

┃번역┃ 부드러움으로 중정에 붙어 있으므로 바름에 이롭다.

┃해설┃ 이(離)괘는 육이와 육오가 모두 중의 위치에 바르게 있다. 바른 태도로 강한 것
들을 따르는 형상이다.

「象」曰: 離, 麗也, 日月麗乎天, 百穀草木麗乎土. 重明以麗乎正, 乃化
成天下, 柔麗乎中正故亨, 是以畜牝牛吉也.

「단전」에서 말했다. 이(離)는 붙는 것이다. 일월은 하늘에 붙어 있고 갖가지 곡식과 초목은 땅에 붙어 있다. 거듭 밝혀 바름에 붙어 있으면 천하를 교화하여 완성한다. 부드러운 것이 중정의 위치에 붙어 있으니 형통한다. 그러므로 암소를 기르면 길하다.

30.2 日月草木麗天地, 麗, 附著也.

|번역| 일월과 초목은 하늘과 땅에 붙어 있다. 여(麗)는 붙음이다.

「象」曰: 明兩作, 離, 大人以繼明照于四方.

「상전」에서 말했다. 밝음이 두 번 일어나니 이(離)이다. 대인은 그것을 본받아 밝음을 계승해 사방을 비춘다.

30.3 明目⁽¹⁾達聽, 繼明之道也. 人患惰於博覽, 惟大人能勉而繼之.[151]

|번역| 눈을 밝게 하고 널리 청취하는 것이 밝음을 계승하는 방법이다. 사람들은 널리 읽는 데 게으를까 근심하거니와 오직 대인만이 힘써 그것을 계승할 수 있다.

|해설| 천지의 밝음을 인간은 밝은 지혜로 계승한다는 생각이다. 밝은 지혜가 갖추어

---

151 (1)達聽, 널리 청취함.

지려면 널리 성현의 생각을 청취해야 하니, 그 방법은 책을 많이 읽는 것이다. 보통 사람들은 게을러서 그럴 수 없고, 대인만이 힘써 그럴 수 있다고 하였다.

初九, 履⁽¹⁾錯然, 敬之, 无咎. 「象」曰: "履錯之敬", 以辟咎也.¹⁵²

초구는 밟는 것이 신중하니 조심하면 허물이 없다. 「상전」에서 말했다. "밟는 것이 신중하여 조심한다"는 것은 허물을 피하기 위해서이다.

30.4 "履錯然", 與之者多也. 無應於上, 無所朋附, 以剛處下, 物所願交, 非矜愼之甚, 何以免咎!

|번역| "밟는 것이 신중하다"고 하니 함께하는 자가 많은 것이다. 위에서 상응하는 것이 없어 결탁하여 공모할 자도 없다. 강한 것으로 아래에 처함에 다른 이들이 교제하기를 원하는 것에 대해 심히 조심하지 않는다면 어찌 허물을 면할 수 있으리오!

|해설| 초구는 재주가 뛰어나지만 위로 상응하는 것이 없어 아래에 머무는 자이다. 그 재주를 알아보고 함께하려는 사람이 많지만 조심하지 않는다면 잘못을 범하기 쉽다.

六二, 黃離, 元吉. 「象」曰: "黃離元吉", 得中道也. 九三, ⁽¹⁾日昃之離, 不鼓缶而歌, 則大⁽²⁾耋之嗟, 凶. 「象」曰: "日昃之離", 何可久也!¹⁵³

---

¹⁵² (1)錯然, 신중한 모습.

육이는 황색에 붙어 있으니 크게 길하다. 「상전」에서 말했다. "황색에 붙어 있으니 크게 길하다"는 것은 중도를 얻은 것이다. 구삼은 해가 서쪽으로 기울어져 걸려 있으니 질박한 장구 두드려 노래하지 않으면 아주 늙은이가 탄식하니 흉하다. 「상전」에서 말했다. "해가 서쪽으로 기울어져 걸려 있으니" 어찌 오래갈 수 있겠는가!

30.5 明正將老, 離過於中, 故哀樂之不常其德, 凡人不能久也. 故君子爲德, 夭壽不貳.

|번역| 밝음이 장차 노쇠해지고 붙어 있는 것이 중의 상태에서 지나치니, 슬퍼하고 즐거워하는 기능은 영원하지 않은지라, 보통 사람은 오래 갈 수 없다. 그러므로 군자의 덕은 요절과 장수를 둘이 아닌 것으로 여긴다.

|해설| 육삼은 중천에 떠 있던 해가 서쪽으로 기울어지듯 한쪽으로 기울어질 때이다. 살면서 느끼던 슬픔과 즐거움의 감정도 영원하지 않아 무상해질 때이다. 이럴 때 자신이 늙어 가는 것을 탄식하기보다는 요절과 장수를 다르지 않다고 여기며 언제 죽든 그 죽음을 순순히 받아들이는 것이 군자의 태도이다.

30.6 人向衰暮則尤樂聽聲音, 蓋⁽¹⁾留連光景, 視⁽²⁾桑榆之暮景不足, 則貪於爲樂, 惟鄭衛之音能令人生此意. 『易』謂"不鼓缶而歌則大耋之嗟凶", 悲衰暮故爲樂, 不爲則復嗟年景之不足也.¹⁵⁴

153 (1)日昃(측), 해가 서쪽으로 기운다. (2)耋(질), 칠팔십 대 노인.
154 (1)留連, 流連과 같음. 노는 일에 심취하는 것을 가리킴. (2)桑榆之暮景, 축자로 해석하

|번역| 사람은 황혼에 이르면 특별히 소리 듣기를 즐기니, 대체로 광경에 심취하여 만년의 시간이 부족하다고 여기면 음악 연주를 탐하게 된다. 오직 정나라와 위나라의 음악이 사람들에게 이러한 생각이 생겨나게 할 수 있다.『주역』에서는 "질박한 장구를 두드려 노래하지 않으면 많이 늙은이가 탄식하니 흉하다"고 했다. 황혼을 슬퍼하므로 음악연주를 하거니와, 그렇게 하지 않으면 세월이 부족함을 다시금 탄식하게 된다.

|해설| "질박한 장구를 두드려 노래하지 않으면 아주 늙은이가 탄식하니 흉하다"는 구절의 의미를 설명하였다. 장재는 늙은이가 "질박한 장구를 두드려 노래하는" 이유를 인생이 어느덧 황혼에 이른 것을 슬퍼하기 때문이라고 이해했다. 그래서 많은 사람이 음악 연주에 빠지거니와 그렇게 함으로써 죽음에 대해 잠시나마 잊게 해 준다고 했다. 그는 이런 행위를 좋게 보지 않았던 듯하다. "정나라와 위나라 음악"에서 이런 생각이 생겨난다고 하는 구절에서 그 점을 짐작할 수 있다.

九四, 突如其來如, 焚如, 死如, 棄如.「象」曰: "突如其來如", 无所容也.

　구사는 갑자기 오니 불타는 듯이 죽고 버려진다.「상전」에서 말했다. "갑자기 온다"는 것은 용납하는 것이 없다는 뜻이다.

30.7 處多懼之地而以乘剛, 故其來也遽, 其處也危, 無所容安, 如見棄逐, 皆所麗之失中也. 三剛而不可乘, 五正而不見容.

　면 저녁 해가 뽕나무와 느릅나무에 걸려 있다는 뜻. 해 질 무렵, 즉 만년을 가리킴.

|번역| 많이 두려운 곳에 있으면서 강한 것을 타고 있으므로 그 오는 것이 갑작스럽고 그 처하는 것이 위태롭다. 용납되어 편안한 바가 없는 것이 버려지고 내쫓기는 것 같으니, 다 붙는 것이 중을 상실했기 때문이다. 구삼은 강하여 타서는 안 되고, 육오는 발라서 용납되지 않는다.

|해설| 구사는 조급하면서 강한 구삼을 위에서 타고 서 있다. 공손하지 않고 갑작스럽게 나타나 위태롭게 처신한다. 그 처신이 올바르지 않기 때문에 위에 있는 올바른 태도를 가진 육오로부터 버려지고 내쫓기듯 용납되지 않는다.

六五, 出涕[(1)]沱若, 戚嗟若, 吉. 「象」曰: 六五之吉, 離王公也.[155]

육오는 눈물을 줄줄 흘리며 슬퍼하고 탄식하니 길하다. 「상전」에서 말했다. 육오의 길함은 왕공의 자리에 붙어 있기 때문이다.

30.8 言王公之貴, 人之所附, 下以剛進, 己雖憂危, 終以得衆而吉者, 柔麗中正也.

|번역| 왕공의 귀함은 사람들이 붙는 바이니, 아래에서 강함으로 전진하면 자신은 비록 위태함을 근심하지만, 마침내 뭇사람들을 얻음으로써 길하게 되는 것은 부드러움으로 중정에 붙어 있기 때문이다.

|해설| 육오는 구사가 강한 힘으로 자신을 압박해 근심하는 상황에 있다. 하지만 부드

---

[155] (1)涕若: 눈물을 줄줄 흘리는 모습.

러운 덕으로 군주의 자리에 있어 많은 사람이 도와줌으로써 결국은 그 어려움에서 벗어난다.

上九, 王用出征, 有嘉折首, 獲匪其⁽¹⁾醜, 无咎.「象」曰: "王用出征", 以正邦也.¹⁵⁶

상구는 왕이 출정하니 적장의 목을 베면 좋은 일이 있고, 그 동류가 아닌 것은 사로잡으면 허물이 없다. 「상전」에서 말했다. "왕이 출정하는" 것은 나라를 바로잡기 위해서이다.

30.9 "有嘉折首", 服而善之也. "獲匪其醜", ⁽¹⁾執訊弗賓, 示威以正邦而已, 離道已成, 然後不附可征.¹⁵⁷

|번역| "적장의 목을 베면 좋은 일이 있다"는 것은 복종시켜 선도하는 것이다. "그 동류가 아닌 것을 사로잡는다"는 것은 적을 심문하지 손님으로 대하지 않는다는 뜻으로 위엄을 내보여 나라를 바로잡을 따름이다. 붙음(離)의 도가 이미 이루어졌을진대 붙지 않으면 정벌할 수 있다.

|해설| 상구는 '붙음'의 도가 다 실현되었을 때이다. 즉 온 나라가 군주를 중심으로 하나로 뭉쳤을 때이다. 이럴 때 복종하지 않는 무리가 있다면 정벌을 해 나라의 위엄을 보이는 것이 옳다고 했다.

---

156 (1)醜, 類와 같음. 동류.
157 (1)執訊, 사로잡은 적을 심문함.

하경下經

31

함

咸 ䷞

咸. 亨利貞, 取女吉.

함(咸)은 바름에 형통하고 이로우니, 여성과 혼인하면 길하다.

31.1 咸之爲道, 以虛受爲本, 有意於中, 則滯於方體而隘矣. ⁽¹⁾拇·
腓·股·脢·輔, 以一卦通體高下爲言.¹⁵⁸

---

¹⁵⁸ 拇(무)·腓(비)·股·脢(매)·輔(보), 함괘 초육, 육이, 구삼, 구오, 상육의 효사에 나오

| 번역 | 함(咸)의 도는 마음을 비워 받아들이는 것을 근본으로 한다. 마음속에 의념이 있으면 공간과 형체를 지닌 것에 의해 막혀 좁아진다. 엄지발가락, 장딴지, 넓적다리, 등살, 볼은 괘 전체의 높고 낮음을 가지고 말한 것이다.

| 해설 | 함(咸)은 본래 무심하게 교감하여 소통한다는 뜻이다. 그래서 장재는 함의 도가 마음을 비워 외물을 받아들이는 것을 근본으로 한다고 했다. 마음을 비우지 못하면 마음속에 어떤 의념이 있게 된다. 그러면 일정한 '공간과 형태를 지닌 것' 즉 외부 사물에 의해 마음이 가로막혀 속이 좁아진다.

「彖」曰: 咸, 感也, [(1)]柔上而剛下, 二氣感應以相與. 止而說, [(2)]男下女, 是以亨, 利貞, 取女吉也. 天地感而萬物化生, 聖人感人心而天下和平, 觀其所感而天地萬物之情可見矣![159]

「단전」에서 말했다. 함(咸)은 느낌이다. 부드러운 것이 올라가고 강한 것이 내려와 두 기가 감응하여 함께한다. 멈추어 기뻐하고 남성이 여성의 아래에 있다. 그래서 바르면 형통하고 이로우며, 여성과 혼인하면 길하다. 천지가 교감하니 만물이 화생하고 성인이 사람의 마음을 감화시키니 천하가 화평하다. 그 교감하는 바를 살피면 천지만물의 정을 알 수 있도다!

는 단어들로, 각각 엄지발가락(拇), 장딴지(腓), 넓적다리(股), 등살(脢), 볼(輔)을 뜻한다. 인체의 가장 아랫부분에서 윗부분까지 차례로 언급되어 있으므로 "괘 전체의 높고 낮음을 가지고 말한 것"이라고 했다.

159 (1)柔上而剛下, 二氣感應以相與: 괘변설에 근거하면 비(否☷)괘의 육삼이 육효로 올라가고, 상구가 삼효로 내려와 함(咸☶)괘가 된다. (2)男下女: 상괘인 태는 소녀이고 하괘인 간은 소남이므로 남자가 여자 아래에 있다고 했다.

31.2 咸, 感也, 其爻雖相應而詞多不吉, 顧其時如何耳. 說者多以咸恒
配天地, 殊不知咸自可配天地, 故於「序卦」獨不言咸. 咸既可以配
天地, 則恒亦可以配天地, 皆夫婦之道也. 咸之爲言皆也, 故語咸
則非事. "咸感也", 不可止以夫婦之道謂之咸, 此一事耳, 男女相
配, 故爲咸也. 感之道不一: 或以同而感, 聖人感人心以道, 此是
以同也; 或以異而應, 男女是也, 二女同居則無感也; 或以相悅而
感, 或以想畏而感, 如虎先見犬, 犬自不能去, 犬若見虎則能避之;
又如磁石引針, 相應而感也. 若以愛心而來者自相親, 以害心而來
者相見容色自別. "聖人感人心而天下和平", 是風動之也; 聖人老
吾老以及人之老而人欲老其老, 此是以事相感也. 感如影響, 無復
先後, 有動必感, 咸感而應, 故曰感速也.

| 번역 | 함(咸)은 느낌이다. 그 효가 비록 서로 상응하지만 효사에는 불길한
것이 많으니, 그 때가 어떠한지를 볼 따름이다. 논자들은 많은 경우
함괘와 항괘를 가지고 천지와 짝을 이루는 것으로 여기지만 이는
함(咸)이 저절로 천지와 짝을 이룰 수 있다는 점을 모르는 것이다.
그러므로 「서괘전」에서는 유독 함에 대해서만 말하지 않았다. 함
(咸)이 천지와 짝을 이룰 수 있을진대 항(恒) 또한 천지와 짝을 이룰
수 있으니, 모두 부부의 도이다. 또 함(咸)은 모두를 말한다. 그래서
함이라고 말하면 그것은 구체적인 일이 아니다. "함은 느낌이니" 단
지 부부의 도만을 함이라고 해서는 안 된다. 그것은 한 가지 일일 뿐
이다. 남녀가 서로 짝을 이루니 함(咸)이 된다. 교감의 길은 똑같지
않다. 같은 것으로 교감할 때도 있다. 성인은 사람의 마음을 도를 가
지고 감화시키니, 그것이 같은 것으로 교감하는 것이다. 다른 것으
로 상응할 때도 있으니, 남녀가 그러하다. 두 여성이 동거하면 감응

함이 없다. 서로 기뻐하며 감응하기도 하고 서로 두려워하며 감응하기도 한다. 예컨대 호랑이가 개를 먼저 보면 개는 자연히 벗어나지 못하지만, 개가 호랑이를 보면 피할 수 있다. 또 예컨대 자석이 바늘을 끌어당기는 것도 상응하여 교감하는 것이다. 사랑의 마음으로 온 것들이라면 서로 친밀하겠지만, 해하려는 마음으로 온 것들이라면 서로 얼굴 표정이 자연히 특별하다. "성인이 사람들의 마음을 감화시키니 천하가 화평해진다"는 것은 바람이 풀을 쓰러뜨리듯이 교화하는 것을 말한다. 성인이 자신의 노인을 노인으로 대접하여 남의 노인을 그렇게 대하는 데 이르면 다른 사람들도 자신의 노인을 노인으로 대접하려 할 것이니, 이것이 일을 가지고 서로 감응하는 것이다. 감응은 그림자나 메아리와 같아 다시 선후가 없으니, 움직임이 있으면 반드시 느끼고, 모두 느껴 응한다. 그러므로 감응이 빠르다고 말한다.

|해설| 감응을 통한 소통은 물론 모든 유학자가 추구하는 바이다. 장재도 예외는 아니다. 하지만 장재가 강조하는 것 중 하나는 그런 감응과 소통이 그렇게 순조롭게만 이루어지는 것은 아니라는 점이다. 앞서 여러 차례 그런 감응과 소통이 대립과 투쟁을 통해서도 이루어짐을 이야기했던 것을 기억한다면 이 점은 쉽게 이해가 될 것이다. 장재는 그런 자신의 생각이 함(咸)괘의 효사에서 증명된다고 생각한 듯하다. 함은 교감으로 좋은 것이지만, 그 교감을 논하는 각 효사에는 불길한 말들이 많다. 따라서 구체적인 상황이 어떤지 살펴야 한다.

  함(咸), 즉 교감은 전체 자연의 범위 안에서 이루어진다. 하늘과 땅은 끊임없이 교감하고 소통한다. 그런 관념에 근거해 그는 함이 천지와 자연히 짝을 이루고 그래서 「서괘전」에서는 함괘에 대한 언급이 없다고 했다. 함괘는 표면적으로는 주로 남녀가 교감하는 일, 즉 부부의 도를 가리킨다. 함에는 '모두'라는 뜻도 있다. 모든 존재가 다 감응한다. 따라서 감응의 일은 어느 특정한 일에만 나타나는 것이 아니다. 따라서 교감의 형태는 매우 다양하다. 공통되는 것으로 교감하여 소통하는 경우도 있고 그렇지 않은 것도 있다. 기쁨과 두려움, 사랑과 미움의 상반된 감정으로 교감하는 경우도 있고, 자석이 바늘을 끌어당기는 물리

적 운동에서도 일어난다. 이 모든 감응 가운데 가장 위대한 감응은 성인의 백성들에 대한 감화이다. 성인의 감응력은 천지가 만물을 화육하는 능력만큼이나 출중하여 그림자가 형체를 따르듯, 메아리가 소리에 응하듯, 매우 신속히 교감과 소통이 이루어진다.

「象」曰: 山上有澤, 咸, 君子以虛受人.

「상전」에서 말한다. "산 위에 못이 있으니 함(咸)이다. 군자는 이를 본받아 마음을 비워 타인을 받아들인다.

31.3 山上有澤, 非交感不能也. 感物之善, 莫若以虛受人, 有所係慕, 皆非正吉, 故六爻皆以有應不盡卦義而有所譏也.

|번역| 산 위에 못이 있는 것은 교감하지 않으면 불가능한 일이다. 사물과의 교감이 훌륭한 것으로 마음을 비워 타인을 받아들이는 것 만한 것이 없다. 얽매여 바라는 것이 있는 것은 다 바른 길함이 아니다. 그래서 여섯 효에서는 다 응하는 것이 괘의 의미를 남김없이 드러내지 못함이 있어, 이를 나무람이 있다.

|해설| 산 위에 못이 있는 것이 일반적인 것은 아니다. 그런 이유에서 음양의 교감이 없다면 산 위에 못이 있는 현상은 불가능하다. 함괘 「단전」에서는 마음을 비워 타인을 포용해야 교감과 소통이 이루어질 수 있다고 말했다. 하지만 이어지는 각 효사에서는 각 주체들이 마음을 비우지 못하고 뭔가에 얽매이고 바라는 것이 있어 「단전」에서 설명한 함괘의 정신을 제대로 실현하지 못하고 있다.

初六, 咸其拇. 「象」曰: "咸其拇", ⁽¹⁾志在外也. 六二, 咸其腓, 凶, 居吉.
「象」曰: 雖凶居吉, 順不害也.¹⁶⁰

초육은 엄지발가락에서 감응한다. 「상전」에서 말했다. "엄지발가락
에서 감응한다"는 것은 뜻이 밖에 있는 것이다. 육이는 장딴지에서 감응
하면 흉하고 가만히 있으면 길하다. 「상전」에서 말했다. 비록 흉하지만
가만히 있으면 길한 것은 순리를 따름으로 인해 해롭지 않기 때문이다.

31.4 居則吉, 趨則凶, 以男下女爲正, 咸之道也.

|번역| 가만히 있으면 길하고 달려가면 흉하니, 남자가 여자에게 아래로
내려가는 것을 바른 것으로 여기는 것이 함(咸)의 도이다.

|해설| 장딴지는 스스로 움직일 수 없다. 발과 허벅지의 움직임에 따라 움직일 따름이
다. 장딴지는 고대의 여성을 상징한다. 주동적으로 움직이면 흉하고, 오직 여성
은 가만히 있고 남성이 주동적으로 움직여야 정상이라는 가부장적 이데올로기
이다.

九三, 咸其股, 執其隨, 往吝. 「象」曰: "咸其股", 亦不處也, "志在隨人",
所執下也.

구삼은 넓적다리에서 감응하여 그 따르는 것에 집착하니 나아가면
부끄러움이 있다. 「상전」에서 말했다. "넓적다리에서 감응하는 것" 또

---

¹⁶⁰ (1)志在外: 초육은 구사와 감응하므로, 뜻이 밖에 있다고 했다.

한 가만히 있지 않는 것이고, "뜻이 남을 따르는 데 있다"는 것은 집착하는 바가 아래에 있는 것이다.

31.5 心寧靜於此, 一向⁽¹⁾定疊, 前縱有何事亦不恤也, 休將閑細碎在思慮. 『易』曰: "何思何慮? 天下殊塗而同歸, 一致而百慮." 天地之道, 惟有日月·寒暑之往來, 屈伸·動靜兩端而已, 在我精義入神以致用, 則細碎皆不能出其間, 在於術內, 已過·未來者事著在心, 畢竟何益! 浮思遊想盡去之, 惟圖向去日新可也. 孔子以富不可求, 則曰⁽²⁾"從吾所好", 以思爲無益, 則曰⁽³⁾"不如學也¹⁶¹", 故於咸三以見此義.

|번역| 마음이 여기에서 편안하고 고요하여 늘 안정되어 있으면 앞에 설사 무슨 일이 있다고 해도 근심하지 않고 쓸데없이 자질구레한 일들이 사려 속에 있지 않게 된다. 『주역』에서는 "무슨 사려할 것이 있는가? 천하가 길은 다르지만 한곳으로 돌아가고 일치하지만 갖가지 생각이다"라고 했다. 천지의 도는 오직 해와 달, 추위와 더위의 오고 감이고, 굽히고 폄, 움직이고 고요한 두 끝일 따름이다. 나의 경우는 의를 정밀하게 탐구하여 신의 경지에 들어서 작용을 다하면 자질구레한 것들은 그 사이에 출현할 수 없다. 이러한 방법 안에 있으니 과

---

161 (1)定疊, 마음이 매우 안정됨. (2)從吾所好, 『論語』, 「述而」, "부유함이 구할 수 있는 것이라면 설사 채찍을 잡는 마부가 된다 할지라도 나는 할 것이다. 만약 구할 수 없다면 내가 좋아하는 것을 따르겠다."(富而可求也, 雖執鞭之士, 吾亦爲之. 如不可求, 從吾所好.) (3)不如學也, 『論語』, 「衛靈公」, "나는 일찍이 종일 먹지도 않고 밤새도록 잠도 자지 않고 생각했지만 유익함이 없었다. 배우는 것만 못했다."(吾嘗終日不食, 終夜不寢以思, 無益, 不如學也.)

거와 미래의 일이 마음에 붙어 있다면 도대체 무슨 이득이 있겠는가! 부유하는 생각들을 다 제거하고 오직 날로 새로워짐을 향해 나아가도록 해야 한다. 공자는 부를 추구할 수 없다고 여기자 "내가 좋아하는 것을 따르겠다"고 했고, 생각하는 일이 무익하다고 여기자 "배우는 것이 더 낫다"고 했다. 그러니 함괘의 육삼에서 이러한 이치가 보인다.

|해설| 구삼은 초육과 육이와 얽혀 벌어지는 자질구레한 일에 집착하며 산다. 이는 무익한 일이다. 이런 무익한 일에 얽매여 사니 공자가 말했던 것처럼 '내'가 좋아하는 일, 배우는 일에 힘쓰며 사는 것이 현명하다. 그가 그렇게 해서 배운 것은 천지의 음양이 교감하고 소통하는 도에 관한 것이었고, 이 도를 본받아 살아가는 인간의 길에 관한 것이었다. 이런 길을 생각하고 추구한다면 마음이 편안해져 세상의 자질구레한 일들은 신경쓰지 않을 수 있다.

九四, 貞吉, 悔亡, (1)憧憧往來, 朋從爾思.「象」曰: "貞吉悔亡", 未感害也, "憧憧往來", 未光大也.[162]

구사는 바르면 길하고 후회가 없지만 자주 마음이 왔다 갔다 하면서 친구가 따를 것을 네가 생각한다. 「상전」에서 말했다. "바르면 길하고 후회가 없다"는 것은 아직 교감하여 해치지 않은 것이다. "자주 마음이 왔다 갔다 한다"는 것은 아직 빛나고 크게 되지 못한 것이다.

31.6 釋氏以感爲幻妄, 又有憧憧思以求朋者, 皆不足道也.

[162] (1)憧憧(동), 마음이 자주 왔다 갔다 함.

| 번역 | 불가에서는 느낌을 허깨비의 거짓된 것(幻妄)이라고 여기며, 또 자
주 마음이 왔다 갔다 하면서 친구를 구하는 자도 있는데, 모두 논할
것이 못 된다.

| 해설 | 장재의 관점에서는 불교나 세속의 사심을 품고 타인과 교감하려는 자나 느낌의
의미를 정확히 모른다는 점에서는 똑같다. 전자는 느낌을 허망하다고만 말하는
데, 그러면 살면서 일어나는 모든 교감은 다 무의미한 것이 되고 만다. "마음이
왔다 갔다 하면서 친구를 구하는 자"는 사심을 품고 교제하려는 자로, 그런 교제
는 진실한 교감과 소통이 아니라는 점에서 역시 논할 가치가 없다.

31.7 以陽居陰, 非躁感於物者也, 然體兌性悅, 未免乎思以求朋之累
也. 蓋體悅之初, 應止之始, 己勞於上, 朋止於下, 故憧憧得朋, 未
爲光大, 不持以正則有諂瀆之悔.

| 번역 | 양으로 음의 자리에 있으니 사물과 성급하게 교감하려는 자는 아니
다. 그러나 몸이 태(兌)로 성질이 기뻐하여 그리워하며 친구를 구하
는 얽매임을 면치 못한다. 대개 몸이 기뻐하는 초기에 멈추기 시작
함으로 응하니, 자기는 위에서 애를 쓰지만 친구는 아래에 멈추어
있어 자주 왔다 갔다 하며 친구를 구하니 아직 빛나고 크게 되지 못
한다. 바른 원칙으로 견지하지 않으면 아첨과 모독으로 인한 후회
가 있게 될 것이다.

| 해설 | 구사는 양이면서 음의 자리에 있다. 이 점에서 그는 타자와 성급하게 교류하려
는 자는 아니다. 하지만 구사는 상괘인 태(兌)괘의 시작점에 위치해 있다. 기뻐
함의 시작이다. 그래서 아래에 있는 벗을 구하는 일에 얽매인다. 하지만 하괘인
간(艮)괘는 멈춤이다. 구사와 상응하는 초육은 멈춤이 시작되는 자이다. 이에

구사는 열심히 친구를 구하기 위해 애쓰지만 아래에 있는 초육은 그것에 응하지 않는다. 초육은 구사에게 알랑대거나 아니면 구사를 모독할 가능성이 크다.

31.8 感非有意, 咸三思以求朋, 此則不足道.

|번역| 느낌은 의도적으로 하는 것이 아닌데 함괘에서 거듭 생각하며 친구를 구한다면 이는 논할 것이 못 된다.

|해설| 『주역』의 함(咸)은 의도적, 인위적, 계획적 느낌이 아니다. 그런 느낌에는 사심, 사익이 끼어 있기 때문이다.

31.9 聖人惟於屈伸有感, 能有屈伸, 所以得天下之物, 何用憧憧以思而求朋! 大抵咸卦六爻皆以有應不盡咸道, 故君子欲得虛受人, 能容以虛, 受人之道也. 苟曉屈伸, 心盡安泰寬裕, 蓋爲不與物校, 待彼伸則己屈, 然而屈時少, 伸時多, 假使亂[亡]¹⁶³橫逆, 亦猶屈少伸多, 我尚何傷! 日月寒暑往來, 正以相屈伸故不相害. 尺蠖之屈以求伸, 龍蛇之蟄以存身, 又精義入神以致用, 利用安身以崇德.

|번역| 성인은 오직 굽히고 폄에 감응함이 있다. 굽히고 폄이 있을 수 있기 때문에 천하의 만물을 얻는다. 어찌 자주 왔다 갔다 하면서 벗을 구할 필요가 있겠는가! 대개 함괘의 여섯 효는 다 응하는 것은 있지만 함괘의 이치를 온전히 다 실현하지는 못한다. 그러므로 군자는 마

---

¹⁶³ 〈중화 주석〉 '亡' 자는 원래 없었으나 通志堂本에 근거해 보완해 넣었다.

음을 비워 타인을 받아들이고자 하니, 능히 텅 비워 포용하는 것이 타인을 받아들이는 방법이다. 참으로 굽히고 폄에 대해 알면 마음이 다 편안하고 태평하며 관대하고 여유롭다. 다른 것들과 겨루지 않기 때문이다. 저것이 펴면 자기는 굽히지만 굽힐 때는 적고 펼 때가 많다. 설사 어지럽히고 망하게 하려 하거나 횡포한 행위를 하더라도 굽힐 때는 적고 펼 때는 많다. '내'가 무슨 해를 입었는가! 해와 달, 추위와 더위가 가고 오는 것은 바로 서로 굽히고 펴기 때문에 서로를 해치지 않는다. 자벌레가 몸을 굽히는 것은 폄을 도모하기 위해서이고, 용과 뱀이 겨울잠을 자는 것은 몸을 보존하기 위해서이다. 마찬가지로 의를 정밀하게 탐구해 신의 경지에 들어서는 것은 작용을 다하기 위해서이고, 이롭게 작용하여 몸을 편안하게 하는 것은 덕을 높이기 위해서이다.

|해설| 구사처럼 의도적, 계획적으로 교감을 하려고 해서는 안 된다. 그러지 않을 수 있으려면 마음을 비우는 허심(虛心)의 자세와 수양이 필요하다. 마음을 비우면 자신의 마음이 편안해지고 타인에 대한 포용력도 커진다. 이렇게 커진 포용력으로 상대를 대할 때 발휘되는 행동의 양태는 양보이다. 저것이 펼 때 '나'는 굽힌다. 그러더라도 '나'는 그 넉넉한 포용력으로 인해 펼 때가 더 많다. 뭇사람들이 '나'의 포용력에 감화되어 '내'가 뜻을 펼 수 있도록 도와주기 때문이다. 자연은 협력적으로 일한다. 개별 생명체도 굽힘과 폄이 교대로 이루어져야 생존 가능하다. 군자가 행하는 일 또한 그렇다. 굽혀 탐구를 하는 것은 펼침의 행동을 할 때 더욱 올바르게 하기 위해서이고, 그렇게 펼쳐 올바르게 행동하고 그래서 내심신이 편안해지는 것은 내면의 덕을 높이기 위해서이다. 이 또한 굽히고 펴는 일이다.

九五, 咸其脢, 无悔.「象」曰: "咸其脢", 志末也.

구오는 등살에서 느끼니 후회는 없다. 「상전」에서 말했다. "등살에서 느낀다"는 것은 뜻이 말단에 있는 것이다.

> 31.10 九五處悅之中, 未免偏係之弊, 故不能感人心, 而曰"咸其脢", 惟聖人然後能感人心也. 一無曰字.

|번역| 구오는 기뻐하는 중의 위치에 있으나 한쪽으로 치우쳐 얽매이는 폐단을 면치 못하므로 사람의 마음을 감화시킬 수 없다. 그래서 "등살에서 교감한다"고 했다. 오직 성인이어야 사람들의 마음을 감화시킬 수 있다. 어떤 곳에서는 왈(曰)이라는 글자가 없다.

|해설| 구오 효사인 "등살에서 교감한다"는 말을 장재는 전체가 아닌 한쪽에 치우쳐 얽매이는 것을 상징하는 것으로 보았다.

上六, 咸其輔⁽¹⁾頰舌. 「象」曰: "咸其輔頰舌", ⁽²⁾滕口說也.¹⁶⁴

상육은 볼, 뺨, 혀로 느낀다. 「상전」에서 말했다. "볼, 뺨, 혀로 느낀다"는 것은 입으로 말만 함이다.

---

164 (1)頰(협), 뺨. (2)滕, 거리낌없이 말한다.

32

항

恒

恒. 亨, 无咎, 利貞, 利有攸往. 「彖」曰: 恒, 久也. ⁽¹⁾剛上而柔下, 雷風相與, 巽而動, 剛柔皆應, 恒. "恒亨无咎利貞", 久於其道也. 天地之道, 恒久而不已也. "利有攸往", 終則有始也. 日月得天而能久照, 四時變化而能久成, 聖人久於其道而天下化成, 觀其所恒, 而天地萬物之情可見矣!「象」曰: 雷風恒, 君子以立不易方.¹⁶⁵

　항(恒)은 형통하여 허물이 없고 바르면 이로우니, 나아가는 일이 있으면 이롭다. 「단전」에서 말했다. 항은 장구함이다. 강한 것이 올라가고 부드러운 것이 내려오니, 우레와 바람이 함께하고 공손하게 움직이고 강한 것과 부드러운 것이 모두 상응하니 항(恒)이다. "항은 형통하여 허물이 없고 바르면 이롭다"는 것은 그 도를 오래 하는 것이다. 천지의 도는 항구적이며 그침이 없다. "나아가는 일이 있으면 이롭다"는 것은 끝을 맺으면 시작이 있다는 뜻이다. 해와 달이 하늘을 얻으면 오랫동안

165　(1)剛上而柔下: 괘변설에 근거하면 태(泰)괘의 초구가 사효로 올라가고 육사가 초효로 내려오면 항(恒)괘가 된다.

비출 수 있고 사계절이 변화하면 오랫동안 이룰 수 있으며, 성인이 그 도를 오랫동안 지키면 천하가 교화되어 완성된다. 항구적인 것을 살피면 천지만물의 정을 알 수 있도다! 「상전」에서 말했다. 우레와 바람이 항이다. 군자는 그것을 본받아 도를 세워 그 방향을 바꾸지 않는다.

32.1 觀書當不⁽¹⁾以文害辭, 如云義者出於思慮忖度, 『易』言"天地之大義", 則天地固無思慮. "天地之情"・"天地之心"皆放此.¹⁶⁶

|번역| 책을 볼 때는 글자로 인해 문구의 뜻을 오해해서는 안 된다. 예컨대 의(義)라고 하는 것은 사려하고 헤아리는 데서 나오는 것으로, 『주역』에서 "천지의 대의"라고 말했지만 천지에는 물론 사려함이 없다. "천지의 정(情)", "천지의 마음" 같은 말들도 모두 이와 비슷하다.

|해설| 천지는 자연일 따름이다. 따라서 천지의 마음, 정, 대의 등의 글자들은 모두 단지 비유적인 의미만을 가질 뿐이다. 진짜로 천지에 마음, 정, 대의 등이 있다고 생각해서는 안 된다.

初六, ⁽¹⁾浚恒, 貞凶, 无攸利. 「象」曰: 浚恒之凶, 始求深也.¹⁶⁷

초육은 깊이 파는 것이 너무 오래가면 바르더라도 흉하고 이로운 일이 없다. 「상전」에서 말했다. 깊이 파는 것이 너무 오래가 흉함은 처음

---

166 (1)以文害辭, 어떤 특정 글자로 인해 전체 문구의 뜻을 오독하는 것을 가리킴. 『孟子』, 「萬章上」, "그러므로 시를 논하는 자는 글자로 인해 문구의 뜻을 오해해서는 안 되고, 문구로 인해 뜻을 오해해서는 안 된다."(故說詩者, 不以文害辭, 不以辭害志.)
167 (1)浚(준), (강바닥의 흙을) 깊게 판다.

에 깊은 것을 구하기 때문이다.

32.2 柔巽在下以應於上, 持用爲常, 求之過深也. 故人道之交貴乎中禮, 且久漸而成也. 持一作特.

|번역| 부드럽고 공손한 것이 아래에 있으면서 위와 상응하되 지녀 쓰는 것이 불변하며 구하는 것이 지나치게 깊다. 그러므로 사람의 도 가운데 교제는 예에 들어맞는 것을 귀하게 여기고 오랫동안 점진적으로 완성한다. 지닐 지(持) 자가 어떤 곳에서는 특별할 특(特) 자로 되어 있다.

|해설| 초육은 하괘인 손(巽)괘의 제일 아래에 있는 음효로, 부드럽고 공손함을 상징한다. 부드럽고 공손한 태도로 아래에 머무르며 구사와 상응하지만, 그러한 관계가 항구적이기를 바라며 지나치게 그 관계의 유지를 추구하므로 바르더라도 흉하게 된다. 그래서 사람과 교제를 할 때 중시해야 할 것으로 예에 들어맞아야 함을 강조한다.

九二, 悔亡. 「象」曰: 九二"悔亡", 能久中也.

구이는 후회함이 없어진다. 「상전」에서 말했다. 구이는 "후회함이 없어진다"는 것은 오랫동안 중에 위치할 수 있기 때문이다.

32.3 以陽係陰, 用以爲常, 不能無悔, 以其久中故免.

|번역| 양으로서 음에 묶여 있으면서 그것을 쓰는 것을 항구적인 것으로 여기므로 후회함이 없을 수 없으나, 오랫동안 중의 자리에 있기 때문에 모면한다.

|해설| 구이는 자신이 양이면서 음의 자리에 있다. 그리고 그런 상태가 항구적일 것이라 여기므로 당연히 후회함이 없을 수 없다. 하지만 오랫동안 중의 자리에 있기 때문에 중용을 추구하지 않을 수 없다. 그래서 후회하는 일을 면할 수 있다고 설명했다.

九三, 不恒其德, 或承之羞, 貞吝. 「象」曰: "不恒其德", 无所容也.

구삼은 그 덕을 항구적으로 유지하지 않으면 혹여 부끄러운 일을 당하게 되니, 바르더라도 부끄러움이 있게 된다. 「상전」에서 말했다. "그 덕을 항구적으로 유지하지 않는다"는 것은 용납될 곳이 없음을 뜻한다.

32.4 進則犯上, 退則乘剛, 故動則招悔取辱, 惟常守一德, 庶幾取容, 故曰不恒其德則無所容也. 一有"雖然貞吝, 德則可常也."

|번역| 전진하면 위를 범하게 되고 물러나면 강한 것을 타게 된다. 그래서 움직이면 후회를 불러오고 욕됨을 취하게 된다. 오직 항상 한결같은 덕을 지켜야 거의 용납되게 된다. 그래서 그 덕을 항구적으로 유지하지 않으면 용납될 곳이 없다고 했다. 어떤 곳에는 "비록 바르더라도 부끄럽지만 덕은 한결같을 수 있다"고 기록되어 있다.

|해설| 옳음에 대한 판단과 행동은 구체적인 상황에 따라 다를 수 있지만, 근본적인 덕

은 변해서는 안 된다. 구삼은 위아래로 모두 강한 기가 자리하고 있어 움직여서는 안 되는 상황에 있다. 오직 그 근본이 되는 한결같은 덕을 유지하도록 노력해야 한다. 그래야 다른 이들로부터 용납될 수 있다.

九四, ⁽¹⁾田无禽. 「象」曰: 久非其位, 安得禽也?¹⁶⁸

구사는 들판에서 사냥을 했지만 짐승을 잡지 못했다. 「상전」에서 말했다. 오랫동안 그 바른 위치에 있지 않았으니 어찌 짐승을 얻을 수 있겠는가?

32.5 田以時至則禽或可得, 處常非位則功無以致, 故君子⁽¹⁾降志辱身, 不可常也.¹⁶⁹

|번역| 들판에 제때에 이르면 짐승을 혹여 잡을 수도 있겠지만 처한 곳이 늘 합당한 위치가 아니니 공은 이룰 수 없다. 그러므로 군자는 뜻을 굽히고 몸을 낮추어야지 늘 똑같이 해서는 안 된다.

|해설| 구사는 오랫동안 합당한 위치에 있지 않았다. 그래서 일을 열심히 해도 성과가 없다. 이럴 때는 자신의 뜻을 굽히고 몸을 낮추어 때를 기다려야 한다.

六五, 恒其德, 貞, 婦人吉, 夫子凶. 「象」曰: 婦人貞吉, 從一而終也, 夫

---

168 (1)田, 들판, 사냥함.
169 (1)降志辱身, 뜻을 굽히고 몸을 낮춤. 『論語』, 「微子」, "자신의 뜻을 굽히지 않고 자신의 몸을 욕되게 하지 않은 사람은 백이와 숙제이다."(不降其志, 不辱其身, 伯夷叔齊與.)

子[(1)]制義, 從婦凶也. 上六, 振恒, 凶.「象」曰: 振恒在上, 大无功也.[170]

　　육오는 그 덕을 항구적으로 보존하니 바르면 부인은 길하지만 남편
은 흉하다.「상전」에서 말했다. 부인이 바르면 길한 것은 하나를 따라
가며 끝을 맺기 때문이다. 남편은 옳음을 판단하므로 부인을 따르면 흉
하다. 상육은 항구적인 것을 뒤흔드니 흉하다.「상전」에서 말했다. 위
에서 항구적인 것을 뒤흔들기 때문에 크게 공이 없다.

32.6　卦例於上爻多處之以貴而無位, 高而無民, 至恒又不可以此處, 但
　　　見其不常在上, 故大無功也.『易』道灼然義理分明, 自存乎卦, 惟
　　　要人玩之乃得.

|번역| 상효의 경우 괘의 통례는 귀하지만 지위가 없고, 높지만 백성이 없
　　　는 것으로 많이 처리한다. 그런데 항(恒)괘의 경우에는 그렇게 처리
　　　할 수 없다. 단지 그것이 위에서 항구적이지 못함만을 보이므로 크
　　　게 공이 없다.『주역』의 도는 의리가 밝게 분명히 드러나 자연히 괘
　　　에 존재하니, 사람들이 그것을 잘 음미하면 얻게 된다.

|해설| 상효는 대부분 고귀하지만 그에 합당한 지위가 없는 자를 상징했다. 그런데 항
　　　괘의 경우에는 예외적이어서 상효에 위치한 자가 항구적으로 지켜야 할 덕을 뒤
　　　흔드는 짓을 한다.

170　(1)制義, 옳음을 결단, 판단한다.

33

둔
遯

遯. 亨, 小利貞.「彖」曰: "遯亨", 遯而亨也, 剛當位而應, 與時行也. "小
利貞", 浸而長也. 遯之時義大矣哉!

둔은 형통하며 바르면 조금 이롭다.「단전」에서 말했다. "둔(遯)은 형
통한다"는 것은 피해 숨어 형통한 것이다. 강한 것이 합당한 위치에 있
어 응하니 때와 더불어 행한다. "바르면 조금 이롭다"는 것은 음이 점차
자라난다는 뜻이다. 둔의 시의는 크도다!

33.1 當位而應, 理不當遯, 以陰長故遯, 故曰"與時行", 又曰"小利貞",
又曰"遯而亨"也.

|번역| 합당한 위치에서 응하니, 이치상 숨어서는 안 되지만 음이 자라나
기 때문에 숨는다. 그래서 "때와 더불어 행한다"고 했고 "바르면 조
금 이롭다"고 했으며, "피해 숨어 형통한 것이다"라고 했다.

|해설| 둔괘의 구오는 합당한 위치에 있으며 육이와 상응한다. 하지만 둔괘는 전체적으로 음이 자라나는 시기이기 때문에 때를 고려하여 피해 숨는다. 바른 태도를 유지해도 조금밖에 이롭지 않고 피해 숨어야 형통한다.

「象」曰: 天下有山, 遯, 君子以遠小人, 不惡而嚴.

「상전」에서 말했다. 하늘 아래에 산이 있으니 둔(遯)이다. 군자는 이를 본받아 소인을 멀리하되, 미워하지 않고 엄하게 대한다.

33.2 "遠小人不惡而嚴", 惡讀爲憎惡之惡, 遠小人不可示此惡也, 惡則患及之, 又焉能遠! 嚴之爲言, 敬小人而遠之之義.

|번역| "소인을 멀리하되, 미워하지 않고 엄하게 대한다"고 하였으니 오(惡)는 증오한다고 할 때의 오(惡)로 읽는다. 소인을 멀리하되 이 미워하는 마음을 내보여서는 안 되니, 미워하면 우환이 자신에게 미친다. 다시 어떻게 멀리할 수 있겠는가! 엄하게 대한다는 말은 소인을 공경하되 멀리한다는 뜻이다.

初六, 遯尾, 厲, 勿用有攸往. 「象」曰: 遯尾之厲, 不往何災也!

초육은 피해 숨는 꼬리로 위태로우니 나아가는 바가 있지 말아야 한다. 「상전」에서 말했다. 피해 숨는 꼬리가 위태롭지만 나아가지 않으면 무슨 재앙이 있겠는가!

33.3 危而不往何也? 避既後時, [往]¹⁷¹則取災, 故知者違難在乎先幾.

|번역| 위태로운데 나아가지 않는 것은 무엇 때문인가? 피해 숨는 것이 때
늦은 것일진대 나아가면 재앙을 취하게 된다. 그러므로 지혜로운
자가 어려움을 피하는 방법은 조짐을 미리 아는 데에 있다.

|해설| 위태로운데 전진하는 것은 무모한 것이다. 그럴 때는 피해 숨는 것이 상책이지
만 장재는 그 또한 때늦은 것이라 말한다. 가장 좋은 것은 위태로운 일이 일어날
조짐을 앞서 파악해 피하는 것이다. 그가 조짐의 파악을 강조하는 이유이다.

六二, 執之用黃牛之革, 莫之勝說. 「象」曰: 執用黃牛, 固志也.

　　육이는 황소의 가죽으로 잡아매니 그것을 벗길 수 없다. 「상전」에서
말했다. 황소의 가죽을 사용해 잡아맨다는 것은 뜻이 견고한 것이다.

**33.4 黃牛, 中順也. 陰邪浸長, 二居君臣正合之位, ⁽¹⁾戡難救時, 莫若中
順固志, 使奸不能干, 不然小人易間矣.¹⁷²**

|번역| 황소는 적절하게 순종한다. 음의 삿된 것이 점차 자라나되 육이는
임금과 신하가 바르게 결합하는 위치에 있다. 어려움을 이겨 내고
시대를 구제하는 데 적절히 순종하며 뜻을 굳세게 갖는 것보다 나
은 것은 없다. 간사한 자가 간여할 수 없게 하니 그러지 못한다면 소

---

171 〈중화 주석〉 '往'이라는 글자는 「상전」의 효사에 근거해 보완해 넣었다.
172 (1)戡難: 戡(감), 이기다, 치다. 어려움을 이겨 냄.

인이 쉽게 끼어들게 된다.

|해설| 둔괘는 음이 점차 자라나는 시기이지만, 육이는 바른 위치에 있으며 구오와 상응하고 있다. 황소처럼 유순한 덕을 지닌 자가 구오에 순종하는 모습을 상징한다. 장재는 이 육이와 구오가 결합하여 어려움을 이겨 나가는 데 육이의 덕, 즉 중용을 추구하고 순종하며 뜻을 굳세게 갖는 것이 중요하다고 역설한다. 그래야 간사한 자들이 감히 끼어들지 못한다는 것이다.

九三, 係遯, 有疾厲. 畜臣妾, 吉. 「象」曰: 係遯之厲, 有疾⁽¹⁾憊也, "畜臣妾吉", 不可大事也.¹⁷³

구삼은 매여서 피해 숨는 것이라 병에 걸려 위태로우니 신하와 첩을 기르면 길하다. 「상전」에서 말했다. 매여서 피해 숨는 것이 위태롭다는 것은 병에 걸려 고달픈 것이다. "신하와 첩을 기르면 길하다"는 것은 큰일을 할 수는 없다는 뜻이다.

33.5 爲內之主, 得位之正, 立愛其下, 畜臣妾之道盡矣, 然以斯處遯, 危疾宜焉.

|번역| 내괘의 주인이 되어 바른 위치를 얻고 그 아래에 대해 사랑을 베푸니, 신하와 첩을 기르는 도가 다 발휘된다. 그러나 이 지점에서 피해 숨으니, 위태롭고 병에 걸리는 것은 당연하다.

---

¹⁷³ (1)憊(비), 고달프다.

|해설| 구삼은 위로 상응하는 바가 없으나 양효로서 올바른 위치에 있어 아래에 있는
소인인 초육과 육이를 아낀다. 이로써 신하와 첩을 돌보는 일은 다할 수 있지만
이 지점에서만 머물기 때문에 위태롭고 병에 걸리는 것도 당연하다.

九四, 好遯, 君子吉, 小人否. 「象」曰: 君子好遯, 小人否也.

구사는 피해 숨는 것을 좋아하니 군자는 길하고 소인은 막힌다. 「상전」
에서 말했다. 군자는 피해 숨는 것을 좋아하고 소인은 막힌다.

33.6 有應於陰, 不惡而嚴, 故曰"好遯", 小人暗於事幾, 不忿怒成仇, 則
私溺爲累矣.

|번역| 구사는 음에서 응하는 것이 있되 미워하지 않고 엄하게 대한다. 그
러므로 "피해 숨는 것을 좋아한다"고 했다. 소인은 사태의 조짐에
어두워 분노하여 원수가 되거나 사사로이 탐닉하여 얽매인다.

|해설| 구사는 초육과 상응한다. 이 때문에 호돈(好遯)은 "좋아하지만 피해 숨는다"고
해석되기도 하지만, 장재는 "피해 숨는 것을 좋아한다"고 해석했다. 초육을 나
쁜 사람으로 보았기 때문이다. 그래서 구사는 초육을 "미워하지 않고 엄하게 대
한다"고 풀이했다.

九五, 嘉遯, 貞吉. 「象」曰: "嘉遯貞吉", 以正志也.

구오는 아름답게 피해 숨으니 발라 길하다. 「상전」에서 말했다. "아

름답게 피해 숨으니 발라 길하다"는 것은 뜻을 바르게 갖기 때문이다.

33.7 "嘉"·"好"義同, 然五居正處中, 能正其志, 故獲貞吉.

|번역| 아름다울 가(嘉)와 좋을 호(好)는 뜻이 같다. 그러나 구오는 바름에
머물고 중의 위치에 처하여 그 뜻을 바르게 할 수 있으므로 발라 길
함을 얻는다.

上九, ⁽¹⁾肥遯, 无不利. 「象」曰: "肥遯无不利", 无所疑也.[174]

상구는 넉넉한 마음으로 피해 숨으니 이롭지 않음이 없다. 「상전」에서
말했다. "넉넉한 마음으로 피해 숨으니 이롭지 않음이 없다"는 것은 의
혹되는 바가 없기 때문이다.

---

[174] (1)肥, (마음이) 넉넉함.

34

대장

大壯 ䷡

大壯. 利貞.「彖」曰: 大壯, 大者壯也, 剛以動故壯. "大壯利貞", 大者正
也, 正大而天地之情可見矣.「象」曰: 雷在天上, 大壯, ⁽¹⁾君子以非禮弗
履.¹⁷⁵

대장(大壯)은 바르면 이롭다.「단전」에서 말했다. 대장은 큰 것이 장
성하는 것이다. 강함으로 움직이므로 장성한다. "대장은 바르면 이롭
다"고 한 것은 큰 것은 바르니, 바르고 크면 천지의 정을 알 수 있다.「상
전」에서 말했다. 우레가 하늘 위에 있으니 대장이다. 군자는 이를 본받
아 예가 아니면 행하지 않는다.

34.1 克己反禮, 壯莫甚焉, 故『易』於大壯見之.

|번역| 자기를 이겨 예로 돌아가면 그보다 더한 장성함은 없다. 그래서『주

---

¹⁷⁵ (1)君子以非禮弗履, 군자다운 장대함은 예를 실천하는 데 있다는 뜻이다.

역』에서는 대장괘에서 그것을 본다.

┃해설┃ 크게 성대해진다는 것은 무력이 증대되는 것을 뜻하지 않는다. 그것은 자기중
심성을 이겨 내고 예에 따라 행동함으로써 힘이 증강되는 것을 가리킨다.

34.2 克己, ⁽¹⁾下學上達交相養也, 下學則必達, 達則必上, 蓋不行則終
何以成德? 明則誠矣, 誠則明矣, 克己要當以義理戰退私己, 蓋理
乃天德, 克己者必有剛強壯健之德乃勝己. "雷在天上, 大壯, 君子
以非禮不履". 夫酒淸人渴而不敢飮, 肴乾人饑而不敢食, 非強有
力者不能人所不能. 人所以不能行己者, 於其所難者則惰, 其異俗
者雖易而羞縮. 惟心弘則不顧人之非笑, 所趨義理耳, 視天下莫能
移其道. 然爲之人亦未必怪, 正以在己者義理不勝惰與羞縮之病,
消則有長, 不消則病常在, 消盡則是大而化之之謂聖. 意思⁽²⁾齷
齪, 無由作事. 在古氣節之士冒死以有爲, 於義未必中, 然非有志
槩者莫能. 況吾於義理已明, 何爲不爲? 正以不剛. 惟大壯乃能克
己, 蓋君子欲身行之, 爲事業以敎天下. 今夫爲長者折枝, 非不能
也, 但恥以爲屈而不爲耳, 不顧義理之若何.¹⁷⁶

┃번역┃ 극기란 하학(下學)과 상달(上達)을 함께 기르는 것이다. 아래에서 배
우면 틀림없이 통달하고 통달하면 틀림없이 위로 오른다. 행하지
않는다면 어떻게 덕을 완성하겠는가? 밝히면 성실해지고 성실하면
밝힌다. 극기하려면 마땅히 의리로 사사로운 자기를 싸워 물러나게

---

176 (1)下學上達, 아래에서 배우고 위로 통달함. 장재에게 아래에서 배움이란 형이하학적인
현실 세계에서 배우는 것을, 위로 통달함이란 덕이 성숙하여 하늘과 같은 위치에 도달
함을 뜻한다. (2)齷齪(악착), 불결하다, 더럽다.

해야 한다. 이치란 곧 하늘의 덕이요, 극기란 반드시 강하고 장대하고 군센 덕이 있어야 자기를 이겨 내게 된다. "우레가 하늘 위에 있으니 대장이다. 군자는 이를 본받아 예가 아니면 행하지 않는다"고 했다. 무릇 술이 사람의 목마름을 해소하게 해 준다고 하더라도 감히 마시지 않고 술안주가 사람의 배고픔을 해소하게 해 준다고 하더라도 감히 먹지 않는 것은 강한 힘이 있는 자가 아니면 사람들이 하지 못하는 일을 할 수 없기 때문이다. 사람들이 스스로 그렇게 행하지 못하는 까닭은 그 어려운 것에 대해 게을러지고 세속과 다른 것에 대해서는 쉽다고 하더라도 수줍어하며 위축되기 때문이다. 오직 마음이 넓어야 타인들이 비웃는 것을 개의치 않게 되니, 달려가는 방향은 의리일 따름이다. 천하를 바라봄에 아무도 그 도를 변화시킬 수 없다. 그러나 그렇게 하는 사람들이 꼭 괴이한 것만도 아니다. 바로 자신에게 있는 의리가 나태함과 부끄러워하며 위축되는 병폐를 이겨 내지 못하기 때문이니, 그것을 없애면 자라나고 없애지 못하면 병폐가 늘 존재한다. 다 없애면 크게 되어 만백성을 교화하는 성인이다. 생각이 불결하면 일을 할 수 없다. 고대에 기개가 있는 선비들은 죽음을 무릅쓰고 하는 일이 있었으니, 의리에 꼭 적중하는 것은 아니었지만, 뜻과 기개가 없는 자라면 할 수 없는 일이다. 하물며 '내'가 의리에 이미 밝을진대 어찌하여 행하지 않는가? 바로 강하지 않기 때문이다. 오직 크게 장성해야 자기를 이겨 낼 수 있다. 군자가 몸소 그것을 행하고자 한다면 활동을 해 천하를 교화해야 한다. 지금 늙은이를 위해 꽃가지를 꺾는 일을 하지 않는 것은 할 수 없는 것이 아니다. 단지 몸을 굽히는 일을 수치스럽게 여겨 하지 않고 의리는 어떠한지 돌아보지 않는 것일 따름이다.

|해설| 「단전」 말미의 군자는 "예가 아니면 행하지 않는다"는 구절을 근거로 크게 장성

함(大壯)과 극기복례의 관계를 상세히 설명하였다.

극기복례를 하려면 다양한 상황에서 어떻게 하는 것이 옳은 것인지를 알아야 한다. 이 옳은 것은 궁극적으로는 '내'가 하늘로부터 부여받은 덕성에 기반을 둔 규범, 즉 이치(理)로 나타나고, 다양한 상황에서 그때마다 적합한 사회적 행위규범으로 규정된다. 그것이 곧 예의규범이다. 장재는 이 규범을 익히고, 그것을 실천함으로써 덕성이 함양될 수 있고, 최종적으로는 하늘과 같은 원숙한 덕성을 지닌 인격을 성취할 수 있다고 한다. 그런 이유에서 하학과 상달을 함께해야 한다고 했다. 『중용』의 언어로 표현하면 하학을 통해 밝히면 성실해지고, 하늘의 성실함과 같은 덕성을 갖추게 되면 무엇이 옳고 그른지 밝힐 수 있게 된다.

그런데 단지 무엇이 옳고 그른지 그 이치만을 탐구하는 것만으로는 극기복례할 수 없다. 무엇이 규범에 들어맞는 것인지 알면서도 실제로는 그렇게 하지 않는 경우가 허다하기 때문이다. 그럴 때 필요한 것이 '장대하고 굳센 덕'이다. 장대하고 굳센 덕은 아는 것을 실천으로 이끄는 힘이다. 무엇이 옳은지 알면서도 '게으른' 타성과 '수줍어하고 위축되는' 습성을 깨뜨리는 힘은 오직 그런 강한 기개에 의해 주어진다.

初九, 壯于(1)趾, 征凶, (2)有孚. 「象」曰: "壯於趾", 其孚窮也. 九二, 貞吉. 「象」曰: 九二"貞吉", 以中也. 九三, 小人用壯, 君子(3)用罔, 貞厲, (4) 羝羊觸藩, (5)羸其角. 「象」曰: 小人用壯, 君子罔也.[177]

초구는 발꿈치에서 장성함이니 나아감에 흉할 것은 틀림없는 사실이다. 「상전」에서 말했다. "발꿈치에서 장성함이니" 그것은 틀림없이 궁하게 된다. 구이는 바르면 길하다. 「상전」에서 말했다. "바르면 길하다"는 것은 중의 위치에 있기 때문이다. 구삼의 경우 소인은 장성함을 쓰고 군자는 힘이 없는 것을 쓴다. 바르게 해도 위태로우니, 숫양이 울타

---

[177] (1)趾(지), 발꿈치. (2)有孚, 진실이라는 뜻이지만, 여기서 이 말은 좋은 함의는 없고, 그저 필연적인 사실임을 뜻한다. (3)用罔: 罔은 無의 뜻. 장성함을 쓰지 않는다는 뜻. (4)羝羊觸藩: 羝(저), 숫양. 숫양이 울타리를 들이받음. (5)羸(이), 累와 같음. 걸림.

리를 들이받아 그 뿔이 걸리게 된다. 「상전」에서 말했다. 소인은 장성함을 쓰고 군자는 힘이 없는 것을 쓴다.

34.3 以陽居陽, 正也, 然乘下之剛, 故危. 小人用此而進, 如羝羊觸藩以爲壯, 故多見困, 君子知幾則否. 藩喻四・三有應, 所之在進而位正理直, 小人處之, 必以剛動.

|번역| 구삼은 양으로서 양에 머무르니 바르다. 그렇지만 아래의 강한 것을 타고 있으므로 위태롭다. 소인은 그것을 이용해 전진하니, 숫양이 울타리를 들이받는 것처럼 하는 것을 장성한 것이라고 여긴다. 그래서 많은 경우 곤란함을 당한다. 군자가 조짐을 알면 그렇게 하지 않는다. 울타리는 구사와 구삼이 응함이 있는 것을 비유한 것이다. 향해 가는 것이 전진함에 있고 위치가 바르며 이치가 곧으므로 소인이 거기에 처하면 틀림없이 강함으로 움직인다.

|해설| 구삼은 강한 기로 강한 위치에 있다. 아래에도 강한 기가 있어 그 기를 타고 있으니, 지나치게 강해 전진할 줄만 알면 위태롭다. 소인의 경우에는 그대로 직진하여 곤란에 처하지만 군자는 위태로운 조짐을 알아차리기 때문에 그렇게 하지 않는다.

九四, 貞吉, 悔亡, [(1)]藩決不羸, 壯于大輿之輹. 「象」曰: "藩決不羸", 尙往也.[178]

---

[178] (1)藩決, 울타리가 터짐.

구사는 바르면 길하여 후회가 없게 된다. 울타리가 터져 걸림이 없게 되니 큰 수레의 바퀴살에서 장대한 힘이 발휘된다. 「상전」에서 말했다. "울타리가 터져 걸림이 없다"는 것은 나아감을 높이는 것이다.

34.4 乘剛本有悔, 不用其壯, 故貞吉. 三以四爲藩, 九四上無陽爻, 故曰藩決, 壯輿之輹, 往無咎也. 四能不爲陰累, 守己以正, 則吉而無乘剛之悔, 且得衆陽之助以銷陰慝.

|번역| 강한 것을 타면 본디 후회함이 있지만 그 장성함을 쓰지 않기 때문에 발라 길하다. 구삼은 구사를 울타리로 여기는데, 구사 위에 양효가 없기 때문에 울타리가 터진다고 했다. 수레의 바퀴살을 장성하게 하여 나아감에 허물이 없다. 구사는 음에 의해 묶이지 않을 수 있으니, 자신을 바름으로 지키면 길하고 강한 것을 탄 후회가 없으며 뭇 양의 도움을 얻어 음의 사특함을 제거한다.

|해설| 구사는 장성한 양의 기의 선봉에 있다. 게다가 구삼의 강한 기를 타고 있다. 자칫 지나치게 강한 기를 쓰면 후회함이 있게 된다. 하지만 바른 원칙을 고수하면 마치 바퀴살이 힘차게 움직이듯 장성한 기로 전진하여 밖의 사악한 것들을 제거할 수 있다.

六五, 喪羊于⁽¹⁾易, 无悔. 「象」曰: "喪羊于易", 位不當也.¹⁷⁹

육오는 경계에서 양을 잃어버리나 후회는 없다. 「상전」에서 말했다.

---

179 (1)易, 場과 통함. 밭의 경계.

"경계에서 양을 잃어버렸다"는 것은 위치가 합당하지 않기 때문이다.

34.5 羊外柔而內⁽¹⁾很, 六五以陰處陽, 羊喪之象也, 能去其內剛, 不拒
      來者, 則無悔, 故曰 "喪羊於易, 無悔." 履柔危之地, 乘壯動之剛,
      固之必悔者, 位非其所堪也.[180]

|번역| 양은 겉모습은 유순하지만 내면은 모질다. 육오는 음으로 양의 위
      치에 있으니, 양을 잃어버리는 형상이다. 내면의 강함을 제거하고
      오는 것을 막지 않으면 후회가 없다. 그래서 "경계에서 양을 잃어버
      리나 후회는 없다"고 했다. 유약하고 위태로운 땅을 밟고 장성하게
      움직이는 강한 것을 타고 있으니 고집하면 틀림없이 후회하는 것은
      위치가 그가 감당할 수 있는 것이 아니기 때문이다.

|해설| 장재는 "육오가 경계에서 양을 잃어버린다"는 말을 육오가 겉모습은 유순한 듯
      하지만 내면은 강한 양의 모습을 버리고, 내면 또한 유순하게 만드는 것으로 이
      해했다. 그래야만 장성한 힘으로 밀고 들어오는 구사 같은 것을 막지 않고 자신
      을 지킬 수 있다고 생각했다. 반대로 내면의 강함을 유지해 고집스럽게 행동하
      면 후회하는 일이 생길 것이라고 풀이했다. 육오는 본디 합당한 위치에 있지 않
      기 때문이다.

上六, 羝羊觸藩, 不能退, 不能遂, 无攸利, 艱則吉. 「象」曰: "不能退, 不
能遂", 不詳也, "艱則吉", 咎不長也.

180 (1)很, 狠의 가차자. 사납다, 모질다.

상육은 숫양이 울타리를 들이받아 물러서지도 못하고 나아가지도 못하여 이로운 바가 없는 것이니, 어려움을 이겨 내면 길하다. 「상전」에서 말했다. "물러서지도 못하고 나아가지도 못한다"는 것은 상세하게 살피지 않았기 때문이고, "어려움을 이겨 내면 길하다"는 것은 허물이 오래가지 않는다는 뜻이다.

34.6 剛競用觸則進退皆凶, 危懼求全則咎有時而息也. 然上六以陰居上, 不詳事宜, 用壯而觸, 故進退不能.

|번역| 강한 것이 앞다투어 부딪침을 사용하면 전진하건 물러나건 모두 흉하다. 두려워하며 온전하기를 구하면 허물이 사라질 때가 있을 것이다. 하지만 상육은 음으로 위에 있으면서 일의 합당함을 상세히 살피지 않고 장성한 기를 사용해 부딪치니 전진하고 물러나는 것이 불가능해진다.

|해설| 상육은 상괘인 진(震)괘의 제일 위에 자리하고 있어 자신이 약하면서도 앞뒤를 안 재고 부딪치다가 진퇴양난의 상황에 있다. 그런 상황에서 두려워하면서 자신이 온전하기를 구하면 크게 장성하는 기가 쇠해지는 상황이기 때문에 결국은 길하지만, 자신의 성급한 판단으로 어려움에 빠졌다는 사실만큼은 분명하다.

35

晉

進

晉 ䷢

(1)晉, 康侯用(2)錫馬(3)蕃庶, 晝日三接. 象曰: 晉, 進也. 明出地上, 順而麗乎大明, (4)柔進而上行, 是以康侯用錫馬蕃庶, 晝日三接也. 「象」曰: 明出地上, 晉, 君子以自昭明德. 初六, 晉如(5)摧如, 貞吉, 罔孚, 裕无咎. 「象」曰: "晉如摧如", 獨行正也, "裕无咎", (6)未受命.181

진(晉)은 평안하게 해 주는 제후에게 말을 많이 하사하고 대낮에 하루 세 번 접견하였다. 「단전」에서 말했다. 진은 나아감이다. 밝음이 땅 위로 나오니, 유순하고 크게 밝음에 붙어 있으며 부드러운 것이 전진해 위로 올라간다. 그래서 "평안하게 해 주는 제후에게 말을 많이 하사하고 대낮에 하루 세 번 접견하였다." 「상전」에서 말했다. 밝음이 땅 위로 나오니 진이다. 군자는 이를 본받아 밝은 덕을 밝힌다. 초육은 나아가거나 꺾여 물러나거나 바르면 길하고 믿음이 없더라도 관대하면 허물이 없다. 「상전」에서 말했다. "나아가거나 꺾여 물러난다"는 것은 홀로 바

---

181 (1)晉, 나아감(進)의 뜻. (2)錫, 賜와 같음. 하사함. (3)蕃庶, 아주 많음. (4)柔進而上行: 관(觀䷓)괘의 육사가 전진하여 진(晉䷢)괘의 육오가 됨을 뜻함. (5)摧(최), 꺾임. (6)未受命: 아직 신하로 임명되지 못함.

름을 행하는 것이다. "관대하면 허물이 없다"는 것은 아직 명을 받지 못했기 때문이다.

35.1 居晉之初, 正必見摧, 故摧如不害於貞吉也. 未孚於人, 或未見聽, 寬以居之乃無咎. 然初六有應在四, 居下援上, 未安其分, 故曰"未受命"也.

| 번역 | 진(晉)에 머무는 초기에는 바르더라도 틀림없이 꺾인다. 그러므로 꺾인다 해도 바르면 길함에는 해가 되지 않는다. 남으로부터 신뢰를 얻지 못하여 혹여 받아들여지지 않더라도 여유로움으로 머무르면 허물이 없다. 하지만 초육은 구사에 상응함이 있으니, 아래에 머물면서 위를 돕는 것은 그 본분에 편안하지 않으므로 "아직 명을 받지 못했다"고 했다.

| 해설 | 초육은 위로 나아가려는 의지는 있지만 힘이 약하고 맨 밑에 있어 그 뜻은 반드시 꺾이게 되어 있다. 하지만 그렇더라도 장기적으로 볼 때 바르면 틀림없이 위로 올라갈 것이니, 지금 당장 신임을 받지 못했다고 하여 실망할 필요는 없다. 너그러운 마음으로 아랫자리에 머물면서 미래를 준비하면 된다. 비록 구사와 상응하지만 아직 낮은 위치에 있으므로 정식으로 임용을 받지 못했다고 했다.

六二, 晉如愁如, 貞吉, 受玆$^{(1)}$介福, 于其$^{(2)}$王母. 「象」曰: "受玆介福", 以中正也.[182]

---

[182] (1)介福: 介, 大. 큰 복, 홍복. (2)王母, 조모.

육이는 나아감이 근심스러우나 바르면 길하다. 큰 복을 육오인 조모에게서 받을 것이다. 「상전」에서 말했다. "큰 복을 받을 것이다"라는 것은 중의 위치에서 바르기 때문이다.

35.2 進而無撓, 多失於肆, 故愁如乃吉. 六五以陰居尊, 故稱"王母", 俱以柔中, 故受福可必也.

| 번역 | 전진하는데 교란이 없으면 많은 경우 제멋대로 하는 데서 잃는다. 그러므로 근심스러워야 길하다. 육오는 음으로 존귀함에 머무르므로 왕모(王母)라 칭한다. 모두 부드러운 중으로써 하니 복을 받는 것은 틀림이 없다.

| 해설 | 육이는 전진하는데 상응하는 것이 없어 어려움에 있다고도 하는 데 반해, 장재는 교란이 없다고 설명하는 점이 다르다. 그래서 전자처럼 해석하면 근심스럽지만 길하다고 하는 데 반해, 장재는 근심스러워야 길하다고 말한다.

六三, ⁽¹⁾衆允, 悔亡. 「象」曰: 衆允之志, 上行也.[183]

육삼은 뭇사람들이 신임하니 후회가 없다. 「상전」에서 말했다. 뭇사람들이 신임하는 뜻은 위로 나아가는 데 있다.

---

[183] (1)允, 신임을 얻는다, 지지를 받는다.

35.3 上歷九四, 不爲衆信, 則取悔可必, 若志應在上, 晉爲衆允, 則悔亡.

|번역| 위로 구사를 지나가는데 뭇사람들에 의해 신임을 얻지 못하면 틀림
없이 후회를 초래할 것이다. 만약 뜻이 위에서 응하는 데 있다면 전
진을 뭇사람이 신뢰할 것이므로 후회가 없을 것이다.

|해설| 육삼은 음의 기니 강한 구사를 홀로 지나는 것은 힘에 부친다. 뭇사람들의 신임
을 얻어야 강한 구사를 이겨 낼 힘이 생기고 후회가 없게 된다.

九四, 晉如[1]鼫鼠, 貞厲. 「象」曰: "鼫鼠貞厲", 位不當也.[184]

　구사는 나아가는 것이 큰 들쥐 같으니 고집하면 위태롭다. 「상전」에서
말했다. "큰 들쥐 같으니 고집하면 위태롭다"고 한 것은 위치가 합당하
지 않기 때문이다.

35.4 鼫鼠爲物, 貪而畏人, 體陽在進, 反居陰位, 故動止皆失, 與六三
之義爲相反矣.

|번역| 큰 들쥐는 탐욕스러우며 사람을 두려워한다. 몸은 양으로 전진함에
있지만 오히려 음의 위치에 머문다. 그러므로 움직임과 정지함이
모두 바름을 잃는다. 육삼의 의미와 상반된다.

|해설| 구사는 양기로 전진하려 하지만 음의 위치에 있어 합당하지 않다. 그래서 움직

---

[184] (1)鼫鼠(석서), 큰 들쥐.

이든 정지하든 모두 합당함을 상실한다.

六五, 悔亡, 失得勿恤, 往吉, 无不利. 「象」曰: “失得勿恤”, 往有慶也.

　　육오는 후회함이 없으니 잃음과 얻음을 걱정하지 않고 나아가면 길하고 이롭지 않음이 없다. 「상전」에서 말했다. “잃음과 얻음을 걱정하지 않는다”는 것은 나아감에 경사가 있는 것이다.

35.5 進而遇陽, 故失得不恤而吉也. 位不當必有悔, 獲吉則悔亡.

|번역| 전진하여 양을 만난다. 그러므로 잃음과 얻음을 근심하지 않으며 길하다. 위치가 합당하지 않으면 반드시 후회가 있지만 길함을 얻으니 후회가 없다.

|해설| 육오는 위치가 합당하지 않다. 그렇지만 진괘에서는 전진하여 상구의 양을 만나니 길하다. 따라서 전진하여 얻는 것도 잃는 것도 있겠지만 전체적으로 보았을 때는 길하니 근심하지 않는다.

上九, 晉其角, 維用伐(1)邑, 厲吉无咎, 貞吝. 「象」曰: “維用伐邑”, 道未光也.[185]

　　상구는 그 뿔에 나아감이니, 오직 읍을 정벌하는 데 쓰면 위태롭지만

---

[185] (1)邑, 자신의 봉읍.

길하여 허물이 없다. 고집하면 부끄러움이 있다. 「상전」에서 말했다. "오직 읍을 정벌하는 데 쓴다"는 것은 도가 아직 빛나지 않은 것이다.

35.6 窮無所往, 故曰角. 居明之極, 其施未光而應尚狹, 持此以進, 伐邑討叛而已, 危而幸吉以得無咎, 然終吝道也. 無可進而進不已, 惟伐邑於內而可矣, 如君子則知止也.

|번역| 궁하여 나아갈 곳이 없으므로 뿔이라고 했다. 밝음의 극한에 머무르니 그 베풂이 빛나지 않고 응하는 것이 협소하다. 그러한 것을 지니고 전진하면 읍을 정벌하고 배반한 자를 토벌할 뿐이다. 위태롭지만 다행히 길하여 허물이 없을 수 있지만 결국은 부끄러운 길이다. 전진할 수 없는데도 그침 없이 전진하니 오직 안에서 읍을 정벌하는 것만 가능하다. 군자라면 멈출 줄 안다.

|해설| 뿔은 머리 위에 달린 것이다. 따라서 뿔이 상징하는 것은 이미 올라갈 데까지 다 올라갔는데 더 욕심을 내어 오르려고 하는 것이다. 그런 상황에서 가능한 전진이란 그저 자신이 관할하는 읍의 반란자를 토벌하는 정도일 뿐이다. 군자라면 그쳐야 할 때 그칠 줄 안다.

36

명이

明夷䷣

(1)明夷. 利艱貞. 「彖」曰: 明入地中, 明夷, 內文明而外柔順, 以蒙大難, 文王以之. "利艱貞", 晦其明也, 內難而能正其志, 箕子以之.[186]

　명이(明夷)는 어렵지만 바르면 이롭다. 「단전」에서 말했다. 밝음이 땅속으로 들어가는 것이 명이이다. 안으로는 꾸며 밝지만, 밖으로는 유순하니, 커다란 환난을 당하자 문왕은 그렇게 했다. "어렵지만 바르면 이롭다"는 것은 그 밝음을 어둡게 하는 것으로 안으로 어렵지만 그 뜻을 바르게 할 수 있으니, 기자가 그렇게 했다.

36.1　文王體一卦之用, 箕子以六五一爻之德, 文王難在外, 箕子難在內.

|번역| 문왕은 한 괘의 작용을 체현하였고, 기자는 육오 한 효의 덕으로 했으니, 문왕의 어려움은 밖에 있고 기자의 어려움은 안에 있었다.

186　(1)明夷: 夷, 痍. 밝은 자, 현명한 자가 상처를 입음.

|해설| 문왕은 그 이름이 상징하듯 문채가 나는 밝은 덕을 갖고 있으면서 주와 같은 폭
군의 치하에서 부드러운 모습으로 암담한 시대에 현명하게 대처했다. 그 점에
서 문왕은 명이괘 전체의 작용을 체현하고 있다. 한편 명이괘 육오 효사에서는
"기자의 밝은 것을 어둡게 하는 명이이니 바르면 이롭다(六五, 箕子之明夷, 利
貞)"라고 하여 직접 기자를 거론하고 있다. 그래서 기자는 육오 한 효의 덕을 체
현하고 있다고 했다. 기자는 주왕의 친척이기 때문에 그에게 어려움은 집안 내부
의 어려움이다. 반면 문왕은 주왕과 같은 집안이 아니므로 어려움이 밖에 있다.

「象」曰: 明入地中, 明夷, 君子以莅衆, 用晦而明.

「상전」에서 말했다. 밝음이 땅속으로 들어가는 것이 명이이다. 군자
는 그것을 본받아 대중에게 임할 때 어두운 것을 사용해 밝힌다.

36.2 不任察而不失其治也.

|번역| 자세히 살피는 데 내맡기지 않고서 그 다스림을 잃지 않는다.

|해설| "어두운 것을 써서 밝힌다"는 말에 대한 설명이다. 군자의 밝음이 상처를 입는
명이에서 그 밝음을 감추면서도 다스리는 지혜를 발휘한다.

初九, 明夷于飛, 垂其翼, 君子于行, 三日不食. 有攸往, 主人有言. 「象」
曰: "君子于行", 義不食也.

초구는 밝음이 상처를 입어 날아갈 때 그 날개를 축 늘어뜨리니, 군자

는 갈 때 삼 일을 먹지 않는다. 가는 바가 있으니 주인은 비난하는 말이 있다. 「상전」에서 말했다. "군자가 간다"는 것은 의리상 녹을 먹지 않는 것이다.

36.3 進應於上, 爲三所困, 故曰"於飛垂翼". 君子避患當速, 勢不與抗, 退而遠行,⁽¹⁾不遑暇食, 靜以自守, 非有所往之時也.¹⁸⁷

|번역| 전진하면 위에서 응하지만 구삼에 의해 곤란을 겪는다. 그래서 "날아갈 때 그 날개를 축 늘어뜨린다"고 했다. 군자가 환난을 피함은 마땅히 신속해야 한다. 시세에 항거하지 않고 물러나 멀리 간다. 밥 먹을 겨를도 없이 고요히 자신을 지키니 가는 일이 있을 때가 아니다.

|해설| 초구는 육사와 상응하지만 중간에 구삼이 막고 있어서 곤란을 겪는다. 그래서 조짐을 아는 군자는 미리 환난을 신속하게 피한다.

六二, 明夷, 夷于左股, 用拯馬壯, 吉.「象」曰: 六二之吉, 順以則也.

육이는 밝음이 상처 입는 시기에 왼쪽 다리에 상처를 입는다. 구하는 데 쓰이는 말이 건장하면 길하다. 「상전」에서 말했다. 육이가 길함은 원칙에 따라 유순하기 때문이다.

---

¹⁸⁷ (1)不遑(황), ~할 겨를이 없다.

與三同體, 三爲六應, 故曰“夷於左股”, 居中履順, 難不能及, 故曰 “用拯馬壯吉”. 馬謂初九, 亦爲己用, 故欲拯闇同.

|번역| 육이는 구삼과 한 몸이 되고 구삼은 상육과 상응한다. 그러므로 “왼
쪽 다리에 상처를 입는다”고 했다. 중에 머무르면서 유순함을 따르
니, 어려움이 미치지 못한다. 그래서 “구하는 데 쓰이는 말이 건장하
면 길하다”고 했다. 말은 초구를 가리고 또한 자신에 의해 쓰이니,
어둠을 구원하고자 하는 것은 같다.

|해설| 육이가 상처를 입는 상황을 장재는 육이가 구삼과 한 몸이 되어 폭군인 상육에
대응하는 것으로 설명한다. 하지만 육이는 중에 머무르면서 유순함의 원칙을
따르기 때문에 큰 어려움을 겪지 않는다. 건장한 말 같은 초구가 달려와 자신을
구해 주어 육이는 초구와 함께 어둠에서 벗어나려 한다.

九三, 明夷于南狩, 得其大首, 不可疾, 貞. 「象」曰: 南狩之志, 乃大得
也.

　구삼은 밝음이 상처를 입는 시기에 남쪽으로 가 사냥하여 그 우두머
리를 잡았으나 빨리 하지 않아야 바르다. 「상전」에서 말했다. 남쪽으로
가서 사냥하는 뜻을 이에 크게 얻었다.

36.5　九三進獲明夷之主, 故曰“南狩得其大首”.

|번역| 구삼은 전진하여 밝음이 상처를 입는 시대의 군주를 포획했다. 그

러므로 "남쪽으로 가 사냥하여 그 우두머리를 잡았다"고 했다.

|해설| 구삼은 하괘인 이(離)의 가장 높은 자리에 있으니 매우 밝은 존재이다. 그가 가장 어두운 존재인 상육을 공격해 그를 사로잡았다.

六四, 入于左腹, 獲明夷之心, 于出門庭.「象」曰: "入于左腹", 獲心意也.

육사는 왼쪽 뱃속으로 들어가 밝음에 상처를 입히는 군주의 마음을 얻고 문의 뜰로 나온다.「상전」에서 말했다. "왼쪽 뱃속으로 들어갔다"는 것은 폭군의 마음을 얻었다는 뜻이다.

36.6 與上六同爲一體, 故曰"入於左腹", 與五親比, 故曰"出門""獲明夷之心." 蓋用柔履中, 其志相得, 故曰"獲心意".

|번역| 상육과 한 몸이 되므로 "왼쪽 뱃속으로 들어간다"고 했다. 육오와 친밀하게 지내므로 "문으로 나왔다"고 했고 "밝음에 상처를 입히는 군주의 마음을 얻었다"고 했다. 부드러움으로 중의 위치를 밟고 있으니 그 뜻을 얻는다. 그래서 "마음을 얻었다"고 했다.

|해설| 육사는 유순하여 상육의 마음을 얻은 자이다. 상육의 속마음을 알게 된 것을 상육의 "왼쪽 뱃속으로 들어간다", "마음을 얻었다"고 표현했다. 또 육사는 바른 위치에 있다. 그래서 상육의 속마음을 알게 된 뒤에는 그 폭군의 영역 밖으로, 즉 "문으로 나와" 역시 바른 원칙을 지키는 육오와 친밀하게 지낸다.

六五, <u>箕子</u>之明夷, 利貞. 「象」曰: <u>箕子</u>之貞, 明不可息也.

육오는 기자가 밝음을 숨기는 명이이니 바르면 이롭다. 「상전」에서 말했다. 기자의 바름은 밝음을 소멸시킬 수 없다.

36.7 雖近於闇, 然柔順履中, 闇不能掩, <u>箕子</u>之正也.

|번역| 비록 어두움에 가깝지만 유순함으로 중의 위치를 밟고 있으니, 어둠이 가릴 수 없는 것이 기자의 바름이다.

|해설| 상육의 폭군이 가까이에 있지만 육오인 기자는 유순한 태도로 그 시기에 딱 적절한 중용, 즉 옥에 갇혀 미친 척하는 지혜를 발휘하여 자신을 지킨다. 어두운 군주 주는 기자의 밝음을 가릴 수 없었으니, 이것이 기자가 바름을 지킨 방법이다.

上六, 不明晦, 初登于天, 後入于地. 「象」曰: "初登于天", 照四國也, "後入于地", 失則也.

상육은 밝지 않아 어두우니, 처음에는 하늘에 오르지만 나중에는 땅속으로 들어간다. 「상전」에서 말했다. "처음에 하늘에 오른다"는 것은 사방의 나라들을 비추는 것이다. "나중에 땅속으로 들어간다"는 것은 법도를 잃는 것이다.

家人. 利女貞. 「彖」曰: 家人, [(1)]女正位乎內, 男正位乎外, 男女正, 天地之大義也. 家人有嚴君焉, 父母之謂也. 父父, 子子, 兄兄, 弟弟, 夫夫, 婦婦, 而家道正, 正家而天下定矣. 「象」曰: 風自火出, 家人, 君子以[(2)]言有物而行有恒.[188]

　가인(家人)은 여성이 바르면 이롭다. 「단전」에서 말했다. 가인은 여자는 안에서 위치를 바르게 하고 남자는 밖에서 위치를 바르게 하는 것이다. 남녀가 바른 것은 천지의 큰 옳음이다. 가인에는 엄한 군주가 있다고 하니 부모를 말한다. 아버지는 아버지답고 자식은 자식답고 형은 형답고 동생은 동생답고 남편은 남편답고 아내는 아내다우면 집안의 도가 바르게 되니, 집안을 바로잡으면 천하가 올바르게 정해진다. 「상전」에서 말했다. 바람이 불에서 나오니 가인이다. 군자는 그것을 본받아 말은 실물과 부합함이 있고 행동에는 항구적인 원칙이 있다.

---

[188] (1)女正位乎內, 男正位乎外: 안에서 바른 위치에 있는 여성은 육이를 가리키고, 밖에서 바른 위치에 있는 남성은 구오를 가리킨다. (2)言有物: 말하는 것이 실제 사물, 사실과 부합함.

37.1 家道之始, 始諸飮食烹(飪)[飪],[189] 故曰"風自火出".

|번역| 집안의 도의 시초는 음식을 먹고 요리를 하는 데서 시작된다. 그러므로 "바람은 불에서 나온다"고 했다.

|해설| 조리를 할 때 불이 성하면 거기서 바람이 인다. 이 점에 착안하여 집안의 도란 음식을 먹고 요리를 하는 데서 시작된다고 했다.

37.2 家人道在於烹(1)爨, 一家之政, 樂不樂·平不平皆繫乎此.[190]

|번역| 가인의 도는 조리하고 취사하는 데 있으니, 한 가정의 다스림에서 그것이 즐거운지 즐겁지 않은지, 평안한지 평안하지 않은지는 모두 이것과 얽혀 있다.

|해설| 가정의 가장 기초적인 문제는 먹고사는 문제이다. 이 먹고사는 문제의 해결 여부 및 그 방식은 가정의 화목, 평안과도 직결되어 있다.

初九, (1)閑有家, 悔亡. 「象」曰: "閑有家", 志未變也.[191]

초구는 가정에서 규범으로 막으면 후회가 없다. 「상전」에서 말했다. "집안에서 규범으로 막는다"는 것은 뜻이 아직 변하지 않은 것이다.

---

189 〈중화 주석〉'飪' 자는 성어에 근거해 고쳤다.
190 (1)爨(찬), 불을 때 취사를 한다.
191 (1)閑有家: 閑, 막는다, 절제한다. 가정에서 규범, 법도로 규제, 절제한다는 뜻이다.

37.3 男處女下, 悔也.

|번역| 남자가 여자 아래에 있으면 후회한다.

|해설| 가인(家人)괘에서 중심이 되는 것은 육이와 구오로 각각 여성과 남성을 상징한다. 남성은 위에, 여성은 아래에 있는 형상이다. 여기서는 가정이 규범을 잘 지키면 후회가 없겠지만 반대로 지키지 않아 남자가 여자 아래에 있으면 후회할 일이 생긴다는 것이다.

六二, 无攸遂, 在⁽¹⁾中饋, 貞吉. 「象」曰: 六二之吉, 順以巽也. 九三, 家人⁽²⁾嗃嗃, 悔厲, 吉, 婦子嘻嘻, 終吝. 「象」曰: "家人嗃嗃", 未失也, "婦子嘻嘻", 失家節也.¹⁹²

　육이는 주동하여 이루려고 하는 것이 없고 집안에서 음식을 만들어 제공하니 바르면 길하다. 「상전」에서 말했다. 육이의 길함은 유순하고 공손하기 때문이다. 구삼은 가인이 지나치게 엄하여 후회하고 위태로운 것 같지만 길하다. 부인과 자식이 희희낙락하면 결국은 부끄러운 일이 있게 된다. 「상전」에서 말했다. "가인이 지나치게 엄하다"는 것은 아직 법도를 잃지 않은 것을 뜻하고, "부인과 자식이 희희낙락한다"는 것은 집안의 절도를 잃었음을 뜻한다.

37.4 位爲過中, 則履非得宜, 與其慢也寧嚴.

---

¹⁹² (1)中饋: 中은 집안. 饋(궤)는 음식을 만들어 먹임. (2)嗃嗃(학), 매우 엄함.

|번역| 자리가 중의 위치를 지나치면 밟고 있는 곳이 적합한 곳이 아니게 되니, 태만한 것보다는 차라리 엄한 것이 낫다.

|해설| 구삼은 위치가 중에 있지 않기 때문에 집안에서 자주 합당하지 않은 상황에 직면하게 된다. 그럴 때 느슨하고 태만하게 대하는 것보다는 엄하게 처리하여 집안의 기강을 유지해 가는 것이 더 좋다는 뜻이다.

六四, 富家, 大吉.「象」曰: "富家大吉", 順在位也.

육사는 집안을 부유하게 하니 크게 길하다.「상전」에서 말했다. "집안을 부유하게 하니 크게 길하다"는 것은 유순하여 자리에 있기 때문이다.

37.5 柔順在位, 故能長保其富.

|번역| 유순하여 자리에 있으므로 그 부유함을 오래 보전할 수 있다.

|해설| 육사는 아래로 초구와 상응하고 위로는 구오의 강한 것을 받들고 있다. 그래서 그 유순함으로 집안의 부유함을 오래 보전할 수 있다.

九五, (1)王假有家, 勿恤, 吉.「象」曰: "王假有家", 交相愛也.[193]

---

[193] (1)王假, 왕이 집안을 바로잡는다는 뜻. 구오의 王假有家의 假가 무슨 뜻인지에 대해서는 여러 의견이 있다. 이른다(至)는 뜻으로 풀이하는 경우도 있고 假를 格과 통하는 것으로 보아 바로잡는다는 뜻으로 보는 경우도 있다. 해설 내용으로 보아 장재는 가(假)를 바로잡는다는 뜻으로 이해한 듯하다.

구오는 왕이 집안에서 바로잡으니 근심하지 않고 길하다. 「상전」에서 말했다. "왕이 집안에서 바로잡는다"는 것은 서로 사랑하는 것을 뜻한다.

37.6 有應在二, 得男女內外, 家道大正, 足以化成天下, 故王假之.

|번역| 구오는 육이에 응하는 것이 있으니 남녀가 안팎의 합당한 자리를 얻어 집안의 도가 크게 바르게 되면 천하를 족히 교화하고 완성할 수 있다. 그래서 왕은 그것을 바로잡는다.

|해설| 구오는 외괘의 주효로 남자를 상징하고 육이는 내괘의 주효로 여자를 상징한다. 이 둘이 서로 상응한다는 것은 여성은 집안에서, 남성은 집 밖에서 각기 합당한 위치를 얻어 일하여 집안의 질서를 바르게 함을 뜻한다. 이렇게 집안의 질서가 바로잡히는 것은 사회의 평화를 이루는 초석이 된다. 『대학』의 용어로 표현하면 제가해야 치국평천하할 수 있다. 그래서 왕은 집안을 바로잡는 데 힘쓴다.

上九, 有孚, 威如, 終吉. 「象」曰: 威如之吉, 反身之謂也.

상구는 진실함을 갖고 위엄이 있으면 끝내 길하다. 「상전」에서 말했다. 위엄 있음이 길한 것은 자기 몸을 반성하는 것을 말한다.

37.7 以陽居尊, 故威如, 身修而家齊, 故終吉.

|번역| 양으로 존귀한 자리에 머무르니 위엄이 있다. 몸이 닦이면 집안이
가지런해지므로 마침내 길하다.

|해설| 가정을 평안하게 하는 데 전제가 되는 것은 자신이 얼마나 인격적으로 성숙했느
냐이다. 끊임없이 수신하여 자신을 반성할 줄 알면 가정은 평화롭게 된다.

38

규

睽 ䷥

睽. 小事吉. 彖曰: 睽, 火動而上, 澤動而下, ⁽¹⁾二女同居,¹⁹⁴ 其志不同
行. 說而麗乎明, ⁽²⁾柔進而上行, 得中而應乎剛, 是以小事吉. 天地睽而
其事同也, 男女睽而其志通也, 萬物睽而其事類也, 睽之時用大矣哉!
「象」曰: 上火下澤, 睽, 君子以同而異.

　규(睽)는 작은 일이면 길하다. 「단전」에서 말했다. 규는 불이 움직여
올라가고 못이 움직여 내려오는 것이다. 두 여자가 동거하지만, 그 뜻
은 다른 데로 나아간다. 기뻐하면서 밝음에 붙고, 부드러운 것이 전진
하여 위로 올라가 중을 얻어 강한 것에 응하니 이로 인해 작은 일에서는
길하다. 천지는 어긋나지만 그 하는 일은 같고, 남자와 여자는 어긋나
지만 그 뜻은 통하며 만물은 어긋나지만 그 일은 비슷하니, 규의 때에
따른 쓰임은 크도다! 「상전」에서 말했다. 위는 불이고 아래는 못이니
규이다. 군자는 이를 본받아 같으면서도 다르게 한다.

---

194 二女同居, 상괘인 이괘(離卦)는 중녀이고, 하괘인 태괘(兌卦)는 소녀에 해당한다. (2)柔
進而上行, 得中而應乎剛: 괘변설에 근거하면 중부(中孚䷽)괘의 육사가 오효로 올라가면
규(睽䷥)괘가 된다. 육오는 중의 위치에 있으면서 구이와 상응한다.

|번역| 한결같이 다르면 어그러져 합해지지 않는다. 그러므로 조화를 이루되 다르다.

|해설| 규(睽)는 어긋남이다. 철학적으로 말하면 모순과 대립이다. 이 모순과 대립이 한결같이 지속되면 이 대립은 통일을 이룰 수 없다. 따라서 유가에서는 조화를 주장한다. 이 조화는 획일화가 아니다. 차이를 인정하면서 조화를 추구하는 것, 환언하면 화이부동(和而不同)이다.

初九, 悔亡, ⁽¹⁾喪馬, 勿逐自復, 見⁽²⁾惡人, 无咎.「象」曰: "見惡人", 以辟咎也.[195]

초구는 뉘우침이 없으니, 말을 잃어버리고 쫓아가지 않아도 저절로 돌아오며, 악인을 보아도 허물이 없다.「상전」에서 말했다. "악인을 본다"는 것은 허물을 피하기 위해서이다.

|번역| 어긋나는 상황(睽)을 밟는 시초에는 뉘우친다. 하지만 귀한 자로서 천한 자보다 아래에 있으므로 뉘우침이 없어지고 말이 돌아온다. 악인에게 몸을 굽혀 아래에 있으니 허물을 면할 수 있다.

---

[195] (1)喪馬, 말은 초구와 상응하지 않는 구사를 가리킨다. (2)惡人, 육삼을 가리킨다.

초구는 귀한 자로서 어긋나는 상황에서 낮은 자리에 있으므로 처음에는 후회가
있을 수밖에 없다. 하지만 자신보다 천한 이에게도 몸을 낮출 줄 알아 후회도 사
라지고 말로 상징되는 구사도 돌아와 함께한다. 악인은 육삼을 가리키는데, 초
구 자신이 힘이 없기 때문에 그런 악인과 맞서 싸우기보다는 몸을 굽혀 조심하
면 허물을 면할 수 있다.

九二, 遇主于巷, 无咎. 「象」曰: "遇主于巷", 未失道也.

구이는 골목에서 주인을 우연히 만나니 허물이 없다. 「상전」에서 말
했다. "골목에서 주인을 우연히 만난다"고 하니, 아직 도를 상실하지는
않았다.

38.3 守正居中, 故能求主於乖喪之際, 不失其道, 乖睽主有不可顯遇
      之時.

| 번역 | 구이는 바름을 지키고 중의 머무르므로 어그러져 상실할 때도 주인
      을 구할 수 있다. 그 도를 잃지 않았다는 것은 어긋나는 시기에 주인
      을 드러내 놓고 만나서는 안 될 때도 있음을 뜻한다.

| 해설 | 구이는 육오의 군주와 상응한다. 하지만 구이도 육오도 모두 합당한 위치에 있
      지 않고 또 관계가 쉽게 어긋나는 시기여서 정정당당하게 만나지 못하고 골목에
      서 우연히 만나는 형식을 취하고 있다.

六三, 見輿[(1)]曳, 其牛[(2)]掣, 其人[(3)]天且[(4)]劓. 无初有終. 「象」曰: "見輿

曳", 位不當也, "无初有終", 遇剛也.[196]

육삼은 수레가 당겨지고 그 소가 나가지 못하게 막히며, 그 사람은 이마에 묵이 쓰이고 코를 베인다. 처음은 좋지 않으나 끝은 괜찮다. 「상전」에서 말했다. "수레가 잡아당겨지는" 것은 위치가 합당하지 않기 때문이다. "처음은 좋지 않으나 끝은 괜찮은" 것은 강한 자를 만났기 때문이다.

38.4 乘剛遇敵, 輿衛皆困.

|번역| 강한 자를 타고 적을 만나니 수레와 호위병들이 모두 곤란을 당한다.

|해설| 육삼은 위치가 합당하지 못하여 아래로는 강한 구이를 올라타고 있고 위로는 구사의 적과 만났다. 그래서 모두가 곤란을 당한다.

九四, 睽孤, 遇元夫, 交孚, 厲无咎. 「象」曰: "交孚无咎", 志行也. 六五, 悔亡, 厥宗[(1)]噬膚, 往何咎? 「象」曰: "厥宗噬膚", 往有慶也.[197]

구사는 어긋나 외로워하다가 훌륭한 남자를 만나면 진실한 마음으로 사귀니 위태롭지만 허물은 없다. 「상전」에서 말했다. "진실한 마음으로

---

196 (1)曳(예), 끌다. 구이가 육삼을 끌어당김. (2)掣(체), 막음, 통제함. 구사가 육삼을 막음. (3)天, 이마에 글자를 새기는 형벌. 묵형. (4)劓(의), 코를 벰.
197 (1)噬膚, 부드러운 고기를 씹는다는 뜻으로 당시의 관용어이다. 부드러운 고기는 이가 약한 사람도 쉽게 씹을 수 있다. 어떤 일을 아주 쉽게 처리할 수 있다는 함의가 담겨 있다. 식은 죽 먹기라는 우리말과 거의 같은 뜻이다.

사귀니 허물이 없다"고 한 것은 뜻이 행해지기 때문이다. 육오는 후회가 없어지니, 그 종친이 부드러운 고기를 씹듯이 식은 죽 먹기로 하면 나아감에 무슨 허물이 있겠는가? 「상전」에서 말했다. "그 종친이 부드러운 고기를 씹듯이 식은 죽 먹기로 한다"고 하니 나아감에 경사가 있다.

38.5 二能勝三, 如噬膚耳, 何間已往.

| 번역 | 구이가 육삼을 이길 수 있는 것은 부드러운 고기를 씹듯이 식은 죽 먹기다. 무엇이 이미 나아가는 데 간여하겠는가?

| 해설 | 육오는 구이와 상응한다. 구이 바로 위에 있는 육삼은 구이보다 힘이 약해 구이가 육삼을 이기는 것은 식은 죽 먹기라는 뜻이다.

上九, 睽孤, ⁽¹⁾見豕負塗, 載鬼一車, 先張之弧, 後說之弧, 匪寇, 婚媾, 往遇雨則吉. 「象」曰: "遇雨之吉", 羣疑亡也.[198]

상구는 어긋나 외로우니, 돼지가 진흙을 지고 있는 것처럼 보이고 귀신이 수레 한 가득 실려 있는 것처럼 보여 먼저 활시위를 당기려고 하다가 나중에 활시위를 내려놓는다. 도적이 아니라 청혼을 하는 것이니, 나아가 비를 만나면 길하다. 「상전」에서 말했다. "비를 만나면 길하다"는 것은 여러 의심이 없어진 것이다.

---

[198] (1)見豕負塗, 載鬼一車: 상구가 육삼을 의심하여 돼지나 귀신 같은 환영을 보게 된다는 뜻이다.

39

건

蹇𝌆

⁽¹⁾蹇. 利西南, 不利東北, 利見大人, 貞吉.¹⁹⁹

건(蹇). 서남쪽으로 가면 이롭고 동북쪽으로 가면 불리하며, 대인을 만나면 이롭고 바르면 길하다.

39.1 蹇之世, 大人乃能成功.

|번역| 행동이 어려운 시대에 대인은 성공을 거둘 수 있다.

|해설| 건(蹇)은 '발을 전다'는 뜻이다. 발을 절면 걷기가 어려운 것처럼, 앞으로 나아가기 어렵다는 함의를 지닌다. 이런 행동이 어려운 시대에 처하여 "대인을 만나면 이롭다"는 괘사를 장재는 "대인이 성공을 거둘 수 있다"는 의미로 풀었다.

---

199 (1)蹇(건), 발을 절다. 행동하기 어렵다.

「象」曰, 蹇, 難也, 險在前也, 見險而能止, 知矣哉! "蹇利西南", 往得中也, "不利東北", 其道窮也. "利見大人", 往有功也, 當位"貞吉", 以正邦也. 蹇之時用大矣哉!「象」曰: 山上有水, 蹇, 君子以反身脩德.

「단전」에서 말했다. 건(蹇)은 어려움이다. 험난함이 앞에 있는데, 험난한 것을 보고 멈출 수 있으니 지혜롭다! "건은 서남쪽으로 가면 이롭다"는 말은 가면 중(中)을 얻기 때문이고, "동북쪽으로 가면 불리하다"는 말은 그 도가 궁해지기 때문이다. "대인을 만나면 이롭다"는 것은 가면 공이 있다는 뜻이고, 위치가 합당하고 "바르면 길한" 것은 나라를 바르게 하기 때문이다. 건의 때에 따른 쓰임은 크다!「상전」에서 말했다. 산위에 물이 있으니 건이다. 군자는 이를 본받아 자기 몸에 돌이켜 덕을 닦는다.

39.2 見險能止, 然不可終止而已, 當見大人之德, 進之坤順致養之地, 則得其中. 若更退守艮止, 則難無時而解也, 故曰"不利東北, 其道窮也". 至於解卦, 則曰"其來復吉, 乃得中也", 與此互見矣, 蓋難在內外, 與震艮之動止則相反爾.

|번역| 험난함을 보고 멈출 수 있으나 끝까지 멈추기만 해서는 안 되고, 마땅히 대인의 덕을 보아야 하니, 곤(坤)의 유순하여 길러질 수 있는 곳으로 나아가면 그 중을 얻는다. 만약 더 물러나 간(艮)의 멈춤을 고수하면 어려움은 해결될 때가 없게 될 것이다. 그래서 "동북쪽으로 가면 불리한 것은 그 도가 궁해지기 때문이다"라고 했다. 한편 해(解)괘의 경우에는 "돌아오는 것이 길한 것은 중을 얻기 때문이다"라

고 했는데, 이것과 함께 보충된 설명이라 하겠다. 다만 어려움이 안과 밖에 있는 것, 그리고 진(震)의 움직임과 간(艮)의 멈춤이 상반될 따름이다.

|해설| 건(蹇)괘는 외괘는 감(坎)이고, 내괘는 간(艮)☶으로 밖에 험난함이 있는 것을 보고 멈추는 것을 상징한다. 그러나 마냥 멈추기만 해서는 안 된다. 험난함을 이겨낼 수 있는 힘, 즉 대인의 역량을 길러야 한다. 괘사에서는 "서남쪽으로 가면 이롭다"고 했다. 서남쪽은 후천팔괘에 따르면 곤에 해당되는 곳이다. 그래서 장재는 서남쪽으로 가는 것을 "곤의 유순함이 길러질 수 있는 곳으로 가는 것"이라고 설명했다. 그러지 않고 마냥 멈추어 있기만 하면 어려움은 해결되지 않는다고 했다. 또 건(蹇)을 뒤집어 놓은 형상을 한 해(解, ䷧)괘의 경우와 대비한 설명도 첨언했다. 해(解)는 어려움이 해결됨을 뜻한다. 상괘는 진(震)으로 움직임을, 하괘는 감(坎)으로 어려움을 뜻한다. 어려움을 벗어나 움직임을 상징한다. 하지만 어려움이 해결되었다고 해서 마냥 움직이는 것도 좋은 것은 아니다. 그래서 특별히 갈 곳이 없다면 "돌아오는 것이 길하다(其來復吉)"고 했다. 정리하자면 어렵다고 마냥 멈춰 있어서도 안 되고, 어려움이 해결되었다고 해서 마구 움직이기만 해서도 안 된다.

初六, 往蹇來譽. 「象」曰: "往蹇來譽", 宜待也.

초육은 가면 어렵고 돌아오면 명예롭다. 「상전」에서 말했다. "가면 어렵고 돌아오면 명예롭다"는 것은 마땅히 기다려야 함을 뜻한다.

39.3 蹇難之際, 用心存公, 無所偏係, 故譽美可獲.

|번역| 움직이기 어려운 시기에 마음 씀에 공정함을 유지하고 한쪽으로 치

우쳐 묶인 바가 없다. 그러므로 찬미를 받을 수 있다.

|해설| 장재는 초육이 "가면 어렵다"는 말을 "마음이 한쪽으로 치우쳐 묶인 바가 있으면 어렵다"는 뜻으로 이해한 것 같다. 그래서 초육이 그러지 않고 "돌아와" "공정함을 유지하면" 찬미를 받을 수 있다고 했다.

六二, 王臣蹇蹇, 匪躬之故. 「象」曰: "王臣蹇蹇", [1] 終无尤也. 九三, 往蹇來反. 「象」曰: "往蹇來反", [2] 內喜之也. 六四, 往蹇, 來連. 「象」曰: "往蹇來連", 位當實也.[200]

  육이는 왕의 신하가 어렵고 어려우니, 자기를 위하는 이유 때문이 아니다. 「상전」에서 말했다. "왕의 신하가 어렵고 어렵다"고 하나 끝내 허물은 없다. 구삼은 가면 어렵고 오면 제자리로 돌아온다. 「상전」에서 말했다. "가면 어렵고 오면 제자리로 돌아온다"고 한 것은 안에서 (초육과 육이가) 기뻐한다는 뜻이다. 육사는 가면 어렵고 오면 순조롭다. 「상전」에서 말했다. "가면 어렵고 오면 순조롭다"고 한 것은 위치가 합당하고 진실하기 때문이다.

39.4 連, 順也, 序也. 蹇反當位正吉, 六四未能出險, 故可止, 而順序以俟難之解, 當位處陰之實.

[200] (1)終无尤也, 신하가 왕의 어려움을 구제하는 일을 해낼 수는 없지만 그러기 위해 노력하므로 허물이 없다고 했다. (2)內喜之也: 초육과 육이는 구삼에 의지하므로 구삼이 돌아옴에 기뻐한다.

|번역| 연(連)은 순(順)이요, 서(序)이다. 어렵지만 합당한 위치로 돌아와 바르고 길하다. 육사는 위험을 벗어나지 못하므로 멈추는 것이 좋다. 순서에 따라 어려움이 해결되기를 기다리는 것은 위치가 합당하고 음의 진실함으로 머무르기 때문이다.

|해설| 육사 효사의 '연(連)'은 보통 '연합한다'는 뜻으로 풀이된다. 예컨대 정이천은 "오면 아래에 있는 무리와 서로 연합한다(來則與在下之衆, 相連合也)"고 하여 육사가 구삼 및 초육, 육이와 함께 연합하여 어려움을 극복한다고 설명했다. 이와는 달리 장재는 연(連)을 순서를 따르는 것으로 풀이했다. 육사는 위험을 벗어날 힘이 없으므로 순서에 따라 자신의 위치에서 어려움이 해결되기를 기다리는 것이라 설명했다.

九五, 大蹇朋來.「象」曰: "大蹇朋來", 以中節也.

구오는 크게 어려운데 친구가 온다.「상전」에서 말했다. "크게 어려운데 친구가 온다"고 하니, 중의 절개로 대처하기 때문이다.

39.5 剛中之德, 爲物所歸.

|번역| 강하고 중용인 덕은 사물이 귀의하는 바이다.

|해설| 구오는 강한 힘을 갖고 중용의 덕을 발휘한다. 이에 육이가 친구처럼 와서 그를 따른다.

上六, (1)往蹇來碩, 吉, 利見大人.「象」曰: “往蹇來碩”, (2)志在內也, “利見大人”, 以從貴也.[201]

상육은 가면 어렵고 오면 크게 되어 길하다. 대인을 만나면 이롭다. 「상전」에서 말했다. “가면 어렵고 오면 크게 된다”고 하니 뜻이 안에 있음을 말한다. “대인을 만나면 이롭다”는 것은 귀한 자를 따르기 때문이다.

39.6 與解繇同義.

|번역| 해(解)괘의 괘사와 의미가 같다.

|해설| 해의 괘사란 구체적으로는 “돌아오는 것이 길하다(其來復吉)”는 구절을 가리킨다. 그 구절과 여기서의 “오면 크게 되어 길하다”는 구절의 뜻이 같다는 것이다.

---

[201] (1)往蹇來碩, 어려움에 처하여 밖으로 나가지 않고 돌아와 구삼과 상응하고 구오를 보필하여 큰 공을 세운다. (2)志在內也: 뜻이 육삼과 합력하여 어려움을 이겨 내는 데 있다.

40

해

解 ䷧

解. 利西南, 无所往, 其來復吉. 有攸往, 夙吉.「彖」曰: 解, 險以動, 動
而免乎險, 解. "解, 利西南", 往得衆也, "其來復吉", 乃得中也, "有攸往
夙吉", 往有功也. 天地解而雷雨作, 雷雨作而百果草木皆⁽¹⁾甲坼, 解之
時大矣哉!「象」曰: 雷雨作, 解, 君子以赦過⁽²⁾宥罪.²⁰²

해(解). 서남쪽으로 가면 이롭다. 갈 곳이 없을 경우, 와서 제자리로 돌
아오는 것이 길하다. 갈 일이 있을 경우는 일찍 가는 것이 길하다.「단
전」에서 말했다. 해는 위험해서 움직이고, 움직여서 위험에서 벗어나는
것이니 해이다. "해는 서남쪽으로 가면 이롭다"는 것은 가서 무리를 얻
었음을 뜻한다. "와서 제자리로 돌아오는 것이 길하다"고 하니, 중을 얻
음이다. "갈 일이 있을 경우는 일찍 가는 것이 길하다"고 하니 가면 공이
있는 것이다. 천지가 풀려 우레가 치고 비가 내린다. 우레가 치고 비가
내리면 온갖 과실나무와 초목이 모두 껍질을 깨고 나오니, 해의 때는 중
대하다!「상전」에서 말했다. 우레가 치고 비가 내리니 해이다. 군자는

---

202 (1)甲坼: 甲, 열매의 딱딱한 껍질. 坼(탁), 터지다. 열리다. (2)宥, 용서하다. 너그럽다.

이를 본받아 잘못한 자를 사면해 주고 죄지은 자를 너그럽게 처리한다.

40.1 難免人患散, 則得衆者吉, 往而不返, 則生他變. 有所往而不速, 將後于時也, 故无所往則靜吉, 有所往則速吉.

|번역| 어려움에서 벗어나 사람의 근심이 흩어지면 무리를 얻는 자는 길하지만, 가서 돌아오지 않으면 다른 변고가 생겨난다. 갈 일이 있는데 빨리 가지 않으면 때에 뒤처지게 된다. 그러므로 갈 곳이 없을 경우 고요히 있으면 길하고, 갈 곳이 있을 경우는 빨리 가야 길하다.

|해설| 어려움에서 벗어났다고 하여 그저 하고 싶은 대로만 해서는 안 된다. 언제 다시 새로운 어려움이 생겨날 줄 모르니 가서는 돌아올 것을 생각하고 적절할 때 돌아와야 한다. 갈 곳이 없을 때 함부로 움직여서는 안 되고, 갈 곳이 있으면 빨리 가야 한다. 여전히 적절하게 움직이고 멈춤이 중요하다.

初六, 无咎. 「象」曰: 剛柔之際, 義无咎也.

초육은 허물이 없다. 「상전」에서 말했다. 강과 유가 교제하니 이치상 허물이 없다.

40.2 險難方解, 未獲所安, 近比於二, 非其咎也.

|번역| 험난함에서 막 벗어나 아직 편안할 곳을 얻지 못했다. 가까이로 구

이와 친하게 지내니, 그의 허물이 아니다.

| 해설 | 초육이 교제하는 상대를 보통은 구사로 보는 경우가 많다. 하지만 장재는 초육이 구이와 교제하는 것으로 이해했다. 그래야 허물이 없다는 말을 설명할 수 있다고 생각한 것 같다. 초육이 구이와 교제하는 것이 정상은 아니지만, 이제 막 험난함에서 벗어나 아직 편안하게 지낼 상대를 구하지 못했다는 점을 감안한다면 그의 허물은 아니라는 것이다.

九二, 田獲三狐, 得黃矢, 貞吉. 「象」曰: 九二貞吉, 得中道也.

　구이는 사냥을 하다가 여우 세 마리를 잡아 누런 화살을 얻으니, 바르면 길하다. 「상전」에서 말했다. 구이가 바르면 길하다는 것은 중도를 얻었기 때문이다.

40.3 險亂方解, 不正自疑之陰, 皆自歸附而順聽也, 故曰"田獲三狐." 不以三狐自累, 上合於五, 則得黃矢之象也.

| 번역 | 위험에서 막 벗어났으니, 바르지 않아 자연히 의심스러운 음(陰)들이 다 스스로 귀순하여 따르게 되므로 "사냥을 하다가 여우 세 마리를 잡는다"고 했다. 여우 세 마리에 얽매이지 않고 위로 육오와 합하게 되니, 누런 화살을 얻는 상이다.

| 해설 | 여우 세 마리는 해괘에 있는 육오를 제외한 바르지 않은 음효 셋(초육, 육삼, 상육)을 가리킨다. 위험에서 막 벗어난 상태이므로 바르지 않은 이들 셋이 바른 구이 편으로 귀순해 따름을 나타낸다. 또 더는 이 음효 셋이 걸림돌이 되지 않으므

로, 구이는 위로 육오와 상응하며, 이것이 누런 화살을 얻는 모습이라고 했다. 장재는 '누런 화살'을 육오를 상징하는 것이라 생각한 듯하다.

六三, 負且乘, 致寇至, 貞吝. 「象」曰: "負且乘", 亦可醜也, 自我致戎, 又誰咎也?

육삼은 격에 안 맞게 짐을 지고 수레에 타 도적이 이르도록 하니, 바르더라도 부끄러울 것이다. 「상전」에서 말했다. "격에 안 맞게 짐을 지고 수레에 타는 것" 또한 추하거니와 스스로 도적을 이르도록 했으니 다시 누구를 탓하겠는가?

40.4 不正而近比二剛, 不能致一, 故有小人負乘之象, 貪以致寇也.

|번역| 바르지 않으면서 가까이 강한 둘과 친하게 지내 하나가 되지 못한다. 그리하여 소인의 격에 맞지 않게 짐을 지고 수레에 타는 모습이 있게 되니, 탐하여 도적을 이르게 함이라.

|해설| 효사의 '負且乘'은 짐을 진 미천한 사람이 높은 사람이나 이용하는 수레를 타는 것으로 소인이 부당한 지위에 있는 것을 상징한다. 장재는 이를 위아래로 구이, 구사의 강한 자와 친하게 지내며 멋대로 행동하는 소인의 모습이라고 설명했다.

九四, ⁽¹⁾解而拇, 朋至斯孚. 「象」曰: "解而拇", 未當位也.²⁰³

203 (1)解而拇: 而는 爾, 즉 너를 뜻한다. 拇는 초육을 가리킨다. 구사인 네가 초육을 제거해

구사는 너의 엄지발가락을 풀면 친구가 이르러 이에 믿게 될 것이다.
「상전」에서 말했다. "너의 엄지발가락을 풀라"는 것은 자리가 합당하지
않은 것이다.

40.5 位不當則所履者邪, 故失位之陰因得駢附. 險亂即解, 解之則朋信.

|번역| 위치가 합당하지 않으면 밟고 있는 곳이 삿된 곳이다. 따라서 위치
를 잃은 음이 그로 인해 따라붙는다. 위험이 제거되니, 그것을 제거
하면 친구가 믿게 된다.

|해설| 구사는 합당한 위치가 아니다. 그로 인해 초육의 삿된 자가 그를 따라붙는다. 그
런 위험이 제거된다는 것은 초육을 자신에게서 떼어 내는 것을 말한다. 그러면
친구가 그와의 신뢰를 회복하게 된다.

六五, 君子維有解, 吉, 有孚于小人.「象」曰: 君子有解, 小人退也.

육오는 군자가 푸는 일이 있으면 길하고 소인에게도 마음속에 진실
함이 있게 된다.「상전」에서 말했다. 군자가 푸는 일이 있으면 소인은
물러난다.

40.6 君子道亨, 則邪類之退必矣.

야 함을 뜻한다.

|번역| 군자의 도가 형통하면 삿된 부류가 물러나는 것은 필연적이다.

|해설| 육오는 높은 위치에 있으며 아래로는 구이와 상응하여 어려움을 풀어 갈 수 있다. 그래서 군자의 도가 행해져 소인들이 물러난다고 했다.

上六, 公用射⁽¹⁾隼于高⁽²⁾墉之上, 獲之, 无不利.「象」曰: "公用射隼", 以解悖也.²⁰⁴

상육은 왕공이 높은 성곽 담장 위에 있는 새매를 활로 쏘아 잡으니 이롭지 않음이 없다.「상전」에서 말했다. "왕공이 새매를 활로 쏜다"는 것은 거스르는 것을 제거하기 위함이다.

40.7 忘義而貪, 故以喩隼.

|번역| 의(義)를 잊고 탐하므로 새매에 비유했다.

|해설| 성곽의 높은 담장 위에 앉은 새매처럼 옳고 그름을 분별함이 없이 탐욕을 추구하는 육삼을 상육의 왕공이 제거함을 뜻한다.

---

204 (1)隼(준), 새매. 나쁜 육삼을 상징한다. (2)墉(용), 성, 담장.

41

손

損䷨

損. 有孚元吉, 无咎可貞, 利有攸往. 曷之用? ⁽¹⁾二簋可用享. 「彖」曰:
損, 損下益上, 其道上行. 損而有孚元吉, 无咎可貞, 利有攸往. "曷之
用? 二簋可用享", 二簋應有時, 損剛益柔有時, 損益盈虛, 與時偕行.
「象」曰: 山下有澤, 損, 君子以懲忿窒欲.²⁰⁵

손(損). 마음속으로 진실함이 있으면 크게 길하고 허물없이 바르게 될
수 있어 가는 바가 있음에 이롭다. 손의 이치를 어떻게 쓸 것인가? 대
밥그릇 두 개면 제사에 바치는 데 쓸 수 있다. 「단전」에서 말했다. 손은
아래를 덜어 내 위를 보태는 것으로 그 도가 위로 행해진다. 덜어 내되
마음속으로 진실함이 있으면 크게 길하고 허물없이 바르게 될 수 있으
며 가는 바가 있음에 이롭다. "손의 이치를 어떻게 쓸 것인가? 대 밥그
릇 두 개면 제사에 바치는 데 쓸 수 있다"고 하니, 대 밥그릇 두 개를 쓰
는 것은 때가 있으며, 강한 것을 덜어 내 부드러운 것에 보태는 것도 때
가 있다. 덜어 내고 보태며 채우고 비우는 것은 때와 더불어 행하는 것

---

²⁰⁵ (1)二簋, 대 밥그릇 두 개로 간소한 제물을 상징한다.

이다. 「상전」에서 말했다. 산 아래에 못이 있는 것이 손(損)이니, 군자는 분을 억누르고 욕심을 막아 낸다.

41.1 損下益上, 損剛益柔, 非可常行, 必有孚元吉, 无咎可貞, 然後利有所進, 故下云“有時.”

|번역| 아래를 덜어 내 위에 보태고 강한 것을 덜어 내 부드러운 것에 보태는 일은 늘 행할 수 있는 것이 아니다. 반드시 마음속으로 진실함이 있어야 크게 길하고 허물이 없이 바르게 될 수 있으며, 그래야 나아가는 일이 있음에 이롭다. 그러므로 이어서 “때가 있다”고 하였다.

|해설| 어떤 한쪽을 덜어 내 다른 쪽에 보태는 일은 아무 때나 할 수 있는 일이 아니고, 반드시 그렇게 해야 적절할 때가 있다.

初九, 已事(1)遄往, 无咎, 酌損之. 「象」曰: “已事遄往”, (2)尙合志也.[206]

초구는 일을 마치고 빨리 나아가면 허물이 없으니, 참작하여 덜어 내야 한다. 「상전」에서 말했다. “일을 마치고 빨리 간다”고 하니, 위의 육사와 뜻을 합하는 것이다.

41.2 損剛益柔有時, 損不可過, 抑而居下, 有爲而然, 故事已則當速反

於上, 與四合志. 損不以中, 未免於咎也.

|번역| 강한 것을 덜어 내 부드러운 것에 보태 주는 일에는 때가 있으니, 덜어 내는 일이 지나쳐서는 안 된다. 억눌러 아래에 머무르는 것은 목적이 있어서 그러는 것이니, 일이 끝나면 마땅히 속히 위로 되돌아가 육사와 뜻을 합해야 한다. 중(中)으로 덜어 내지 않으면 허물을 면치 못한다.

|해설| 초구는 아랫자리에 있는 자가 자신이 맡은 일을 충실히 다하고 나서 자신의 힘을 덜어 내 윗자리에 있는 육사를 속히 돕는 것을 뜻한다. 초구가 육사를 돕는 일은 시중을 따라야 한다. 즉 적절할 때 적절한 정도로 도와야 하고, 지나치거나 못 미쳐서는 안 된다.

九二, 利貞, 征凶, 弗損益之. 「象」曰: "九二利貞", 中以爲志也.

구이는 바르면 이롭고 나아가면 흉하니, 자신의 것을 덜어 내지 않아야 보태 주게 된다. 「상전」에서 말했다. "구이는 바르면 이롭다"는 것은 중을 뜻으로 삼기 때문이다.

41.3 以陽居陰, 剛德已損, 故以征則凶. 能志於正, 則雖損非損, 其實受益.

|번역| 양으로 음에 머물러 강한 덕이 이미 줄어들었으므로 그런 상태로 나아가면 흉하다. 바름에 뜻을 둘 수 있으면 비록 줄어들었지만 줄

어든 것이 아니고, 실은 이득을 얻은 것이다.

|해설| 구이는 양으로 음의 자리에 머물고 있다. 이를 손(損)의 의미와 연결해 양의 강
한 덕이 이미 줄어들었다는 의미로 해석했다. 이렇게 양의 강한 덕이 줄어든 상
태에서 나아가면 당연히 흉하다. 하지만 구이는 바름에 뜻을 두고 있어 비록 당
장은 줄어들었지만 바름에 뜻을 두게 되었다는 점에서 이익을 얻은 것이다.

六三, 三人行, 則損一人, 一人行, 則得其友. 「象」曰: 一人行, 三則疑
也.

　육삼은 세 사람이 가면 한 사람을 덜어 내고 한 사람이 가면 그 벗을
얻는다. 「상전」에서 말했다. "한 사람이 간다"는 것은 세 사람이 가면
의심하기 때문이다.

.41.4 六三本爲上六, 與坤同體, 若$^{(1)}$連茹彙征, 三人並行, 則反非益上
　　之道也.[207]

|번역| 육삼은 본디 상육으로 곤(坤)과 한 몸이었으나, 한 사람이 발탁되자
나머지 사람들도 함께 딸려 기용되는 것처럼 세 사람이 함께 가는
것은 도리어 위에 보탬이 되는 방법이 아니다.

[207] (1)連茹彙征:『周易』,「泰」, "초구는 띠의 엉켜 있는 것들을 뽑는 것인데 그 무리가 함께
가니 길하다."(初九, 拔茅茹, 以其彙征, 吉.)에 근거를 둔 말이다. 뿌리를 들어 올리면 엉
켜 있는 것들이 함께 딸려 올라오는 것처럼 한 사람이 발탁되었을 때 다른 사람들 또한
함께 딸려 기용되는 것을 가리킨다.

|해설| 「손」괘의 육삼은 보통 손괘☴가 태괘☱에서 변해 나온 것이라는 괘변설에 근거해 설명된다. 장재의 주석도 이 괘변설에 근거하고 있다. 태괘의 상괘는 곤이다. 그 상괘는 마치 태괘의 초구 효사에서 말하듯 띠의 뿌리를 뽑자 엉겨 붙은 것들이 함께 딸려 올라오듯, 한 사람이 위로 발탁되자, 그에게 엉겨 붙어 있던 나머지 사람들도 함께 기용되는 것과 같다. 이 세 사람이 윗자리에 함께 있으면 도리어 분란이 일어나므로 상육이 아랫자리인 육삼으로 내려오는 것이 오히려 보탬이 된다.

六四, 損其疾, 使遄有喜, 无咎. 「象」曰: "損其疾", 亦可喜也.

육사는 그 병을 덜어 내니 초구가 빨리 오도록 하면 기쁜 일이 있고 허물이 없을 것이다. 「상전」에서 말했다. "그 병을 덜어 낸다"고 하니, 또한 기뻐할 만하다.

41.5 六三志應於上, 近不相得, 不固其路使速應於上, 則初九之應無所間阻, 故曰"損其疾", 使彼有喜, 故己亦有喜而无咎也.

|번역| 육삼은 상구에 응하는 데 뜻을 두고 있지만, 가까이에서는 서로 같은 뜻을 얻지 못하여 그 길을 견고히 하여 신속하게 상구에 응하지 않는다. 따라서 초구의 응함에는 가로막힌 것이 없어 "그 병을 덜어 낸다"고 했다. 저 육사에 기쁜 일이 있으므로, 초구 자신 또한 기쁨이 있고 허물이 없다.

|해설| 병, 즉 결함이 있는 육사를 초구가 어떻게 빨리 와서 도와줄 수 있는지 육삼과의 관계 속에서 설명하고 있다. 육삼도 상구와 상응하려는 뜻을 품고 있지만, 가까

이에 있는 육사, 육오가 모두 음으로서 갈등이 생기기 쉬우므로 신속하게 상구에 응하지 못한다. 이렇게 육삼의 위로 상응하는 길이 견고하지 못하므로 세력이 약하다. 반면 이로 인해 초구는 자신이 육사와 응하는 길을 가는 데 가로막는 세력이 없다. 이로 인해 그것이 육사에 응하는 것은 신속할 수 있다.

六五, 或益之[(1)]十朋之龜, 弗克違, 元吉. 「象」曰: 六五元吉, 自上祐也.[208]

육오는 혹자가 그를 도와주어 10붕(朋)의 가치가 나가는 거북점의 결과와 어긋나지 않으리니 크게 길하다. 「상전」에서 말했다. 육오가 크게 길한 것은 위에서 도와주는 것이다.

41.6 龜弗能違, 言受益之可必, 信然不疑也. "或益之", 上九自外來而比之, 況其下者乎!

|번역| 거북점의 결과와도 어긋나지 않을 수 있다는 것은 틀림없이 이익을 얻을 수 있음을 믿어 의심치 않는 것을 말한다. "혹자가 그를 도와준다"는 것은 상구가 밖에서 와서 가까이하는 것이니, 하물며 그 아래에 있는 자들이랴!

|해설| 육오는 욕심을 덜어 낸, 겸허한 자가 존귀한 위치에 있는 것을 상징한다. 이런 사람에 대해서는 불특정 다수가 와서 그를 도우려 한다. 장재는 사람이 겸허하

---

208 (1)十朋之龜: 朋, 조개껍질로 된 화폐의 단위로 일반적으로는 조개껍질 5개를 1朋이라고 했다. 이것을 가지고 거북점을 쳤으니, 十朋之龜란 십 붕의 가치가 나가는 거북점을 뜻한다.

면 많은 사람이 그를 틀림없이 돕는다고 여겼고, "거북점의 결과와 어긋나지 않을 수 있다"는 말이 이런 이치의 필연성을 나타내는 구절이라고 해석했다. 한편 많은 주석가는 효사의 혹(或)이라는 말은 한 사람이 아니라 다수임을 강조했다. 이와는 달리 장재의 경우에는 그 혹자를 상구라고 특정하면서도 육오 아래에 있는 사람들도 와서 육오를 돕는다고 말함으로써 맥락상으로는 여러 사람이 돕는 것이라고 설명하여 다른 사람들과 의견을 같이하고 있다.

上九, 弗損益之, 无咎, 貞吉. 利有攸往, 得臣无家. 「象」曰: "弗損益之", 大得志也.

　상구는 남의 것을 덜어 내지 않고 자신의 것을 보태 주니 허물이 없고 바르면 길하다. 가는 바가 있으면 이로우니, 신하를 얻어 자신의 사사로운 집안이 없게 된다. 「상전」에서 말했다. "남의 것을 덜어 내지 않고 자신의 것을 보태 주는 것"은 크게 뜻을 얻는 것이다.

41.7 上九本爲九三, 雖爲損下, 其實上行, 故云"弗損益之". 損終反益, 反如益卦損上而益下, 則可大得志, 至於得臣無家, (咎)[言]所有之多也. 以剛在上, 受下之益多矣, 故(大川)[無所]²⁰⁹施損, 當反益於下, 故曰"弗損益之."

|번역| 상구는 본래 구삼이어서 아래를 덜어 내게 되어 있으나 실은 위로 나아갔으므로 "남의 것을 덜어 내지 않고 자신의 것을 보태 준다"라고 했다. 덜어 냄이 끝나고 보태 줌으로 돌아가니, 돌아가는 것이 마

<hr />

209 〈중화 주석〉 모두 『통지당』(通志堂)본에 근거해 고쳤다.

치 익(☳)괘의 위를 덜어 내 아래에 보태 주는 것과 같으면 크게 뜻을 얻을 수 있다. 신하를 얻어 사사로운 집안이 없게 됨에 이른다는 것은 가진 것이 많음을 말한다. 강함으로 위에 있으면서 아래로부터의 이득을 얻은 것이 많으므로, 덜어 내는 것이 없고 마땅히 도리어 아래에 보태 주어야 한다. 그러므로 "남의 것을 덜어 내지 않고 자신의 것을 보태 준다"고 했다.

| 해설 | 손괘의 상구는 아래에서 덜어 냄이 가장 극한에 이른 위치에 있다. 따라서 이 상황에서는 마땅히 손의 반대되는 측면, 즉 익(☳)으로의 전환이 시작되어야 한다. 윗사람이 이미 많은 것을 갖추고 있으면 이제는 아랫사람에게 베풀어야 한다. 베푸는 일이 이루어지면, 자신을 따르는 자들, 즉 신하가 많아지고, 그로 인해 사사로운 집안보다는 사해를 자신의 집안으로 여기는 전환 또한 일어나게 된다.

42

익

益

益. 利有攸往, 利涉大川. 「彖」曰: "益", 損上益下, 民說无疆, 自上下下, 其道大光. "利有攸往", 中正有慶, "利涉大川", 木道乃行. 益動而巽, 日進无疆, [(1)]天施地生, 其益无方. 凡益之道, 與時偕行. 「象」曰: 風雷益, 君子以見善則遷, 有過則改.[210]

익益. 가는 바가 있으면 이로우니, 큰 내를 건너는 데 이롭다. 「단전」에서 말했다. "익은 위를 덜어 내 아래에 더하는 것이니, 백성들이 기뻐함이 끝이 없고, 위에서 아래로 내려오니, 그 도가 크게 빛난다. '가는 바가 있으면 이롭다'는 것은 구오가 중정하여 경사가 있는 것이요, '큰 내를 건너는 데 이롭다'는 것은 상괘의 손(巽)인 나무의 도가 배로 만들어져 행해지는 것이다. 익은 하괘인 진(震)의 움직임과 상괘인 손(巽)의 겸손함으로 날로 나아감에 끝이 없음이며, 하늘은 기를 베풀고 땅은 만물을 생성하여 그 유익함이 무궁하다. 무릇 익의 도는 때와 더불어 행

---

[210] (1)天施地生, 괘변설에 따르면 비☷☰괘의 구사가 자기를 덜어 내 초구로 내려온 것이 익☴☳괘이니, 하늘이 기를 베풀고 땅이 그 기에 힘입어 만물을 생성하는 것과 같다.

해진다." 「상전」에서 말했다. "하괘의 바람과 상괘의 우레가 합해진 것이 익이니, 군자는 이를 본받아 선을 보면 옮기고 과오가 있으면 고친다."

42.1 上巽下動者, 損上益下之道, 木以動而巽, 故"利涉大川." 否卦九四下而爲初九, 故曰"天施地生", 又曰"損上益下", 又曰"自上下下."

|번역| 위가 겸손하여 아래로 움직이는 것은 위를 덜어 내 아래에 보태는 도로, 나무로 겸손하게 움직이므로, "큰 내를 건너는 데 이롭다." 비(否)괘의 구사가 내려와 초구가 되었으니, "하늘은 기를 베풀고 땅은 만물을 생성한다"고 했고, "위를 덜어 내 아래에 보탠다"고 했으며, "위로부터 아래로 내려온다"고 했다.

|해설| 익☳괘는 상괘는 손(巽)이고, 하괘는 진(震)으로, 위에 있는 사람이 겸손한 태도로 자신의 것을 덜어 내어 아래에 베풀어 주는 모습을 상징한다. '나무로 움직이되 겸손하다'는 말은 상괘의 손(巽)이 나무, 겸손함 등을, 하괘의 진(震)이 움직임을 뜻하여, 나무로 만든 배가 순풍을 타고 움직여 자연스럽게 큰 내를 건널 수 있듯이, 겸손한 덕으로 움직여 큰일을 해내는 것을 뜻한다. 익☳괘 역시 괘변설에 따르면 비☳괘의 상괘에 해당하는 구사가 자신을 덜어 내 초구로 내려온 것인데, 장재는 이 괘변설에 근거해 구사가 초구로 내려온 상황을 「단전」에서의 여러 표현을 연결해 설명하였다.

初九, 利用爲大作, 元吉, 无咎. 「象」曰: "元吉无咎", 不⁽¹⁾厚事也.²¹¹

---

211 (1)厚事: 厚, 大. 큰일.

초구는 크게 일을 하는 것이 이로우니, 크게 길하여야 허물이 없다. 「상전」에서 말했다. "크게 길하여야 허물이 없다"는 것은 초구는 큰일을 할 수 없기 때문이다.

42.2 以剛陽之德施益於下, 故利用大作, 然必元吉乃无咎也.

|번역| 강한 양의 덕으로 아래에 이익을 베푸니 큰일을 하는 데 이롭지만, 반드시 크게 길해야 허물이 없게 된다.

|해설| 초구는 아랫자리에 있기 때문에 자신의 힘만으로는 큰일을 하기에 부족하고 반드시 크게 길해야만 큰일을 해낼 수 있다.

六二, 或益之十朋之龜, 弗克違, 永貞吉. 王用享于帝, 吉. 「象」曰: "或益之", 自外來也.

육이는 어떤 사람들이 더해 주는 것이 10붕의 가치를 지닌 거북점으로도 어긋나지 않으니, 영원히 바르면 길하다. 왕이 천제(天帝)에게 제사 지내더라도 길하다. 「상전」에서 말했다. "'어떤 사람들이 더해 준다'는 것은 밖에서 온 것이다."

42.3 "或益之十朋之龜弗克違", 言損上益下之道, 理不可易, 人皆信之, 雖十朋之龜亦不能違此道也. 往見損, 九五居中體柔, 蒙上之益, 修報於下, 享帝之美, 莫盛此焉. "或益之", 必有自外來而益之者也.

|번역| "어떤 사람들이 더해 주는 것이 10붕의 가치를 지닌 거북점으로도 어긋나지 않는다"는 것은 위를 덜어 내 아래에 더해 주는 도는 이치가 바뀌지 않아, 사람들이 모두 그것을 믿으니, 설사 10붕의 가치를 지닌 거북점이라 해도 이 도를 위배할 수 없음을 말한다. 가면 덜어지게 되니, 구오는 중에 머무르면서 몸이 유순하며 위에서의 이익을 입어 아래에 보답하니 상제의 훌륭함에 제사 지내는 것보다 더 좋은 것은 없다. "어떤 사람이 더해 준다"는 것은 틀림없이 밖에서 와 더해 주는 자가 있다는 뜻이다.

|해설| 익괘의 육이는 구오와 상응하니, 높은 위치에 있는 군주가 부드러우며 중정의 덕으로 자신이 백성들로부터 입은 이익에 보답한다. 이 군주가 백성들의 삶에 보탬이 되어 주는 행위를 해야 하는 이치는 바뀌지 않는 이치이다.

六三, 益之用凶事, 无咎, ⁽¹⁾有孚中行, 告公用圭.「象」曰: 益用凶事, 固有之也.²¹²

육삼은 더하는 일을 흉한 일에 쓰면 허물이 없으니, 진실한 마음을 갖고 중도를 행하며, 공(公)에게 고할 때는 규(圭)를 사용해야 한다.「상전」에서 말했다. "더하는 것을 흉한 일에 쓰는 것은 그의 고유한 능력이다."

42.4 中行者, 不私於應, 無所偏係也. 用心不私, 以拯凶難, 雖非王者之佐, 可以用之⁽¹⁾牧伯以爲⁽²⁾藩屛之臣矣. 體躁居陽, 上有剛應,

---

212 (1)有孚中行, 告公用圭: 圭는 왕공에게 예를 표시하는 물건이다. 흉사에 더해 주는 일을 할 때 중도와 예를 따라야 함을 나타내는 말이다.

持此施益, 用拯凶難, 乃其固能也, 故无咎可必. 然亦須執禮告上
公而行, 方合中道, 其曰"告公"者, 未足專進爲王者之佐也.[213]

|번역| 중도를 행한다는 것은 응함이 사사롭지 않아 치우치고 묶인 바가
없는 것이다. 마음 씀이 사사롭지 않아 흉한 어려움을 구제하면 왕
노릇하는 자를 보좌하는 자는 아니지만 지방 고을 장관으로 기용하
여 변방을 수호하는 신하로 삼을 수 있다. 몸이 조급하고 양에 머무
르며 위로는 강한 자가 응하니, 이를 견지해 이익을 베풀고 흉한 어
려움을 구제하는 데 쓰이는 것은 그의 고유한 능력이다. 그러므로
허물이 없음은 기필할 수 있다. 그러나 그래도 예를 지켜 위의 왕공
에게 고하고 행해야 비로소 중도에 부합한다. 그 "공(公)에게 고한
다"고 말한 것은 아직 나아가 왕 노릇하는 자를 보좌하는 자가 되지
는 못함을 뜻한다.

|해설| 육삼은 음이면서 양의 위치에 있다. 그래서 육삼은 하괘에 있지만, 효사에서는
스스로 남에게 보탬이 되는 일을 한다고 묘사하였다. 이러한 생각을 이어받아
장재는 육삼이 중도에 따라 행동한다는 것을 사심이 없이 어려운 상황에서 백성
과 나라를 구하는 일을 하는 것이라 설명하였다. 환난에 처한 사회를 구할 수 있
는 강한 기를 갖고 있어 그것이 가능하다는 것이다. 그러면서도 강한 기의 발휘
도 예를 지켜야 비로소 중도에 부합한다는 점에서 예를 지키는 것과 중도를 행
한다는 구절을 하나로 연결시켰다.

六四, 中行告公從, 利用[(1)]爲依遷國. 「象」曰: "告公從", 以益志也.[214]

---

213 (1)牧伯, 지방 주군의 장관. (2)藩屛之臣, 변방을 지키는 신하.
214 (1)爲依遷國: 육사는 음으로 음에 머무르기 때문에 육삼은 육사인 공에게 중도를 강조하
며 천도를 해 이웃나라에 의지할 것을 주장한다. 依는 이웃나라에 의지한다는 뜻이다.

육사는 중도에 따라 행하여 공에게 아뢰어 따르도록 하니, 이웃나라에 의지하여 도읍을 옮기는 것이 이로울 것이다. 「상전」에서 말했다. "'공에게 아뢰어 따르도록 한다'는 것은 더해 주려는 뜻으로 한다는 것이다."

42.5 以陰居陰, 體巽應卑, 持此施益, 可以爲依遷之國. 純用卑柔, 仍告上公見從, 方可用事, 無剛故也. 不足告王, 故曰"告公".

|번역| 음으로 음에 머무르니 몸이 유순하고 응하는 것이 겸손하다. 이를 견지해 이익을 베푸니, 이웃나라에 의지하여 도읍을 옮길 수 있다. 순전히 겸손하고 부드러워 위로 공에게 고하여 따르도록 해야 비로소 일에 쓰일 수 있는 것은 강함이 없기 때문이다. 왕에게 고하기에는 부족하므로 "공에게 고한다"고 했다.

|해설| 육사는 부드럽고 겸손한 덕을 지닌 자이다. 이런 자가 백성에게 이익을 베풀고자 하면 위로 공에게 고해 그의 지지를 얻어 내야 비로소 그 일을 할 수 있다.

42.6 本爲初六, 寄位於四, 居陰體巽, 所趨在下, 以爲依遷之國, 人所容信, 然必中行不私, 然後可告必見從, 蓋上以益下爲心也.

|번역| 본래는 초육이었으나 사(四)에 위치를 맡기니, 음에 머물며 몸은 겸손하여 나아가는 바는 아래에 있어, 이웃에 의지하기 위해 수도를 옮겨도 사람들이 받아들이고 믿지만, 반드시 중도를 행하고 사사롭지 않아야 고하는 일을 반드시 따르게 되니, 대개 윗사람이 아래에

보태려는 것을 마음으로 삼음이다.

|해설| 첫 구절은 괘변설에 따라 비☷괘의 초육이 익☶괘 육사가 된 것을 설명하였다. 나머지 내용은 앞 조목과 대동소이하다.

九五, 有孚惠心勿問, 元吉. 有孚惠我德. 「象」曰: "有孚惠心", 勿問之矣. "惠我德", 大得志也. 上九, 莫益之, 或擊之, 立心勿恒, 凶. 「象」曰: "莫益之", (1)偏辭也, "或擊之", 自外來也.²¹⁵

구오는 진실한 마음을 갖고 마음을 은혜롭게 가지니 물을 것도 없이 크게 길하다. 세상 사람들도 진실한 마음을 갖고 '나'의 덕을 은혜롭게 여긴다. 「상전」에서 말했다. "진실한 마음을 갖고 마음을 은혜롭게 가진다"는 것은 물을 것도 없음이요, "'나'의 덕을 은혜롭게 여긴다"는 것은 크게 뜻을 얻은 것이다. 상구는 더해 주는 것이 없으니, 혹 그를 공격하는데, 마음을 세움에 항구적인 것이 없어 흉하다. 「상전」에서 말했다. "더해 주는 것이 없다"는 것은 다 부정하는 한쪽으로 치우친 말이고, "혹 그를 공격한다"는 것은 밖에서 온 것을 말한다.

42.7 體剛質巽, 志應在下, 位亢於上, 故立心勿恒. "或擊之", 反"或益之"之義爲文, 故又云"自外來"也.

|번역| 상육은 몸은 강하고 바탕은 유순하니, 뜻은 아래에 응하는 데 있으

---

²¹⁵ (1)偏辭, 한쪽으로 치우친 말. 여기서는 모든 것을 부정하는 말.

나 위치가 지나치게 위에 있어, 마음을 세움에 항구적인 것이 없다. "혹 공격한다"는 것은 "혹 더해 준다"는 의미에 반대되는 문구이다. 그래서 다시 "밖에서 온 것"이라고 했다.

┃해설┃ 상구는 아래에 베풀려는 뜻은 있으나 위치가 지나치게 높은 데 있어 그 베풀려는 마음을 일관되게 유지할 수 없고, 그리하여 뜻하지 않은 공격을 당하게 된다.

42.8 未嘗損己而云"莫益之", 作『易』者因益卦而言爾.

┃번역┃ 자기의 것을 덜어 낸 적이 없어 "더해 주는 것이 없다"고 했으니,『주역』을 쓴 자는 익괘로 인해 말했을 따름이다.

43

≋

쾌
夬≣

(1)夬. (2)揚于王庭, 孚(3)號有厲. 告自邑, 不利卽戎, 利有攸往.²¹⁶

쾌夬. 왕의 조정에서 간신의 죄상을 드러내니, 위태로움이 있음을 진실한 마음으로 호소한다. 자신이 다스리는 읍에서부터 고하니, 군사를 일으켜 문제를 해결하는 것은 이롭지 않고, 나아가는 바가 있으면 이롭다.

43.1 益而不已必決, 故受之以夬.

|번역| 보태어 주되 그치지 않으면 반드시 결단해 버리기 때문에 쾌괘로 받았다.

|해설| 『주역』, 「서괘전」의 관련 구절을 참조하라.

---

216 (1)夬, 절단함, 결단함을 뜻한다. (2)揚于王庭: 揚, 드러냄, 명백히 밝힘. 구오가 상육인 간신의 죄상을 왕의 조정에서 명백하게 밝힘을 뜻함. (3)號, 호령함. 외침.

「象」曰: 夬, 決也, 剛決柔也, 健而說, 決而和. "揚于王庭", 柔乘五剛
也; "孚號有厲", 其危乃光也. "告自邑, 不利卽戎", ⁽¹⁾所尙乃窮也; "利有
攸往", 剛長乃終也.²¹⁷

「단전」에서 말했다. "쾌(夬)는 척결함이다. 강한 것이 부드러운 것을
척결한다. 강건하여 기뻐하고 결단하여 화합한다. '왕의 조정에서 간신
의 죄상을 드러낸다'는 것은 부드러움이 다섯 강함을 탔기 때문이다.
'위태로움이 있음을 진실한 마음으로 호소한다'는 것은 그 위험이 밝게
드러나는 것이다. '자신이 다스리는 읍에서부터 고하니, 군사를 일으켜
문제를 해결하는 것은 이롭지 않다'는 것은 숭상하는 바가 이내 궁하게
되는 것이다. '나아가는 바가 있으면 이롭다'는 것은 강한 것이 자라나
이에 끝내는 것이다.

43.2 不可以必勝而忽慢, 故能矜愼則愈光也.

|번역| 틀림없이 이긴다고 하여 가볍게 여겨서는 안 되니 근엄하고 신중할
수 있다면 더욱 밝게 드러나게 된다.

|해설| 쾌괘는 다섯 양이 하나의 간사한 음을 척결해 내는 것을 의미한다. 양의 세력이
다섯이나 되고 음은 하나이니, 틀림없이 음을 이길 것이라 자신하여 소홀해지
기 쉽다. 이에 진실한 마음으로 그 음의 위태로움을 호소해야, 즉 근엄하고 신중
해야 그 위험이 밝게 드러난다.

---

217 (1)所尙: 여기서 숭상하는 것이란 문맥상 군사를 일으키는 것과 같은 무력을 뜻한다.

43.3 除惡務本, 故利有所進而後爲德乃終.

|번역| 악을 제거하고 근본에 힘쓰므로 나아가는 바가 있음에 이롭고, 그런 후에 덕을 행하는 일이 끝을 맺는다.

|해설| 쾌괘는 강한 자들, 선한 자들이 유약한 자, 악한 자들을 척결하는 의미를 지닌다. 장재는 이를 악을 제거하고 근본에 힘쓰는 일이라고 했다. 이런 일에 힘써 진보된 바가 있으면 덕을 행하는 일은 일단락된다.

「象」曰: 澤上於天, 夬, 君子以施祿及下, [(1)]居德則忌.[218]

「상전」에서 말했다. "못이 하늘 위에 있으니 쾌이다. 군자는 이를 본받아 녹을 베푸는 것이 아래에 미치며, 덕에 머물면 금함을 원칙으로 삼는다."

43.4 君子道長, 故非德之禁可以必行, 然不可恃令之行, 無恩以及下也.

|번역| 군자의 도가 자라나므로 덕의 금하는 것이 아니라면 틀림없이 실행할 수 있으나, 명령의 실행은 은혜가 없이 아래에 미쳐서는 안 된다.

|해설| 「상전」의 '못이 하늘 위에 있다'는 말은 일반적으로 못의 물이 하늘에 있다가 만물을 적시듯이 군주가 아래의 백성들에게 은덕을 베푸는 것을 뜻한다고 이해된

---

[218] (1)居德則忌: 덕에 머물며 덕을 베풀면서도 쾌(夬), 즉 결단하고 척결하는 시기에는 금하는 것도 분명히 해야 한다.

다. 장재 또한 이 구절을 이렇게 읽은 것인지는 알 수 없다. 다만 군자의 '도가 자란다'고 한 점으로 미루어 그는 은덕을 베풀 수 있는 동력으로 다섯 양에 더 주목한 것 같다. 한편 괘에는 척결함의 뜻이 있어 덕을 베푸는 일은 악을 금하는 것과 병행된다. 이런 맥락에서 '덕의 금하는 것이 아니라면'이라는 말을 한 것이다. 법령으로 금하는 일이 아니라면 덕은 베풀 수 있고, 법령의 실행 역시 반드시 은덕을 기반으로 이루어져야 한다.

初九, 壯于前趾, 往不勝爲咎. 「象」曰: 不勝而往, 咎也.

초구는 발꿈치가 전진하는 것이 씩씩하나, 나아가 이기지 못하여 허물이 된다. 「상전」에서 말했다. 이기지 못하고 나아가는 것은 허물이다.

43.5 言能慮勝而往則无咎.

|번역| 승리할지 헤아리고 나아갈 수 있다면 허물이 없을 것임을 말한다.

|해설| 초구는 전진해 군주 주변에 있는 자를 척결하려 한다. 악인을 척결하려 할 때도 자신의 역량을 헤아리고 이길 승산이 얼마나 있는지 신중하게 살펴야 한다.

九二, 惕號, [1]莫夜有戎勿恤. 「象」曰: "有戎勿恤", 得中道也.[219]

구이는 두려워하며 호소하니 깊은 밤에 적군이 있어도 걱정하지 않

---

219 (1)莫: 莫은 暮와 같다.

는다. 「상전」에서 말했다. "'적군이 있어도 걱정하지 않는다'는 것은 중도를 얻은 것이다.

43.6 警懼申號, 能孚號而有屬也. 以必勝之剛, 決至危之柔, 能自危慮, 雖有戎何恤! 能得中道, 故剛而不暴.

|번역| 경계하고 두려워하며 고함을 치니, 진실한 마음으로 고함을 쳐 위태롭게 여기도록 할 수 있다. 반드시 이기는 강함으로 지극히 위태로운 부드러움을 척결하여 스스로 위태로운 것을 헤아릴 수 있다면 설사 적군이 있다고 한들 무엇을 걱정하겠는가! 중도를 얻을 수 있으므로 강하면서도 포악하지 않게 된다.

|해설| 구이는 양의 강한 기면서도 음의 위치에 있어 늘 위험에 대비하여 악인을 척결할 수 있는 역량을 갖추고 있다. 구이가 중도를 얻을 수 있다는 말은 바로 양이면서 음의 자리에 머물며 위험을 적절하게 방비할 수 있다는 뜻이다.

九三, 壯于[(1)]頄, 有凶. 君子夬夬, [(2)]獨行遇雨若濡, 有慍, 无咎. 「象」曰: "君子夬夬", 終无咎也.[220]

구삼은 광대뼈에서 건장하니 흉함이 있다. 군자가 결연하게 척결하려 하니, 홀로 행하다가 비를 만나면 젖은 듯하여 성냄이 있지만 허물은 없다. 「상전」에서 말했다. "'군자가 결연하게 척결하려 한다'는 것은 끝

---

[220] (1)頄, 광대뼈. 구삼의 강함이 지나침을 상징한다. (2)獨行遇雨若濡, 구삼이 상육과 상응하는 것을 가리킨다.

내 허물이 없는 것이다.

43.7 九三以陽居陽, 進決於上, 是壯於頄也. 不得中道, 過壯或凶, 故
曰"有凶." 君子明於事幾, 能夬於用夬, 進而緩之以善其終, 不假
用衆, 故曰"獨行"; 使之悅從, 故曰"遇雨若濡." 君子之心終[無係
累], 故必有慍. 雖其有慍, 於正无害, 故[曰]²²¹"無咎", [故]君子之
道⁽¹⁾綽然餘裕, 終不爲咎也.²²²

|번역| 구삼이 양으로서 양의 자리에 머물다가 나아가 상육을 척결하려 하
는 것이 광대뼈에서 건장하다는 말의 뜻이다. 중도를 얻지 못하여
지나치게 건장하면 혹여 흉하니 "흉함이 있다"고 했다. 군자는 일의
기미에 밝아 척결을 사용함에 과단성이 있을 수 있지만, 나아가 상
육을 느슨하게 해 주어 그 끝맺음을 잘하지, 군중을 쓰지 않으므로
"홀로 행한다"고 했다. 또 그가 기뻐하며 따르게 하므로 "비를 만나
면 젖은 듯하다"고 했다. 군자의 마음은 결국 얽매임이 없으므로 틀
림없이 다른 이들이 성내는 일이 있게 된다. 비록 성내는 일이 있으
나 바름에는 해가 되는 일이 없으므로 "허물이 없다"고 했다. 그러
므로 군자의 도는 너그러워 여유가 있어 끝내 허물이 되지 않는다.

|해설| "광대뼈에서 건장하다"는 구절은 구삼이 상육을 척결하려는 의지를 갖고 있되,
그 의지가 과도하게 얼굴에 다 드러나는 것을 가리킨다. 자신의 척결 의지가 드
러나 상대가 그 의도를 간파하므로 흉한 일이 있게 된다. 하지만 과단성 있는 척
결 행위는 강함으로만 일관하지 않고 결국은 상육을 느슨하게 대하게 되는데,

---

221 〈중화 주석〉 모두 『통지당』(通志堂) 본에 근거해 보완했다.
222 (1)綽(작)然, 너그러운 모습.

이를 오해하는 사람들은 구삼의 행위를 보고 성내겠지만, 바른 행위이므로 허물은 없다고 했다. 일반적으로 구삼이 홀로 행한다는 것은 구삼만이 상육과 홀로 상응함을 뜻하는데, 장재는 거기에서 더 나아가 그 구절을 구삼이 군중을 동원하지 않는다는 뜻이라고 풀이했다. 또 "비를 만나면 젖은 듯하다"는 구절을 장재는 상육이 구삼을 만나 기뻐하며 따른다는 뜻으로 풀이했다. 척결의 대상인 상육과 마주친 후에 구삼이 그것을 느슨하게 해 주면 애초의 의지를 저버린 듯이 보여 다른 사람들이 성을 낼 수도 있지만, 장재는 그런 구삼의 행위가 여유롭고 바르므로 허물은 없다고 했다.

九四, ⁽¹⁾臀无膚, 其行⁽²⁾次且, ⁽³⁾牽羊悔亡, ⁽⁴⁾聞言不信. 「象」曰: "其行次且", 位不當也. "聞言不信", 聽不明也.[223]

구사는 엉덩이에 살이 없으며, 그 행하는 것이 머뭇거리니, 양을 끌듯이 하면 후회가 없을 것이나, 말을 듣고도 믿지 않는다. 「상전」에서 말했다. "'그 행하는 것이 머뭇거리는 것'은 위치가 합당하지 않기 때문이고, '말을 듣고도 믿지 않는 것'은 귀가 밝지 않은 것이다."

43.8 一陰在上, 衆陽爭趨, 三其正應, 己獨乘之, 故行止皆凶. 牽羊者必讓而先之, 則爲力也易, 溺於所趨, 必不能用, 故曰"聞言不信", 溺於心者, 聽必不聰.

|번역| 하나의 음이 위에 있고 뭇 양이 앞 다투어 달려가는데, 구삼이 바르

---

[223] (1)臀(둔), 볼기. (2)次且, 앞으로 나아가지 못함. (3)牽羊, 양을 끌 듯이 함은 구오가 여러 양효들로 하여금 다투지 않고 양보하며 나아가게 함을 뜻한다. (4)聞言不信, 구오의 말을 듣고도 구사가 그의 말을 믿지 않음을 뜻한다.

게 응하여 자기 홀로 올라타므로, 구사는 행하고 머무르는 것이 모두 흉하다. 양을 이끄는 자는 반드시 양보해 먼저 가게 하면 힘을 쓰는 것이 쉽지만, 달려가는 일에 빠져 틀림없이 그렇게 하지 못하리니, 그러므로 "말을 듣고도 믿지 않는다"고 했다. 생각에 빠진 자는 들어도 틀림없이 귀가 밝지 못하다.

| 해설 | 쾌괘는 다섯 양이 모두 맨 위에 있는 하나의 음 쪽으로 앞다투어 달려가는 형상이다. 이 중에서 구삼이 이미 상육과 홀로 상응하기 때문에 구사처럼 위치가 합당하지 못한 자는 '엉덩이에 살이 없어' 아파하며 앉아 머물지도 못하고 행하지도 못하게 된다. '양을 이끄는 자'는 구오를 상징하는데, 구사는 자신이 달려가는 일에만 온통 신경을 써 양보하지도 않고, 양보하라는 말을 듣고도 총기를 잃어 따르지 않는다.

九五, (1)莧陸夬夬, 中行无咎. 「象」曰: "中行无咎", 中未光也.[224]

부드러운 쇠비름을 결연하게 잘라내듯이 소인을 척결하니, 중도로서 행하여 허물이 없다. 「상전」에서 말했다. "'중도로서 행하여 허물이 없다'고 했으나 중도가 빛나지는 않았다."

43.9 陽近於陰, 不能無累, 故必正其行然後免咎.

| 번역 | 양이 음에 가까워 얽매임이 없을 수 없다. 그러므로 반드시 그 행동을 바르게 해야 허물을 면하게 된다.

---

[224] (1)莧陸(현륙), 쇠비름. 물기를 많이 머금어 베기 쉬운 풀.

|해설| 구오는 상육과 가깝기 때문에 사사로이 얽매이는 감정이 남아 있을 수밖에 없다. 그래서 「상전」에서는 "중도가 빛나지는 않았다"고 했고, 장재는 그렇기 때문에 반드시 그 행동을 바르게 해야 함을 강조하였다.

上六, 无號, 終有凶. 「象」曰: "无號之凶", 終不可長也.

　상육은 호소할 데가 없으니 끝내는 흉함이 있다. 「상전」에서 말했다. "'호소할 데가 없는 흉함'이니, 끝내 오래갈 수 없다.

44

구
姤

(1)姤. 女壯, 勿用取女. 「象」曰: 姤, 遇也, 柔遇剛也. "勿用取女", 不可
與長也. 天地相遇, 品物咸章也, (2)剛遇中正, 天下大行也. 姤之時義大
矣哉!225

    구(姤). 여자가 강성하니, 여자를 취하지 말라. 「단전」에서 말했다. 구
는 만나는 것이니, 부드러운 것이 강한 것을 만난다. "여자를 취하지 말
라"는 것은 함께 성장할 수 없기 때문이다. 하늘과 땅이 서로 만나니, 각
종 사물이 다 빛나고, 강한 것이 중정을 만나 천하에 크게 행해진다. 구
(姤)의 시의는 크구나!

44.1 非中爻不能備卦德, 故曰"剛遇中正".

---

225 (1)姤, 뜻하지 않게 우연히 만남을 뜻한다. (2)剛遇中正: 이효와 오효에 강한 양이 자리
    하고 있음을 가리킨다.

|번역| 중효가 아니면 괘의 덕을 갖출 수 없다. 그래서 "강한 것이 중정을 만난다"고 했다.

|해설| 구(姤)는 뜻하지 않게 만난다는 뜻이다. 괘상을 보면 맨 아래에 음 하나가 있어, 음이 점차 그 세력을 강화해 나아가는 기세를 보인다. 그 점에서 "여자가 강성하니 여자를 취하지 말라"는 괘사가 나왔다. 그러면서도 이 괘에 다 나쁜 함의만 있는 것은 아니다. 자연의 운동이라는 측면에서 이 괘는 5월에 하늘과 땅의 기가 만나 만물이 모두 자라나는 것을 뜻하고, 인간사의 측면에서도 강한 군자가 중의 위치에 자리를 잡고 있다는 점에서 좋은 의미도 있다.

「象」曰: 天下有風, 姤, 后以施命誥四方.

「상전」에서 말했다. 하늘 아래에 바람이 있으니, 만남이다. 군왕은 이를 본받아 명령을 시행해 사방에 알려 준다.

44.2 上所以用柔於下者, (1)誥令莫大焉. 226

|번역| 위에서 아래에 부드러움을 사용한 것은 조정의 명령으로 그것보다 훌륭한 것이 없기 때문이다.

|해설| 구괘는 상괘가 건괘이고 하괘가 손괘이다. 하늘 아래에 바람이 있는 형상이다. 이에 대해 공영달은 "바람이 천하에 불면 어떤 사물도 만나지 않는 것이 없으므로 만남의 상이다(風行天下, 則無物不遇, 故爲遇象)"라고 풀이했다. 이렇게 바람이 천하 구석구석으로 불 듯, 군왕은 명령을 사방 구석구석에 알린다. 이에 대해

226 (1)誥令, 황제의 명령, 조정의 명령.

장재는 조정의 정치적 명령이 손괘의 바람처럼 부드럽게 하달되는 것이 가장 훌륭한 것이라 했다.

初六, 繫于⁽¹⁾金柅, 貞吉, 有攸往, 見凶, 羸豕孚⁽²⁾蹢躅.「象」曰: "繫于金柅", 柔道牽也.²²⁷

초육은 쇠말뚝에 매여 있으니 바르면 길하다. 가는 바가 있으면 흉함을 당하니 비쩍 마른 돼지가 성심을 다해 머뭇거린다.「상전」에서 말했다. "쇠말뚝에 매여 있다"는 것은 부드러운 도가 견제되는 것이다.

44.3 金柅二物也, 處姤之時, 不牽於近則所往皆凶. 孚, 信也. 豕方羸時, 力未能動, 然至誠在於蹢躅, 得申則申矣. 如李德裕處置閹宦, 徒知其⁽¹⁾帖息威伏, 而忽於志不(忘)[妄]²²⁸⁽²⁾逞, 照察少不至則失其幾也.²²⁹

|번역| 쇠말뚝은 구이의 물건으로, 구(姤)의 시기에 처하여 가까운 것에 의해 끌리지 않으면 가는 곳마다 모두 흉하게 된다. 부(孚)는 신(信)이다. 돼지가 비쩍 마를 때는 힘으로 움직일 수가 없다. 하지만 왔다 갔다 하는 일을 지성으로 하여 펼 수 있게 되면 편다. 예를 들어 이덕유는 환관들을 처리할 때 단지 그들이 순종하고 위세에 굴복하게

---

227 (1)金柅: 柅(니)는 수레바퀴의 회전을 멈추게 하는 말뚝이다. (2)蹢躅(척촉), 머뭇거린다.
228 〈중화 주석〉 '妄' 자는『장자어록』에 근거해 고쳤다.
229 (1)帖息, 순종함. (2)逞, 마음대로 함.

할 줄만 알았지, 뜻을 거짓되게 멋대로 하지 않는 일에는 소홀했으니, 명료하게 살피는 일이 조금이라도 지극하지 않으면 그 조짐을 잃게 된다.

|해설| 구괘는 만남을 뜻하지만, 음이 강성해져 여러 양과 만나는 것이기 때문에, 양을 부양하고 음을 억누른다는 생각에 근거해 음의 움직임은 제지되어야 할 것으로 여겨진다. 그런 음의 나아가려는 움직임을 마치 수레바퀴를 쇠말뚝에 매어 놓은 듯, 제동을 걸어 나가지 못하게 하는 것을 장재는 구이의 일이라고 했다. 비쩍 마른 돼지 역시 초육을 상징한다. 음의 세력이 아직은 대단히 미약한 상태에 있음을 비쩍 말랐다고 묘사한 것이다. '羸豕孚蹢躅'에서 孚는 일반적으로는 들뜬 것(浮)이라 풀이한다. 따라서 이 구절은 비쩍 마른 돼지가 들떠 이리저리 왔다 갔다 한다는 뜻으로 이해된다. 이와는 달리 장재는 부(孚)를 성심을 다하는 것으로 풀이했다. 그래서 돼지가 비쩍 말랐을 때는 움직일 힘도 없지만, 지성을 다해 왔다 갔다 하면 뜻을 펼 기회가 찾아온다고 했다. 그런 맥락에서 그는 당(唐)나라의 정치가였던 이덕유의 예를 들었다. 이덕유(787~850)는 우승유(牛僧孺)로 대표되는 우당의 환관 세력에 맞서 오랫동안 당쟁을 했던 인물인데, 이 환관 세력을 위세로 복종시킬 줄만 알았지, 그들이 거짓되게 행동하는 조짐을 살피는 데는 소홀함으로 인해 흉함을 당하게 되었다고 했다.

九二, ⁽¹⁾包有魚, 无咎, ⁽²⁾不利賓.「象」曰: "包有魚", 義不及賓也. 九三, 臀无膚, 其行次且, 厲无大咎.「象」曰: "其行次且", 行未牽也.²³⁰

구이는 꾸러미에 물고기가 있도록 하면 허물이 없으리니, 물고기는

---

230 (1)包有魚: 구이인 꾸러미가 음효인 물고기를 안에 두어 나가지 못하게 함을 뜻한다. (2) 不利賓, 음인 물고기는 밖에 있는 손님에게는 이롭지 않다. 구이가 초육을 제지하는 행위를 구이에서는 마치 꾸러미로 물고기를 잘 감싸고 있는 것으로 표현했다. 또 이 초육이 구이의 제지를 뚫고 나오면 구이 밖에 있는 양효에는 이롭지 않다는 점에서 손님에게는 이롭지 않다.

손님에게는 이롭지 않다. 「상전」에서 말했다. "꾸러미에 물고기가 있다"고 하니, 의리상 손님에게 미쳐서는 안 되기 때문이다. 구삼은 엉덩이에 살이 없어 그 행하는 것이 머뭇거리니, 위태롭다고 여겨 큰 허물은 없다. 「상전」에서 말했다. "그 행하는 것이 머뭇거린다"는 것은 행함이 이끌리지 않음이다.

44.4 行而無所與遇, 故曰"行未牽也", 進退無所係也.

|번역| 행하지만 함께 만나는 일이 없다. 그래서 "행함이 이끌리지 않는다"고 했다. 나아가고 물러남에 매인 바가 없다.

|해설| 구삼은 처음에는 아래로 초육을 만나고자 하지만 그러지 못하고 위로는 상응하는 것이 없어 나아감에 주저하는 자이다. 구삼이 초육을 만나지 못했다는 점에서 그의 행함은 초육에 의해 이끌려지지 않았다고 할 수 있고, 그 점에서 구삼은 진퇴가 모두 매임이 없다고 할 수 있겠다.

九四, [(1)]包无魚, 起凶. 「象」曰: 无魚之凶, [(2)]遠民也. 九五, [(3)]以杞包瓜, 含章, 有隕自天. 「象」曰: 九五含章, 中正也, "有隕自天", 志不舍命也.[231]

---

[231] (1)包无魚: 구사는 초육과 상응하지만, 초육은 이미 구이에 의해 제지당하여 구사는 초육과 만날 수 없다. 즉 구사의 꾸러미에는 초육의 물고기가 없는 것이다. (2)遠民: 초육은 백성을 상징한다. 구사는 초육과 만날 수 없으므로 백성을 멀리하게 되는 것이다. (3)以杞包瓜: 기나무가 호박을 감싼다. 기나무는 키가 크고 튼실한 나무로 구오를 가리킨다. 호박에 대해서는 여러 설이 있으나 장재는 이를 쉽게 물러 터지는 초육의 음유한 자로 보았다. 그러면 이 구절은 구오가 잘 물러 터져 악영향을 미치는 초육을 제지한다는 뜻이 된다.

구사는 꾸러미에 물고기가 없으니 흉함을 야기한다. 「상전」에서 말했다. 꾸러미에 물고기가 없는 흉함이란 백성을 멀리함을 말한다. 구오는 기나무가 호박을 감싸니, 아름다움을 머금으면 하늘에서 떨어지는 것이 있을 것이다. 「상전」에서 말했다. 구오가 아름다움을 머금은 것은 중정하기 때문이다. "하늘에서 떨어지는 것이 있다"는 것은 뜻이 천명을 저버리지 않았음을 뜻한다.

44.5 杞之爲物, 根固於下, 瓜之爲實, 潰必自內. 九五以中正剛健含章宅尊, 而遇陰柔浸長之時, 厚下安宅, 潰亂是防, 盡其人謀而聽天命者也. "以杞包瓜", 文王事紂之道, 厚下以防中潰, 盡人謀而聽天命者歟!

|번역| 기나무라는 것은 뿌리가 아래에서 튼실하다. 호박 열매는 물러 터지는 것이 반드시 안에서 비롯된다. 구오는 중정하면서 강건하여 아름다움을 머금고 존귀한 위치에 거처하다가 음유한 것이 점차 자라날 시기를 만나면 아래를 두텁게 하고 거처하는 곳을 편안하게 하며 물러 터져 어지러워지는 것을 방비하니, 인위적인 노력을 다하고 천명을 따르는 자이다. "기나무로 호박을 감싼다"는 것은 문왕이 주를 섬기던 방법으로, 아래를 두텁게 하여 가운데가 물러 터지는 것을 방비한 것이니, 인위적인 노력을 다하고 천명을 따르는 자로다!

|해설| 구오의 기나무가 무엇을 가리키는지에 대해서는 여러 설이 있으나, 대부분 이 나무의 특징을 키가 크고 튼실하다고 묘사하고 있으며, 이는 장재 역시 마찬가지이다. 구오는 올바른 위치에서 바른 태도를 지니고 있어, 아름다운 덕을 머금고 있다고 했고, 구오의 위치에 있기 때문에 존귀한 위치에 거처한다고 했다. 이

런 구오가 스스로 물러 터지는 호박처럼 스스로의 원인에 의해 사회에 악영향을 미치는 초육의 음유한 것을 만나면 아래에 있는 백성들을 두텁게 보살피고, 자신의 위치를 안정되게 만들며, 음유한 것을 자신의 아름다운 덕으로 감싼다. 장재는 그 역사적 사례를 주문왕이 상의 주왕을 섬기던 데서 찾았고, 이를 인위적인 노력을 다한 뒤에 천명을 기다리는 것이라 평했다.

上九, 姤其角, 吝, 无咎.「象」曰: "姤其角", 上窮吝也.

상구는 만나는 것이 그 뿔이니, 부끄럽지만 허물은 없다.「상전」에서 말했다. "만나는 것이 그 뿔이다"라는 것은 위에서 궁하여 부끄러운 것이다.

44.6 窮不知變, 吝之道也.

|번역| 궁하되 변할 줄 모르니 부끄러운 도이다.

|해설| 상구는 극한의 높은 위치에 있는 강한 존재로서 딱딱한 뿔처럼 변할 줄 모른다. 아래로는 초육과 거리가 아주 멀어 만나지 않으므로 허물은 없다. 그러나 만남의 시기에 초육을 제지하는 데 아무 역할을 하지 못하므로 부끄러운 도이다.

45

췌
萃 ䷬

萃. 亨, 王⁽¹⁾假有廟, 利見大人, 亨利貞, 用大牲吉, 利有攸往.²³²

췌(萃). 형통하여 왕은 사당에 가니, 대인을 보는 것이 이롭고, 형통하여 바르면 이롭다. 큰 희생을 사용하면 길하고, 가는 바가 있으면 이롭다.

45.1 姤者遇也, 物相遇而後聚, 故受之以萃.

|번역| 구(姤)란 만나는 것이다. 사물은 서로 만난 후에 모이므로, 췌(萃)괘로 받았다.

45.2 與渙卦義同, 故繇辭互見.

---

232 (1)假, 格과 같고, 이른다는 뜻이다.

| 번역 | 환(渙)괘와 의미가 같다. 그러므로 점치는 말이 교대로 출현했다.

| 해설 | 췌괘의 괘사는 환괘의 그것과 유사하다. 즉 환괘의 괘사는 다음과 같다. "환. 형통하니 왕이 사당에 간다. 큰 내를 건너는 것이 이롭고 바르면 이롭다.(渙, 亨, 王假有廟, 利涉大川, 利貞.)"

45.3 萃而不見大人之德, 吝道也.

| 번역 | 모였으면서 대인의 덕을 보지 않으면 부끄러운 도이다.

| 해설 | 췌괘는 모임을 뜻한다. 정치적, 사회적으로 고대사회에서는 새로운 국가를 세우기 위해 통치자들은 백성들을 모으고 가장 먼저 하는 일이 수도를 정하고, 거기에 종묘를 세우는 일이었다. 괘사에서 왕이 사당에 간다는 것은 종묘를 세우고 거기에 가 제사를 지낸다는 뜻이다. 이렇게 새로운 나라를 세우기 위해 사람들을 모았을 경우 그 나라를 새롭게 건설할 덕을 갖춘 대인의 존재는 필수적이다. 그래서 장재는 이런 대인이 없다면 부끄러운 일을 당할 것이라고 했다.

「彖」曰, 萃, 聚也, 順以說, [1]剛中而應, 故聚也. "王假有廟", 致孝享也, "利見大人亨", 聚以正也, "用大牲吉, 利有攸往", 順天命也. 觀其所聚而天地萬物之情可見矣. 「象」曰: 澤上於地, 萃, 君子以除[2]戎器, 戒[3]不虞.233

「단전」에서 말했다. 췌는 모으는 것이다. 순종하면서 기뻐하고, 강한

---

233 (1)剛中而應: 구오가 육이와 상응함을 뜻한다. (2)戎器, 병기, 무기. (3)不虞: 虞, 헤아리다. 不虞, 헤아리지 못한 상황.

것이 중에 있으면서 응한다. 그러므로 모인다. "왕이 사당으로 간다"는 것은 효도로 조상을 흠향함을 지극하게 하는 것이다. "대인을 보면 이롭고 형통한다"는 것은 바름으로써 모이는 것이다. "큰 희생을 사용하면 길하고 가는 바가 있으면 이롭다"는 것은 천명을 따르는 것이다. 그 모이는 바를 관찰하면 천지만물의 실정을 알 수 있다. 「상전」에서 말했다. 못이 땅 위에 있으니 췌이다. 군자는 이를 본받아 병기를 소제하고 불의의 상황을 경계한다.

45.4 聚而致享, 必有廟乃盡其實.

|번역| 모여서 제사의 흠향을 다하려면 반드시 사당이 있어야 그 실질을 다하게 된다.

|해설| 왕이 나라를 세워 백성을 모아 제사를 극진히 지내려고 한다면 반드시 종묘를 세워야 한다.

45.5 聚而不見大人之德, 吝道也.

|번역| 모여서 대인의 덕을 보지 못하는 것은 부끄러운 도이다.

45.6 聚不以正, 私邪勝也.

|번역| 바름으로 모이지 않는다면 사사로운 삿됨이 성행하게 된다.

|해설| 백성을 모아 새로운 나라를 세우려 할 때 가장 중요한 조건은 그 행위가 바른 명분에 바탕을 두고 있느냐에 있다. 그러지 못한다면 사악함이 횡행하게 된다.

45.7 富聚之世, 順天之命, 用大牲有所進爲宜.

|번역| 풍부하게 모이는 세상에서는 하늘의 명을 따라 큰 희생을 사용해 바치는 바가 있는 것이 적절하다.

|해설| 풍성하게 모이는 시절에 국가적 행사인 제사를 지낼 때에는 마땅히 큰 희생, 즉 소를 사용해 제사를 지내는 것이 합당하다.

45.8 散而通之, 順天命而不凝於物也. 凝一作疑.

|번역| 발산하여 소통할 때는 천명을 따르고 외물에 지체되지 않는다. 凝은 어떤 판본에는 疑라고 되어 있다.

|해설| 대인이 자신의 덕을 발산하여 만민, 만물과 소통할 때는 억지로 하지 않고 천명을 따르며, 외물에 집착하여 마음을 어지럽히지 않는다.

初六, 有孚不終, 乃亂乃萃. 若號一握, 爲笑勿恤, 往无咎. 「象」曰: "乃亂乃萃", 其志亂也.

초육은 진실함이 있지만, 끝까지 그러지 못하여 어지러워졌다가 모인다. 만약 소리를 쳐서 한번 손을 잡으면 비웃음을 당할 것이나, 상관하지 말고 가면 허물이 없을 것이다. 「상전」에서 말했다. "어지러워졌다가 모이는" 것은 그 심지가 어지럽기 때문이다.

45.9 萃聚之世, 物各以近相求, 所處遠者, 雖有其應, 不能專一. 初六履不以中, 萃而志亂, 故爲衆輕侮, 若能嗁號⁽¹⁾賫咨, 專一其守, 不恤衆侮, 則往而无咎.²³⁴

|번역| 모이는 세상에서는 사물들이 각기 가까운 것으로 서로 구하니, 처한 곳이 멀리 있는 자는 비록 그 응함이 있을지라도 한결같이 하지 못한다. 초육은 밟고 있는 위치가 중이 아니어서 모여 있지만 심지가 어지럽다. 그래서 뭇사람들에 의해 업신여김을 당한다. 만약 울부짖고 탄식하며 그 지키는 것을 한결같이 하며 뭇사람의 업신여김을 상관하지 않는다면 나아감에 허물이 없을 것이다.

|해설| 초육은 구사와 상응하기는 하지만, 중의 위치에 있지 않고 유약하며, 또 구사는 육삼과 가까이 지내는 것처럼 보임으로 인해, 한결같은 마음을 유지하지 못한다. 하지만 큰소리로 울부짖으며 구사를 부른다면 구사가 반드시 응할 것이므로 뭇사람의 비웃음을 상관하지 말고 그렇게 하면 허물이 없을 것이다.

六二, 引吉, 无咎, 孚乃利用⁽¹⁾禴. 「象」曰: "引吉无咎", 中未變也.²³⁵

---

234 (1)賫(자)咨, 탄식함.
235 (1)禴(약), 하나라와 상나라 때는 봄에 지내고 주나라 때는 여름에 지내던 제사로 간략

육이는 끌어당겨 길하니 허물이 없다. 진실한 마음이면 간략한 제사를 지내는 데 이로울 것이다. 「상전」에서 말했다. "끌어당겨 길하니 허물이 없는" 것은 중을 지키는 마음이 변하지 않았기 때문이다.

45.10 物思其聚之時, 能自持不變, 引而後往, 吉乃无咎. 凡言"利用禴", 皆誠素著白於⁽¹⁾幽明之際, 未孚而略禮, 則神怒而民怨.²³⁶

|번역| 어떤 존재가 그 모을 때임을 생각해 자신을 지켜 변하지 않을 수 있고 인도된 후에 나아간다면 길하여 허물이 없을 것이다. 무릇 "간략한 제사를 지내는 데 이롭다"고 말하는 것은 모두 진심을 음계와 인간계에 드러내는 것이니, 마음이 진실하지 않으면서 예를 간략히 하면 신이 노하고 백성이 원망한다.

|해설| 육이는 위아래로 음에 둘러싸여 있으나 중정을 끝까지 유지하여 구오에 의해 인도될 때 나아가면 길하게 된다. 진심은 제사를 지낼 때 가장 중요한 요소이다. 따라서 이런 진심을 갖춘 육이는 설사 간략한 제사라 할지라도 그 의례를 충분히 잘 수행할 수 있다.

六三, ⁽¹⁾萃如嗟如, 无攸利, 往无咎, 小吝. 「象」曰: ⁽²⁾"往无咎", 上巽也.
九四, 大吉, 无咎. 「象」曰: "大吉无咎", 位不當也.²³⁷

한 제사임.
236 (1)幽明, 幽는 귀신의 세계, 즉 음계. 明은 인간계. 幽明은 음계와 인간세계.
237 (1)萃如嗟如, 无攸利: 육삼은 모이려 하지만 위치도 부당하고 상응하는 것이 없어 이로울 것이 없다. (2)"往无咎", 上巽也: 육삼이 나아가도 허물이 없는 까닭은 상육이 공손하기 때문이다.

육삼은 모이려 하다가 탄식하니 이로운 점이 없고, 가면 허물은 없으나 조금 부끄럽다. 「상전」에서 말했다. "가면 허물이 없는" 것은 상육이 겸손하기 때문이다. 구사는 크게 길해야 허물이 없다. 「상전」에서 말했다. "크게 길해야 허물이 없는" 것은 위치가 부당하기 때문이다.

45.11 位非極顯而有物之萃, 非大吉則悔吝必矣.

|번역| 위치가 최고로 현달한 것이 아니지만 모인 것들이 있으니, 크게 길함이 아니라면 후회와 부끄러움이 반드시 생겨난다.

|해설| 구사는 구오의 존귀한 위치에 있지 않으면서도 아래로 세 음효를, 달리 말하면 많은 백성들을 모으고 있다. 이에 크게 길하지 않으면 구오의 의심을 받아 후회하고 부끄러운 일이 생기게 된다.

九五, 萃有位, 无咎. 匪孚, 元永貞, 悔亡.「象」曰: "萃有位", 志未光也.

구오는 모으는 데 높은 위치에 있어 허물이 없다. 그러나 믿음이 없으니 크게 영원히 바름을 유지해야 후회가 없어지게 된다. 「상전」에서 말했다. "모으는 데 높은 위치에 있다"는 말은 뜻이 아직 다 널리 펼쳐지지 않았다는 뜻이다.

45.12 居得盛位不能見, 以大人之德係應於二, 故曰"有位", 履非不正, 故无咎. 然非君人之大信, 爲德非厚, 不能无悔, 故元永貞而後

悔亡.

|번역| 머무는 곳이 성한 위치임에도 드러나지 못하는 것은 대인의 덕으로 육이에 묶여 응하기 때문이니, 그래서 "위치에 있다"고 했다. 밟고 있는 곳이 바르지 않은 곳이 아니므로 허물이 없다. 그렇지만 임금의 커다란 신용이 아니므로 덕이 두텁지 않아 후회가 없을 수 없다. 그래서 크게 영원히 바름을 유지한 뒤라야 후회가 없게 된다.

|해설| 구오는 가장 존귀한 위치에 있으나 그에 부합하는 덕을 지니지 못한 존재이다. 그래서 그런 상태로는 후회가 없을 수 없고, 오랫동안 군주로서 갖추어야 할 큰 덕을 길러야만 비로소 후회가 사라지게 된다. 장재는 구오의 군주가 큰 덕을 지니지 못한 점을 오직 육이에만 묶여 그것하고만 상응하는 데 있다고 설명했다.

上六,[(1)]齎咨[(2)]涕洟, 无咎.「象」曰: "齎咨涕洟", 未安上也.[238]

상육은 탄식하며 눈물 콧물을 흘려야 허물이 없을 것이다.「상전」에서 말했다. "탄식하며 눈물 콧물을 흘리는" 것은 위에서 편안하지 못하기 때문이다.

45.13 以陰居上, 極物之萃, 非所堪也.

|번역| 음으로서 위에 머무르니 사물을 모으는 일을 극진히 하는 것은 감

---

[238] (1)齎咨: 齎(재)咨, 탄식함. (2)涕洟: 洟(이), 콧물. 눈물 콧물을 흘리다.

당할 바가 아니다.

|해설| 상육은 유약하면서 췌괘의 극한에 있다. 그래서 그는 사물을 모으는 일을 자신의 역량으로는 감당할 수 없고, 오직 탄식하며 눈물 콧물을 흘릴 정도로 자신을 반성해야 허물이 없게 된다.

46

승

升

升. 元亨, ⁽¹⁾用見大人勿恤, 南征吉. 「彖」曰: ⁽²⁾柔以時升, 巽而順, 剛中
而應, 是以大亨. "用見大人勿恤", 有慶也, ⁽³⁾"南征吉", 志行也. 「象」曰:
地中生木, 升, 君子以順德積小以高大.²³⁹

    승(升). 크게 형통한다. 대인을 보면 임용되니 두려워하지 말고 남쪽
으로 가면 길하다. 「단전」에서 말했다. 부드러운 것이 적시에 상승하
니, 겸손하면서 유순하고 강한 것이 중에 있어 상응한다. 그런 까닭에
크게 형통한다. "대인을 보면 임용되니 두려워하지 말라"는 것은 경사
가 있을 것이라는 뜻이고, "남쪽으로 가면 길하다"는 것은 뜻이 행해진
다는 뜻이다. 「상전」에서 말했다. 땅속에서 나무가 생장하니 승이다.
군자는 이를 본받아 덕을 따르고 작은 것을 쌓아 높고 크게 만든다.

---

239 (1)用見大人: 대인을 보면 쓰임을 받는다. 임용이 된다. (2)柔以時升: 升☰☱은 萃☱☰를 뒤집
어 놓은 괘로서, 췌괘에서는 하괘에 있던 음효 셋이 승괘에서는 상괘로 상승한 것을 가
리킨다. (3)"南征吉", 志行也: 남쪽은 사람이 지향하는 방향을 상징한다. 그래서 남쪽으
로 가면 길하다는 것을 뜻이 행해지는 것이라 풀었다.

46.1 萃者聚也, 聚而上者謂之升, 故受之以升.

|번역| 췌(萃)는 모음이다. 모아서 올라가는 것을 승(升)이라 한다. 그래서 승으로 이어받았다.

|해설| 승괘는 상승함을 의미한다. 상승하는 과정에서 별 장애가 없이 크게 형통하므로 구이의 대인을 만나면 그 덕택에 임용된다. 그러니 두려워할 필요가 없다. 상승에는 그 적절한 시점이 있다. 이 시기에는 손괘와 곤괘가 나타내듯 겸손하면서도 유순하다. 게다가 구이는 강하면서도 중의 위치에 있으며 육오와 상응한다. 그래서 형통한다. 한편 승괘는 상괘가 곤이고 하괘가 손으로, 손(巽)은 나무도 상징한다. 그래서 「상전」에서는 땅속에서 나무가 생겨난다고 했다. 땅속에서 나무가 점차 자라나 줄기, 가지를 뻗듯이, 군자는 점진적으로 부단히 작은 일에서 덕을 쌓아 나아가 그것을 크고 높게 만들어 가야 한다.

46.2 乾之九二利見大人而以時之止, 升之九二有六五配合之慶, 故可見大人之德, 南征而勿恤也.

|번역| 건괘의 구이는 대인을 보는 것이 이롭되 시의에 따라 멈추었으나, 승괘의 구이는 육오와 결합하는 경사가 있다. 그래서 대인의 덕을 볼 수 있고, 남쪽으로 가도 두려워하지 말아야 한다.

|해설| 건괘와 승괘의 구이는 비슷하지만, 전자의 경우는 구삼, 구사에서 어려움을 겪으며 자신을 단련해야만 비로소 스스로 구오의 위치에 오를 수 있다. 그에 반해 후자의 경우는 상승의 시기이므로, 별다른 어려움 없이 대인의 덕을 보게 된다. 그래서 남쪽, 즉 광명이 있는 곳으로 가는 데 별다른 걱정을 할 필요가 없다.

初六, ⁽¹⁾允升, 大吉. 「象」曰: “允升大吉”, 上合志也.²⁴⁰

초육은 믿음으로 상승하니 크게 길하다. 「상전」에서 말했다. “믿음으로 상승하니 크게 길한 것”은 위와 뜻을 합하기 때문이다.

46.3 允, 信也. 自信於己, 與上合志而升.

|번역| 윤(允)은 믿음이다. 자기를 믿고 위와 뜻을 합하여 상승한다.

|해설| 초육은 겸손한 태도로 자신의 덕을 믿고 위와 뜻이 합치되어 상승한다. 이 위가 무엇을 뜻하는지는 여러 의견이 있는데, 구이라고 보는 정이천의 설이 가장 타당해 보인다. “상은 구이를 말한다.(上, 謂九二.)”

九二, 孚乃利用禴, 无咎. 「象」曰: 九二之孚, 有喜也.

구이는 진심으로 약제를 지내는 데 이로우니, 허물이 없다. 「상전」에서 말했다. 구이의 진심은 기쁨이 있다.

46.4 與萃六二同.

|번역| 췌괘의 육이와 같다.

---

²⁴⁰ (1)允, 믿음, 진실함 등의 뜻이 있다.

|해설| 구이의 효사는 췌괘 육이와 그 내용이 완전히 같다. 구이에게 가장 중요한 것은 진심이다. 상승의 시기에 진심으로 임하기 때문에 간소한 제사도 잘 해낼 수 있다. 또 그로 인해 자신이 임용되는 기쁜 일이 있다.

九三, 升虛邑. 「象」曰: "升虛邑", 无所疑也.

구삼은 텅 빈 읍에 오른다. 「상전」에서 말했다. "텅 빈 읍에 오른다"는 것은 의심하는 바가 없는 것이다.

46.5 上皆陰柔, 往無所疑.

|번역| 위가 모두 음유하기 때문에 가는 데 의심할 것이 없다.

|해설| 구삼은 강한 기로 용감하게 오르는 자를 상징한다. 상괘의 삼효가 모두 음유인데, 이는 마음을 비우고 상대를 받아들이는 자들을 상징한다. "텅 빈 읍에 오른다"는 말은 바로 이 구삼이 위에 있는 여러 마음을 비운 사람들에 의해 순조롭게 받아들여진다는 의미이다.

六四, ⁽¹⁾王用亨于岐山, 吉, 无咎. 「象」曰: "王用亨于岐山", 順事也. 六五, 貞吉, 升階. 「象」曰: "貞吉升階", 大得志也.²⁴¹

육사는 왕이 기산에서 제사를 지내니 길하고 허물이 없을 것이다. 「상

---

²⁴¹ (1)王用亨于岐山,: 亨은 享(제사 지냄)의 뜻. 왕은 주나라의 왕. 주나라 왕이 기산에서 제사를 지낸다는 뜻.

전」에서 말했다. "왕이 기산에서 제사를 지낸다"는 것은 사정을 따르는 것이다. 육오는 바르면 길하니 계단을 오르는 것과 같다. 「상전」에서 말했다. "바르면 길하니 계단을 오르는 것과 같다"는 것을 크게 뜻을 얻음을 말한다.

46,6 柔中極尊, 不拒来者, 使物皆階己而升, 正而且吉, 志宜大獲也.
『易』所謂"得志"者, 聖賢獲其願欲. 得臣無家, 堯之志也, 貞吉升階, 舜之志也.

|번역| 부드럽고 중에 있어 지극히 존귀하되 오는 자를 거부하지 않고, 사람들이 모두 자신을 계단 삼아 오르게 하니 바르고 길하여 뜻을 의당 크게 얻는다. 『역』에서 말하는 "뜻을 얻는다"는 것은 성현이 그 바라던 것을 얻음을 뜻한다. 신하를 얻어 자신의 집이 없게 되는 것은 요의 뜻이었고, 바르면 길하여 계단을 오르는 것같이 되는 것은 순의 뜻이었다.

|해설| 육오는 부드러운 덕으로 군주의 위치에 있는 자가 바름을 지켜 길한 것을 뜻하는데, 이 길함을 "계단을 오르는 것 같다"고 한 것에 대해, 일반적으로는 현명한 신하의 도움을 얻어 계단을 오르듯 쉽게 나아간다고 풀이하는 것과는 달리, 장재는 이 구절을 신하들이 자신을 계단 삼아 오르는 것이라 풀이하였다.

上六, 冥升, 利于不息之貞. 「象」曰: 冥升在上, 消不富也.

상육은 어둡게 올라가니, 쉬지 않고 올발라야 이로울 것이다. 「상전」

에서 말했다. 어둡게 올라가 위에 있으니 (올라갈 곳이) 사라져 더 보태어지지 않을 것이다.

| 해설 | 상육은 상승의 극한으로, 더는 올라갈 곳이 없는데도 우매하게 올라가는 것, 즉 '어둡게 올라가는 것'을 의미한다. 그럴 때는 더 올라갈 곳이 사라져 버린 것이니 쉼 없이 바름을 유지해야 이롭다.

47

곤

困

困. 亨貞, 大人吉, 无咎, 有言不信.「彖」曰, 困, ⁽¹⁾剛揜也. 險以說, 困
而不失其所亨, 其唯君子乎! "貞大人吉", 以剛中也, "有言不信", 尙口
乃窮也.「象」曰: 澤无水, 困, 君子以⁽²⁾致命遂志.²⁴²

    곤(困). 형통하고 바르니, 대인이면 길하고 허물이 없을 것이지만, 말
을 하면 믿지 않을 것이다.「단전」에서 말했다. 곤은 강함이 가려지는
것이다. 험난하지만 기뻐하고 곤란하지만 그 형통할 바를 잃지 않는 것
은 오직 군자뿐이로다! "바르니 대인이면 길하다"는 것은 강하고 중의
위치에 있기 때문이다. "말을 하면 믿지 않는다"는 것은 입을 숭상하면 궁
해진다는 뜻이다.「상전」에서 말했다. 못에 물이 없으니 곤란하다. 군자
는 이를 본받아 명을 다하여 뜻을 이룬다.

---

242 (1)剛揜: 곤괘는 하괘가 감(坎)이고 상괘가 태(兌)이다. 하괘의 구이는 상하의 음에 의해
    가려져 있고, 상괘의 구사, 구오 역시 상육에 의해 가려져 있으며, 하괘는 양의 괘, 상괘
    는 음의 괘로, 양의 괘가 음의 괘에 가려져 있다. (2)致命遂志: 致命에는 두 가지 풀이가
    있다. 하나는 목숨을 다 바친다는 풀이이다. 그러면 이 구절은 목숨을 바쳐 뜻을 이룬
    다는 의미가 된다. 다른 하나는 사명을 다한다는 풀이이다. 주어진 운명을 받아들이고
    사명을 다하여 뜻을 이룬다. 역자는 후자의 뜻을 취했다.

47.1 升而不已必困, 故受之以困. 困於險下, 柔不自振, 非窮而能亨,
致命遂志者也.

|번역| 상승하되 그치지 않으면 틀림없이 곤란해진다. 그래서 곤(困)괘로
이어받았다. 험난한 아래에서 곤란을 당하면 유약한 것은 스스로
떨쳐 일어나지 못하니, 곤궁함이 아니면 형통할 수 있어, 사명을 다
하여 뜻을 이루는 자이다.

|해설| 곤은 곤란함을 의미한다. 승괘의 상승은 극한에 이르면 필연적으로 곤란함을
겪는다. 승괘에 이어 곤괘가 출현하는 이유이다. 험난하고 곤란한 상태에서는
오직 강한 덕을 지닌 자만이 곤란함을 기쁜 마음으로 이겨 내 형통할 수 있다.
하지만 곤궁한 시기에는 우선은 심신이 지쳐 유약한 상태에 있으므로 바로 형통
할 수는 없고, 현재 상황을 받아들이면서 주어진 사명을 다해 점차 뜻을 이루어
가야 한다.

初六, 臀困于株木, 入于幽谷, 三歲不$^{(1)}$覿. 「象」曰: “入于幽谷”, 幽不明
也.^{243}

초육은 볼기가 나무 그루터기에 놓여 곤란한 것이니, 어두운 계곡에
들어가 삼 년 동안 빛을 보지 못하는 것이다. 「상전」에서 말했다. “어두
운 계곡에 들어간다”는 것은 어두워 밝지 않음이다.

47.2 處困者正乃無咎, 居非得中, 故幽而不明.

---

243 (1)覿(적), 보다.

|번역| 곤란에 처한 자는 바르면 허물이 없다. 머무는 것이 중을 얻은 것이 아니므로 어두워 밝지 않다.

|해설| 초육은 유약한데 볼기를 그루터기에 대고 있는 것처럼 좌불안석의 곤란한 상황에 처해 있다. 초육은 이런 상황에 어떻게 대처해야 할지 어두워 마치 어두운 계곡에 오랫동안 갇혀 있는 것 같다.

九二, 困于酒食, [(1)]朱紱方來, 利用享祀, 征凶, 无咎. 「象」曰: "困于酒食", 中有慶也.[244]

구이는 술과 음식에 곤궁함을 겪으나 주불이 막 이르니 제사를 지내는 데 이롭고, 가면 흉하나 허물이 없다. 「상전」에서 말했다. "술과 음식에서 곤궁함을 겪으나" 중이어서 경사가 있다.

47.3 困危之際, 物思所附. 九二以剛居中正, 大人之吉, 上下交說, 不施聰明, 美物方至, 然未可有爲, 故以祭則吉, 以征則凶, 征雖或凶, 於義無咎. 際一作世.

|번역| 곤란하고 위태로운 시기에 사람들은 붙을 곳을 생각한다. 구이는 강함으로써 중정에 머무르니, 대인의 길함이요, 상하가 서로 기뻐하며, 총명함을 발휘하지 않아도 훌륭한 물건이 이른다. 하지만 유위를 해서는 안 된다. 그래서 제사를 지내면 길하고 나아가면 흉하다. 나아가면 혹여 흉하기는 하지만 의리상 허물은 없다. 際는 어떤 곳에

---

244 (1)朱紱: 고대에 관리들이 예복으로 입던 자주색 폐슬(蔽膝: 무릎을 가리던 헝겊).

서는 世라고 되어 있다.

|해설| 구이는 술이나 음식 같은 물질적인 곤궁함을 겪는다. 하지만 구이는 강인한 자세로 올바르게 처신하니, 마침내 주불(朱紱) 같은 훌륭한 물건을 얻게 된다. "가면 흉하다"는 구절을 장재는 이 곤란한 시기에 구이가 작위적인 행위를 하여 흉하게 되는 것으로 읽는다. 그리고 그런 맥락에서 그 시기에는 "제사를 지내는" 행위, 즉 천명을 기다리는 것이 이롭지만, 혹여 작위적 행위를 해 흉하게 되더라도 허물은 없다고 한다.

六三, ⁽¹⁾困于石, 據于蒺藜, 入于其宮不見其妻, 凶. 「象」曰: "據于蒺藜", 乘剛也, "入于其宮不見其妻", 不祥也. 九四, 來徐徐, 困于金車, 吝, 有終. 「象」曰: "來徐徐", 志在下也, 雖不當位, 有與也.²⁴⁵

　육삼은 돌에 곤궁을 당하고 가시나무에 앉아 있으며, 그 집에 들어가서도 그 처를 보지 못하니 흉하다. 「상전」에서 말했다. "가시나무에 앉아 있다"는 것은 강함을 탄 것이요, "그 집에 들어가서도 그 처를 보지 못한다"는 것은 상서롭지 않음이다. 구사는 오는 것이 서서히 오니 쇠수레에 의해 곤란을 겪는다. 부끄럽지만 끝내는 좋은 결과가 있다. 「상전」에서 말했다. "오는 것이 서서히 온다"는 것은 뜻이 아래에 있는 것이다. 비록 위치가 합당하지 않지만 함께함이 있다.

245 (1)困于石, 據于蒺藜, 入于其宮不見其妻: 蒺藜(질려), 가시나무. '돌'은 육삼의 전진을 가로막는 구사를 상징하고, '가시나무'는 육삼의 아래에 있는 구이를 상징한다. 육삼은 진퇴양난의 상황에 처해 있는데, 집으로 돌아와서도 아내를 보지 못하는 상서롭지 못한 조짐마저 있다.

47.4 心有偏係, 吝也, 以陽履柔, 故有終.

|번역| 마음에 치우쳐 묶인 것이 있는 것이 부끄러움이다. 양으로 음을 밟
고 있으므로 끝내는 좋은 결과가 있다.

|해설| 구사는 어둠 속에 갇혀 있는 초육을 가서 구하는 존재이다. 그러나 자신이 바른
위치에 있지 않고, 쇠수레로 상징되는 구이가 가로막고 있어 서서히 초육을 구
할 방법을 찾을 수밖에 없다. 하지만 마침내는 초육을 구하는 좋은 결과를 얻게
된다. 장재는 구사가 초육을 결국은 구제할 수 있는 까닭을 구사가 육삼을 밟고
있는 데서 찾았다.

九五, ⁽¹⁾劓刖, 困于⁽²⁾赤紱, 乃徐有說, 利用祭祀. 「象」曰: "劓刖", 志未
得也, "乃徐有說", 以中直也, "利用祭祀", 受福也.²⁴⁶

구오는 코가 베이고 발이 베이니 적불(赤紱)에 의해 곤란을 겪지만 서
서히 기쁨이 있고 제사를 지내는 데 이롭다. 「상전」에서 말했다. "코가
베이고 발이 베인다"는 것은 뜻을 아직 얻지 못함을 뜻한다. "서서히 기
쁨이 있는" 것은 중과 곧음으로 하기 때문이다. "제사를 지내는 데 이롭
다"는 것은 복을 받음을 뜻한다.

47.5 以陽居陽, 處困以剛, 感怒以求物之來, 是反爲赤紱所困者也, 與

---

246 (1)劓刖: 구오는 상육에 의해 코가 베이고 육삼에 의해 발이 베이는 형벌을 당한다. (2)
赤紱, 붉은색 폐슬. 앞서 언급한 '주불'보다 등급이 낮은 사람이 입는다. 상육과 육삼 등
의 소인들을 상징함.

九二之義反矣. 苟能徐以俟之, 乃心有說, 故曰"乃徐有說". 物既
自至, 以事鬼神, 然後福可致焉. 處困用中, 可以不失其守而已,
故言"利用祭祀", 然非有爲之時也.

|번역| 양으로 양에 머무른다. 곤란함에 처하여 강함으로써 하고 위엄과
노여움으로 사물이 오기를 구하니 이는 도리어 적불에 의해 곤란을
겪는 자이다. 구이의 의미와는 상반된다. 만약 서서히 기다릴 수 있
다면 마음에 기쁨이 있게 된다. 그래서 "서서히 기쁨이 있다"고 했
다. 사물이 저절로 이르면 그것으로 귀신을 섬긴 뒤에야 복이 이르
게 된다. 곤란함에 처하여 중을 사용하면 그 지키는 것을 잃지 않을
수 있다. 그러므로 "제사를 지내는 데 이롭다"고 했으니, 유위를 할
때가 아닌 것이다.

|해설| 구오는 강인한 자세를 견지하지만 적불의 옷을 입은 관리들, 즉 육오와 육삼에
의해 코가 베이고 발이 베이는 곤란을 겪는다. 장재는 구오가 이렇게 곤란을 겪
는 이유를 위엄과 노여움 때문이라고 설명한다. 하지만 구오는 중정의 상태를
유지하고 있어 때를 기다리면 서서히 상황이 호전되어 결국은 마음에 기쁨이 생
겨난다. 그리하여 밖에서 어떤 사물을 얻으면 그것으로 정성을 다해 제사를 지
내는 등, 작위적 행위를 하지 않고 기다린다면 결국은 복을 받을 수 있게 된다.

上六, 困于葛[(1)]藟, 于[(2)]臲卼, [(3)]曰動悔有悔, 征吉.「象」曰: "困于葛藟",
未當也, "動悔有悔", 吉行也.[247]

---

[247] (1)藟(유), 덩굴이 뻗는 풀. (2)臲卼(얼올), 불안하게 흔들리는 모습. (3)曰動悔有悔, 征吉:
움직이면 뉘우치는 일이 있을 것임을 알아 그렇게 말하며 뉘우치는 일이 있더라도 나
아가는 것이 더 길하다는 뜻이다.

상육은 칡넝쿨에서 곤란하고 불안하게 흔들리는 데서 곤란하니, 움직이면 뉘우친다고 말해서 뉘우침이 있으면 나아감에 길할 것이다. 「상전」에서 말했다. "칡넝쿨에 곤란한" 것은 위치가 합당하지 않기 때문이다. "움직이면 뉘우친다고 해서 뉘우침이 있는" 것은 길함을 행하는 것이다.

47.6 處困之極, 重剛在下, 不得其肆, 居非所安, 擧則招悔, 取舍皆咎, 故行然後吉. 一云: "動悔有悔", 猶云動悔之悔也.

|번역| 곤란함의 극한에 처하고 중첩된 강함이 아래에 있으면 그 마음대로 함을 얻지 못하고 머무는 곳이 편안한 곳이 아니니, 거동하면 뉘우침을 초래하고 취하거나 버리거나 모두 허물이 있다. 그러므로 행한 뒤에야 길하다. 일설에 따르면 "움직이면 뉘우쳐 뉘우침이 있다"는 말은 움직여 뉘우치는 뉘우침이라고 말하는 것과 같다.

|해설| 상육은 아래에 두 개의 중첩된 강한 존재들을 타고 있다. 위치가 합당하지 않다. 그는 칡넝쿨에 말려들어간 것처럼 아주 곤란한 상황에 있다고 할 수 있다. 이를 장재는 마음대로 할 수 없는 편안하지 않은 상황에 있는 것이라 했다. 이런 상황에서 움직이면 반드시 뉘우침이 있게 되지만, 움직이지 않는다고 해서 좋은 결과가 생겨나는 것도 아니다. 취사에 모두 허물이 있다. 그러니 차라리 움직이는 것이 낫다. 움직이면 뉘우침이 있지만, 그 뒤에는 길함이 생겨나기 때문이다.

48

정
井

⁽¹⁾井. 改邑不改井, ⁽²⁾无喪无得, 往來⁽³⁾井井. ⁽⁴⁾汔至亦未⁽⁵⁾繘井, 羸其瓶, 凶. 「彖」曰: 巽乎水而上水, 井. 井, 養而不窮也. ⁽⁶⁾"改邑不改井", 乃以剛中也, "汔至亦未繘井", 未有功也, "羸其瓶", 是以凶也. 「象」曰: 木上有水, 井, 君子以勞民勸相.²⁴⁸

정(井). 마을은 바꾸어도 우물은 바꾸지 못하니, (우물은) 줄지도 늘어나지도 않고 왕래하는 이들이 우물에서 물을 긷는다. (물이 우물 밖에) 거의 이르렀어도 우물에서 두레박질을 하지 못하니, 두레박을 깨뜨려 흉하다. 「단전」에서 말했다. 물에 들어가서 물을 길어 올리니 정이다. 정은 길러 내는 데 궁하지 않은 것이다. "마을은 바꾸어도 우물은 바꾸지 못하는 것"은 강하고 중이기 때문이다. "거의 이르렀어도 두레박줄을

---

²⁴⁸ (1)井: 井☷은 상괘 坎은 물을, 하괘 巽은 들어감을 상징하여, 두레박이 우물 속에 들어가 물을 길어 올리는 것을 뜻한다. 아울러 그렇게 길어 올린 물이 사람의 생명을 기르는 데 필수불가결하다는 점에서 기름(養)의 뜻도 지닌다. (2)无喪无得: 잃는 것도 없고 얻는 것도 없음. 즉 더 늘지도 줄지도 않음. (3)井井: 앞의 井은 동사, 뒤의 井은 명사. 우물에서 우물물을 긷는다. (4)汔(흘), 거의. (5)繘(귤), 두레박질하다. (6)"改邑不改井": 마을은 바뀔지라도 마을에서 사용하는 우물은 좀처럼 바뀌지 않는다는 뜻이다.

우물 속에 넣지 못한 것 같다"는 것은 아직 공이 없는 것이다. "두레박을 깨뜨렸다"는 것은 그로 인해 흉함을 뜻한다. 「상전」에서 말했다. 나무 위에 물이 있으니 정이다. 군자는 이를 본받아 백성들을 위로하고 서로 도울 것을 권한다.

48.1 養而不窮, 莫若勞民而勸相也.

|번역| 길러 내는 데 궁하지 않은 것으로 백성을 위로하고 서로 도울 것을 권하는 것만 한 것이 없다.

|해설| 정(井)은 우물이다. 우물의 물은 늘어나지도 줄어들지도 않으며 사람들이 생명을 유지하는 데 없어서는 안 되는 것이다. 이 우물처럼 인간에게 중요한 것이 덕이다. 덕 역시 불변한다. 그것 역시 인간을 인간답게 만들어 주는 원천 같은 것이다. "마을은 바꾸어도 우물은 바꾸지 못한다"는 말은 이렇게 덕의 불변하는 위상을 상징한다. 우물의 물은 두레박으로 길어 올려야 마실 수 있다. 마찬가지로 인간의 덕 또한 길러 내어 만백성에게 베풀어야 비로소 공이 있다. 두레박으로 거의 물을 길어 올렸지만, 마지막 순간에 두레박이 깨져 버리면 두레박질을 하지 못한 것과 마찬가지인 것처럼, 아무리 덕을 길렀어도 끝까지 잘 길러 백성들에게 널리 베풀지 못한다면 아무 소용이 없다.

初六, 井泥不食, 舊井无禽. 「象」曰: "井泥不食", 下也, "舊井无禽", 時舍也. 九二, ⁽¹⁾井谷⁽²⁾射鮒, 甕敝漏. 「象」曰: "井谷射鮒", ⁽³⁾无與也. 九三, 井渫不食, 爲我心惻, 可用汲, 王明並受其福. 「象」曰: "井渫不食", 行惻也, 求"王明", 受福也.²⁴⁹

초육은 우물의 진흙은 먹지 못하니 낡은 우물에는 짐승이 없다. 「상전」에서 말했다. "우물의 진흙을 먹지 못하는 것"은 아래에 있기 때문이다. "낡은 우물에 짐승이 없다"는 것은 때에 의해 버려진 것이다. 구이는 우물의 바닥에서 작은 물고기를 향해 활을 쏘아 잡으니, 독이 깨져 샌다. 「상전」에서 말했다. "우물의 바닥에서 작은 물고기를 향해 활을 쏘아 잡는 것"은 함께하는 자가 없기 때문이다. 구삼은 우물이 준설되어도 먹지 않으니, 내 마음이 슬프고, 물을 길어 올릴 수 있지만, 왕이 현명해야 함께 그 복을 받을 것이다. 「상전」에서 말했다. "우물이 준설되어도 먹지 않는 것"은 측은지심을 행함이요, "왕의 현명함"을 구하는 것은, 복을 받는 것이다.

48.2 井以既出爲功, 井道之成在於上六, 三正其應, 而又以陽居陽, 充滿可汲, 爲五所間, 功不上施, 爲我心惻. 然若上六明於照物, 則上下遠邇皆獲其利. "井渫不食", 强施行惻, 然且不售, 作『易』者之嘆歟!

|번역| 우물은 물을 길어 내는 것을 공으로 삼으니, 우물의 도가 이루어지는 것은 상육에서이다. 구삼이 바로 그것에 응하며 또한 양으로서 양에 머물러 충만하여 길어 올릴 수 있다. 그러나 구오에 의해 간섭을 받아 공이 위로 베풀어지지 않으니 '내' 마음이 슬프다. 하지만 만약 상육이 사물을 비추는 데 밝다면 위아래, 멀리 있고 가까이에 있

---

249 (1)井谷, 계곡(谷)은 낮은 곳에 있으므로, 정곡(井谷)은 우물의 바닥을 뜻한다. (2)射鮒, 작은 물고기를 향해 활을 쏘아 잡음. (3)无與, 구이는 구오와 상응하지 않으므로 물을 위로 길어 올릴 수 없다.

는 자들이 모두 그 이익을 얻을 것이다. "우물이 준설되어도 먹지 않는다"는 것은 강하게 베풀어 측은지심에 따라 행해도 쓰이지 않는다는 뜻이니, 『주역』을 지은 자의 탄식이다!

|해설| 구삼은 우물이 준설되어 깨끗해졌으나, 그것을 길어 올리지 못함을 뜻한다. 인간사에 적용해 보면 그것은 깨끗한 행실을 하는 사람이 있으나 군주에 의해 쓰이지 못하는 것을 뜻한다. 이를 바라보는 『주역』의 저자나 일반인들의 마음은 안타깝고 슬프다. 오직 상육의 군주가 이 인물의 능력을 알아보아 써 줄 때에야 모두에게 이로운 일이 일어난다. 장재 또한 이런 의미로 위 구절들을 설명했다. 다만 구삼이 상육에 의해 일찌감치 등용되지 못하는 이유를 구오가 방해를 하고 있기 때문이라고 첨언했다.

六四, 井[1]甃, 无咎. 「象」曰: "井甃无咎", 脩井也.[250]

육사는 우물에 벽돌담을 쌓으니 허물이 없다. 「상전」에서 말했다. "우물에 벽돌담을 쌓으니 허물이 없다"는 것은 우물을 수리하는 것이기 때문이다.

48.3 無應於上, 無敝漏於下, 故但免咎而已.

|번역| 위에서 응하는 것이 없으니 아래에서 부서져 새는 것이 없도록 한다. 그러니 단지 허물을 모면할 따름이다.

|해설| 정추(井甃)는 우물 내벽에 벽돌담을 쌓는 것을 가리킨다. 육사는 바른 위치에 있

---

[250] (1)甃(추), 벽돌담.

지만, 음유하여 물을 길어 올릴 힘이 없다. 때문에 오직 우물 내벽을 수리하여 그것이 부서져 새는 것을 방비할 따름이다.

九五, 井⁽¹⁾洌寒泉食.「象」曰: 寒泉之食, 中正也.[251]

구오는 우물의 맑고 차가운 샘의 물을 먹는다.「상전」에서 말했다. 차가운 샘의 물을 먹는 것은 중정하기 때문이다.

48.4 "井洌寒泉", 美而可汲者也, 剛中之德爲衆所利.

|번역| "우물의 맑고 차가운 샘"이란 훌륭하여 길어 올릴 만한 것이다. 강하면서 중의 덕은 뭇사람들에게 이익이 된다.

|해설| 강한 힘을 지니고 행위가 중정한 군주는 마치 맑고 차가운 물을 길어 올리듯이 훌륭한 인재를 기용하여 백성들에게 이익을 가져다준다.

上六, 井收勿⁽¹⁾幕, 有孚元吉.「象」曰: 元吉在上, 大成也.[252]

상육은 우물물을 길어 올렸으되 덮개로 덮어 놓지 않으니, 믿음이 있어서 크게 길하다.「상전」에서 말했다. 크게 길한 것이 위에 있으니, 크게 이룬 것이다.

251 洌(렬), 차가움.
252 (1)幕, 덮개로 덮는다.

|해설| 우물물은 위로 길어 올려야 그 쓰임이 있다. 이로 인해 다른 괘와는 달리 상구에서 크게 길하다. 우물물을 위로 길어 올렸지만, 덮개를 덮지 않는 까닭은 뭇사람들이 그 우물을 길어도 그 샘물은 마르지 않을 것이라는 믿음이 있기 때문이다.

저자_ 장재(張載, 1020~1077)

중국 북송 시대의 저명한 유학자로, 횡거(橫渠) 지역에서 활동하여 흔히 횡거 선생이라 불린다. 관중(關中) 지역의 학문인 관학(關學)을 창시했으며, 송명유학의 기초를 닦는 데 큰 공을 세워 북송오자(北宋五子) 가운데 하나로 손꼽힌다. 대표적 저술로는『정몽』,『횡거역설』,『경학리굴』,『장자어록』등이 있다.

역주자_ 황종원(黃棕源)

성균관대학교 유학과를 졸업하고 중국 베이징대학교에서 중국철학을 연구했다. 현재 단국대학교 철학과 교수로 재직 중이다. 저서로는『장재철학』『주제 속 주희, 현대적 주희』(공저) 등이 있고, 역서로는『법으로 읽는 중국 고대사회』(공역),『논어, 세 번 찢다』등이 있다.

Annotations and
Translations of
Works of Zhang Zai